幼儿
游戏与课程

周淑惠 / 著

北京联合出版公司
Beijing United Publishing Co.,Ltd.

图书在版编目（CIP）数据

幼儿游戏与课程 / 周淑惠著. –– 北京：北京联合
出版公司, 2018.4
　ISBN 978-7-5596-1783-5

　Ⅰ. ①幼… Ⅱ. ①周… Ⅲ. ①游戏课–教学研究–学
前教育 Ⅳ. ①G613.7

　中国版本图书馆 CIP 数据核字(2018)第 042308 号

著作权合同登记 图字：01-2018-0819

幼儿游戏与课程

作　　者：周淑惠
选题策划：南京经略教育科技有限公司
责任编辑：郑晓斌　徐　樟
封面设计：经略教育
版式设计：经略教育
责任校对：经略教育

北京联合出版公司出版
（北京市西城区德外大街 83 号楼 9 层　　100088）
南京华众彩色印刷有限公司印刷　　新华书店经销
字数 180 千字　　710 毫米×1000 毫米　　1/16　　18.5 印张
2018 年 4 月第 1 版　　2018 年 4 月第 1 次印刷
ISBN 978-7-5596-1783-5
定价：80.00 元

作者简介

周淑惠   ❋❋❋

现任： 台湾"清华大学"幼儿教育学系/所教授

学历： 美国麻州大学教育博士(主修幼儿教育)

　　　　美国麻州大学教育硕士

经历： 新加坡新跃大学兼任教授

　　　　徐州幼儿师范高等专科学校客座教授

　　　　澳门大学客座教授

　　　　美国麻州大学客座学者

　　　　美国麻州大学教育学院幼儿教育组行政助教、研究助理

　　　　美国麻州安城 The Children's House 幼儿教师

　　　　美国麻州安城 Wildwood Elementary School 双语辅导教师

　　　　美国麻州安城 Pioneer Senior Center 心理咨询员

　　　　美国北科罗拉多大学研究学者

　　　　美国内布拉斯加大学客座教授

　　　　台湾新竹师范学院幼儿教育学系/所主任

　　　　台湾新竹师范学院幼儿教育中心主任

主要论著：

　　《游戏 VS 课程》《幼儿园课程与教学》《创造力与教学》《幼儿学习环境规划》《幼儿教材教法》《幼儿自然科学经验》《幼儿数学新论》等。

序

这本书《幼儿游戏与课程》可以说是以笔者这 20 年来的研究为基础,重新思考幼儿游戏与课程间的关系,是笔者对 20 年来个人研究与教学的大统整,以及对师资培育的重要课程——幼儿游戏课程的再定位。孩子玩的游戏是快乐的,与老师的较有结构性课程相比,在一般人眼中通常是对立的,笔者以为其实这两者是可以交融密织的。在广阅文献及累积多年教学与研究经验后,本书所定位的游戏为基于社会建构论,在师生共构下的成熟与统整的高质量游戏,而非放任幼儿的自由游戏(free play),它包括假扮游戏、规则游戏与角落游戏,而且希望是以统整的课程面貌出现;职是之故,本书提出两种游戏课程方向:一是"谐融的游戏萌生课程",另一是"谐融的课程萌生游戏"。

详言之,谐融的游戏萌生课程,就好比更为重视教师搭鹰架引导的"萌发式课程",谐融的课程萌生游戏,就好比更为强调幼儿兴趣与引领的坊间默认之"主题式课程",其主要精神在于师生谐融共构的概念,让老师的经验与孩子的创意能擦出火花,共同谱出精彩的课程内涵。亦即师生在这两类课程中是谐融的,有时由教师主导,有时由幼儿引领,有时共同引领,基本上是强调共构的;而幼儿在这两类游戏课程中,自然地伴随探索行为与运用心智工具,均表现出心智上与行为上的灵活自主。

在另一方面,家长对游戏通常持较为负面的态度。笔者以为,此一谐融共构的游戏/探究课程较能化解家长的迷思,因为它不仅强调教师的引导鹰架,着重提升孩子的发展与表现;而且幼儿在过程中也能运用语文心智灵活地探索着,其探索历程与结果的语文能力表现,可舒缓家长对游戏的负面态度。当然最重要的是,亲师生共构的实质做法,让家长在共构中得以体认游戏之美。

基于上述论点与期盼游戏能在实务上真正落实,因此本书篇章安排不仅注重游戏的基础概念,而且也重视理论与实务落实部分,希冀幼教现场能确实付诸实施,扭转游戏在幼儿教育中的边缘角色。本书基本上分为四篇:第一篇论述游戏的意涵与其发展及作用,并探讨孩子为何游戏与游戏的功用;第二篇着眼游戏与课程间的关系,揭示游戏的成熟、统整品质与两类游戏与课程真正融合的课程,以及介绍坊间所呈现的游戏课程;第三篇聚焦于居于锁钥地位的教师,论述如何与幼儿共构游戏,也就是如何将各类游戏与游戏课程引导至高品质,包含最基础的观察记录及各种游戏情境中的角色与鹰架;最后一篇则针对高品质游戏课程的落实,包括游戏课程设计与实施的具体步骤,如何抗辩成人期望与迷思,以及亲、师与幼儿间如何共构游戏,最后则探讨在教学上犹如第三位教师的室内外游戏"环境"的规划与运用,如此软、硬件兼备,以真正落实游戏课程。

在迈入教学第 21 个年头,本书实具统整个人研究与教学的作用,将一个似是而非的主题再度深思与定位,此种基于社会建构论的师生共构游戏课程,其实也反映当代幼儿教育趋势,与时代理念接轨。本书得以完成必须感谢很多人,如曾与我一同做研究的伙伴们——及幼幼儿园与亲仁幼儿园的伙伴们,以及与笔者相处 20 年的同事们,由于你们的激荡与启发,让笔者能在写作海里仍然呼喘游着。当然最要感谢的是笔者先生的支持与不断地帮忙修稿,还有小犬与小女的温馨支持,让笔者带着微笑、永不疲累,才能完成这退休前送给自己的礼物。笔者才疏学浅、年老力衰,虽然很"用力地"想做一番统整与建树,但难免有所疏漏,请先辈们不吝指教。

淑　惠

志于 2013 年元月清冷冬阳

目 录

第一篇 | 基础概念篇

游戏知多少?

游戏理论与游戏功用

第一章　游戏知多少？

第一篇"基础概念篇"顾名思义是介绍游戏的一些基本概念，为全书揭开序幕，包括对游戏的基本认识（第一章），以及孩子为何游戏与其对幼儿有何作用（第二章）。首先，我们回归基本面，第一章先试图定位游戏，从而探讨游戏的基本本质与意涵各是什么。接着探究游戏有哪些种类以及幼儿游戏是如何发展的，为后续课程与教学篇章铺垫。

第一节　初探游戏

"好好玩喔！我还要玩！"这出自一位刚玩过【球儿滚滚滚】团体游戏的五岁幼儿之口，不仅幼儿，其实老老少少都游戏（Else，2009）。虽然大家对游戏十分耳熟与喜爱，却也有某种程度的陌生，不一定能正确表述游戏到底是什么，其实学界对游戏的定义也众说纷纭。本节初探游戏，由几个游戏情节楔子企图定位本书所推崇的游戏，从中也论述游戏的本质、意涵，以及一窥它与"探究"行为间的异同关系。

一、定位本书的游戏

✿【游戏情节一：我们一起玩】

(甄俐在操作角专注地玩着小方块造型盘，她在镶嵌盘里拼出有着一对长耳朵像是小兔子的造型，旁边的眉庄正在拼组乐高玩具，思其走了过来)

思其：好可爱呀！它是兔子吗？我也要玩，我们一起玩！

甄俐：是我先拿到的。(继续在盘里移动着五颜六色的小方块)

思其：盖房子，我在边边盖房子给它住！(身体凑近甄俐与造型盘)

甄俐：这是我的！(用手盖住造型盘，然后用手抓着装有小方块的袋子)

思其：我们一起玩！老师说、老师说要合作、合作啊！(甄俐仍然紧抓着袋子)

思其：我要玩！等一下大野狼要来，要盖房子！(用手去抢甄俐手中的小方块袋子，两人吵了起来)

眉庄：怕怕！大野狼来了。(用手抱胸装成害怕表情)

甄俐：快躲起来！(做身体紧缩状，似乎忘了被抢走的小方块袋子)

眉庄：看我做的酷斯拉，它要和兔子玩！(舞动乐高拼成的酷斯拉去接近兔子造型，不小心将兔子造型碰得七零八落)

(甄俐哭叫了起来，思其愣在那儿，眉庄借机溜走，引来老师的注目)

❋【游戏情节二：热锅加油站】

（最近的主题是《交通工具》，孩子们在角落玩着与交通工具相关的事物：昨天方伟、玉珍他们玩着"一家人开车去麦当劳"的情节，今天子丹堆叠积木几分钟后开始玩着加油站游戏，阿泰则一人玩着开飞机的游戏）

子丹：热锅加油站开幕啰！谁要加油？（站在画有一口锅子招牌的大型积木加油站旁，弯腰用手势做出请入的动作）

元浩：我要加油！

子丹：你的车子呢？你要假装开车，你要开车、开车！

元浩：叭叭！叭叭！老板我要加油！（微蹲，一手作势持方向盘、一手按喇叭）

子丹：给你加油。（手持长条积木当加油管，假装对着元浩的车子加油）

子丹：还有谁要加油？还有谁要加油？（向四面张望）

静和：我要加油！（两手做出转动方向盘状）

子丹：给你加油。（手持长条积木当加油管，假装对着静和的车子加油）

子丹：今天降五毛钱，还有谁要加油？

书枫：老板！加油。（两手握拳分开、转动拳头，嘴里发出轰隆轰隆声）我开摩托车啦！

子丹：你要熄火！加油要熄火。（手持长条积木，假装对着书枫的摩托车加油）

（就这样玩着谁要加油、我要加油、给你加油的情节；而旁边的阿泰还是一个人继续手持飞盘反向坐在椅子上，假装开着飞机，嘴巴不停地发出轰轰声）

✳ 【游戏情节三：球儿滚滚滚】

（老师在地面贴了三个侧边粘着地面的开口纸盒，并召集全班说明协力滚动乒乓球的游戏与规则，在发给每组两把纸扇后，就让幼儿分三组进行游戏）

孩子们两两一对协力用扇子扇动乒乓球，让它滚入前方的标的物（纸盒）内，这是需要两个孩子协力、适度平衡力气与时间的游戏。有的孩子急着用力扇，球滚到离目标盒子好远，反而必须花较久的时间把球反扇回来。孩子们很专注地扇着，伴随着观众"大力一点""小力一点"的指点声与加油声，有时也夹杂着幼儿相互指责对方太用力的声音。有不少对幼儿在前一对幼儿未扇进球盒前就急着出发，马上引来其他幼儿抗议，于是又退了回去；有一组幼儿则急着辩称没有先出发，教室声浪很大。游戏结束后，老师与幼儿热切地共同计数各组的球数，赢的组别兴奋地叫了起来，老师接着问孩子哪一组多、哪一组少、又多多少的问题，孩子们闹哄哄地回答着。最后老师鼓励每一组都好认真、都分工合作达成目标，同时也要幼儿给自己爱的鼓励（掌声）。

（一）游戏楔子释义

以上游戏情节相信大家都很熟悉，均是幼儿园中常见的游戏情节。第二个游戏情节【热锅加油站】以及本章末第五个游戏情节【生病、车祸、救护车】，都是俗称扮家家酒的"扮演游戏"，即学界所谓的象征性游戏（symbolic play）、戏剧游戏（dramatic play）（make-believe play, pretend play）、角色扮演游戏（role play）等。而其中的【热锅加油站】与第一个游戏情境【我们一起玩】是建构游戏与象征游戏的结合，孩子在以材料建构出物体或情境后，将其融入扮演游戏中，这是幼儿常见的游戏现象。

扮演游戏是孩童生活中非常自然的现象，这样的游戏植根于孩子，在孩子心中创造意义，并通过手势动作、语言与物体来表达孩子心中的意义（Hoorn, Nourot, Scales, & Alward, 1993），例如：眉庄以两手抱胸做出害怕表情表达大野狼即将来临的恐怖情境；子丹将长条积木当成油枪对着佯装的车体加油；书枫以握拳、转动拳头并发出轰隆轰隆声代表开着摩托车。再如【生病、车祸、救护车】游戏情节中的仙芸以冰棒棍当体温计对着洋娃娃量体温；天臻以伸出手的动作假装付钱；森田身披白布代表医生穿着白袍；葛青发出喔咿喔咿声代表开着救护车等均是。扮演游戏亦即充分反映与再现幼儿的日常生活经验，例如：车子加油、油价涨了、孩子生病、买药、看医生等均为日常生活中的情景；而有时扮演游戏也会融入一些想象的故事情节，例如【我们一起玩】情节中的大野狼来了。

至于第三个游戏情节【球儿滚滚滚】是教师组织全班进行的团体游戏，本章第二节第四个游戏情节【四面相关】则是在角落中进行的牌卡操作游戏，二者均属于"规则游戏"，孩子在游戏时必须遵守一定的游戏规则，游戏才得以进行下去。例如：必须等前组幼儿将球扇进球盒后，下一组才能出发扇球；还有按图卡指示连接在逻辑上有相关及正确数量的图卡等。在这些有规则的游戏中，幼儿须专注、自治与维护规则，无论是在心灵思考上或是在行为表现上均须如此；在这两个游戏情节中，大多具有以上表现。例如【球儿滚滚滚】游戏中幼儿对提早出发者的抗议；【四面相关】游戏中岚方、莲若甚至是旁观的君德的心灵专注与维护规则状。当然也看到孩子不能自律的一面，如【球儿滚滚滚】游戏中提早出发且为自己辩解的孩子。

其实我们无时无刻都可见孩子们在游戏，像孩子在空地上玩着跳房子或一二三木头人的规则游戏、小女生对着洋娃娃假扮妈妈训斥孩子的象征游戏、小男孩一面盖着积木一面喃喃自语演出怪兽入侵的建构/象征游戏。可以说游戏是全世界儿童非常普遍的一个现象，虽然在不同的文化中可能看起来不一样，但是不可否认的是，所有的孩子皆游戏 (Edwards, 2000; Else, 2009; Fleer, 2010a; Gosso, 2010)。

(二) 游戏趋势与实务概况

在另一方面，研究证实游戏对儿童发展与学习确实具有功效 (将于第二章论述)，在诸多国家层级的文件或课程指引中据此把游戏列为幼儿教育的重要精神或方法。举例而言，英国自《普劳登报告》 (*Plowden Report*) 指出游戏是幼儿时期的主要学习方式后，不仅为社会大众背书游戏的价值，而且也逐渐提升游戏在教室中的地位 (Rogers & Evans, 2008)。最近，英国教育与技能部 (Department for Education and Skills) 所出版的《幼年基础时期》 (*Early Years Foundation Stage*) 一书，亦明白指出："游戏支撑幼儿所有的发展与学习，虽然有些需要成人的支援，大多数的儿童是自发性地游戏，亦即通过游戏，幼儿可以发展智慧、创意、体能、社会与情绪。"也就是将游戏合法化为教学与学习及课程传递的一项工具 (Department for Education and Skills, 2007, 引自 Wood, 2010a: 17)。

全美幼儿教育协会 (National Association for the Education of Young Children) 基于周全的文献探讨与集结各方意见后，颁布了第三版《零至八岁适宜性发展幼教实务》 (*Developmentally Appropriate Practice in Early Childhood Programs: Serving Children from Birth through Age 8*)，此份文件归纳数项可为幼教实务参照的发展与学习原则，其中第十项明载："游戏是发展自我管理以及促进语文、认知与社会能力的一个很重要的媒介。" (Copple & Bredekamp, 2009: 14) 并且指出："教师要提供充足时间、材料与经验让幼儿游戏、探索与互动。"（Copple & Bredekamp, 2009: 18）

不仅英美两国把游戏高举，澳洲政府亦是如此。近年来，澳洲政府议会（Council of Australian Governments，简称COAG）的教育、技能、训练与幼儿发展议题工作小组文件中，将游戏描述为："为出生后幼儿与在所有教保环境中传递幼教学习方案所不可或缺的。"（Council of Australian Governments, 2008, 引自 Nolan & Kilderry, 2010: 108）

游戏是普世存在的现象，且文献显示其重要性，也被多国列入国家级的重要文件中，然而在现实与实务上，游戏并没有受到应有的重视，例如美国学者 Saracho（2012）于《幼儿统整化游戏课程》（*An Integrated Play-Based Curriculum for Young Children*）一书中引据研究指出，近一二十年来学前机构注重学业知能，游戏从幼教课程中被排除。较早时 Elkind 相继于其著作《被催促长大的孩子》（*The Hurried Child*）（1981）、《错误的教育》（*Miseducation*）（1987）也指出，孩子们被拔苗助长催促着长大，很少有游戏机会，也错失宝贵童年；而英国学者 Jenkinson（2001）也指出，英国亦有此失掉童年与游戏的现象。因此 Elkind（1981）郑重呼吁：童年是孩子的最基本人权，游戏是拔苗助长现象的最佳解药。笔者亦曾呼吁在童颜萧瑟的今日，我们应省思如何在软硬件上还给儿童快乐的童年；就此，在硬件上创造游戏/探索的弹性开放空间，在软件上祭出游戏解药让孩子沉浸在游戏中学习，似为当务之急（周淑惠，2008）。以上呼吁也是本书撰写的重要目的。

的确，若从家长的角度而言，对于幼儿园充满以上的游戏情节，难免会提出"为什么我的孩子一天到晚在幼儿园玩呢"的疑惑，质疑游戏的教育功效，这是无可厚非的，因为家长与社会大众多持有"游戏与工作对立"的迷思，同时也不了解游戏对幼儿发展的重要性与价值。而且在另一方面，以上这些游戏情节也并非全是"高品质游戏"，有些甚至并未见教师在幼儿游戏中的合宜角色，当然家长会有所疑惑与不安。以【热锅加油站】游戏情节为例，似乎无法脱离谁要加油、我要加油、给你加油的重复单调情节；在【生病、车祸、救护车】游戏情节中，也只是重复再现孩子生病的表浅经验；在【我们一起玩】游戏情节中，只是凸显孩子争夺教具的一面，均未见教师做了什么；【球儿滚滚滚】游戏情节中，只见孩子很兴奋地哄闹一团，有些孩子甚至不遵守游戏规则，难怪家长会质疑孩子到底可以从这些游戏里面学到什么，即游戏有何教育价值。

（三）本书游戏定位

在此郑重声明的是，本书虽然认同游戏之于幼儿的重要性，但是所强调的是"高品质的游戏"，而非放任幼儿的"自由游戏"（free play）。首先，它强调教师在幼儿游戏中的共构与鹰架角色。窃以为儿童的游戏若无教师的搭架引导，势成船过水无痕、镜花水月的态势，如上述的【热锅加油站】扮演游戏可能在一再重复加油的情况下，逐渐流失兴趣、不了了之；【生病、车祸、救护车】也可能不断再现零星的经验，无法相互联结与延伸发展。此外，在自由游戏中，若无教师的中介引导，霸气的孩子可能永远主导着角落的建构游戏或扮演游戏，而男孩子间的争执很容易演变为粗野的"打闹游戏"。其次，高品质的游戏经验不仅能让幼儿表现心智上灵活自主与行为上的自治，而且是有系统并兼顾弹性地发展着，整合了孩子的各面向经验与知能，以孩子全人发展为目标。简言之，本书所定位与倡导的游戏形态是高品质的游戏，它在师生共构下有两个重要特征：成熟的与统整的，绝非是放任幼儿的自由游戏。至于有关游戏的品质将于第二篇第三章续加探讨。

具体言之，成熟、统整的游戏极为看重教师扮演适切角色与搭构合宜鹰架，不仅在幼儿游戏之中，而且也在游戏之前与之后。游戏之中，老师有如戏剧演出的导演兼演员与孩子共构游戏，扮演观察研究、中介管理、激发引导、共同参与等角色；游戏之前，教师有如为孩子登上游戏舞台而预备般，扮演预备者角色；游戏之后，老师有如为下一出更亮丽的演出滋补与强化般，扮演充实经验者角色。这些充实经验包括外出参访、邀请来宾入班教示、团体讨论、教学活动、角落陈列或游戏、以学习单与父母共构等，将于第三篇"教师教学篇"第六章"教师在游戏课程中的角色（II）：鹰架与实务"中详加叙述。综言之，本书支持高品质游戏，而有品质的游戏系指教师与幼儿共构的成熟与统整的游戏；诚如全美幼儿教育协会指出，并非任何的游戏皆属"适宜性发展的游戏"，只有高品质、复杂的游戏才对幼儿最有助益，而且只有在老师负起规划与促进幼儿游戏之责才能臻此境界，老师在幼儿的发展与学习上，实具有重大角色（Copple & Bredekamp, 2009; Gronlund, 2010）。

至于高品质游戏的范畴涵盖了孩子自发的象征性游戏、规则游戏与角落游戏（或称兴趣区、学习区游戏）。规则游戏有两类，一是大团体进行如体能、合作等游戏；一是角落操作如盘面、牌卡等游戏。角落游戏内涵甚广，除益智角操作的规则游戏、娃娃家与积木区的象征与建构游戏外，尚包括其他各角落游戏如科学角、美劳角的探索游戏等。而这些游戏均强调师生共构，显现成熟与统整样貌。综合上述，你觉得教师在【热锅加油站】的建构/象征游戏、【球儿滚滚滚】的规则游戏、【我们一起玩】的角落游戏中各要如何扮演角色与搭建鹰架，方能将这些游戏提升为高品质游戏呢？

二、游戏的本质

游戏既然那么重要，却在现实生活与教育实务上不受重视，笔者认为可归诸两大因素：（1）游戏本身很难下定义；（2）一般人存有"游戏与工作两极对立"的迷思。"游戏与工作两极对立"意指一般人认为工作是严肃的、正式的，而游戏是孩子自发的、欢乐的、幼稚的，处在对立的另一端；此一信念显示游戏在人们心目中缺乏地位与信任，导致在教育实务上通常被视为边缘的与娱乐性的，笔者将在第四篇第七章叙述这些迷思以及如何抗辩之。而游戏很难下定义，造成一般人对游戏的模糊理解，遑论在教学实务上的落实。这两项因素实共同造成在现实生活与教育实务上，游戏未受到应有重视的现象。

确实有许多学者认为游戏没有简单的定义（Hughes, 1999），或很难被定义（Johnson, Christie, & Wardle, 2005; Sluss, 2005; Sutton-Smith, 1997; Wood & Attfield, 2006）。诚如Sutton-Smith（1997）在其《游戏的模糊性》（*The Ambiguity of Play*）一书中指出：游戏有许多词汇，每一词汇都有它自己的价值、游戏形式与游戏理论，这些词汇包括：游戏即进步、游戏即命运、游戏即权力、游戏即认同、游戏即想象、游戏即自我、游戏即轻松娱乐等七大类。举例而言，游戏即进步系指孩子从游戏中学到有用事物，涉及生理、心理、教育领域；游戏即命运乃指赌博与其他类的机会游戏，涉及经济、统计与数学领域。隶属于不同词汇下的研究者对于游戏的定义就会不同，很难去捕捉它的真正意涵，这也意味着没有绝对的真理存在。无怪乎学界对游戏的定义或理论充分显现众说纷纭、复杂与多变的现象（Fleer, 2010a）。针对儿童游戏难被定义或众说纷纭，乃涉及游戏的本质，兹说明如下。

（一）游戏情境多类多面

游戏的多面与多特性的本质，让人很难下定义（Else, 2009），以上 Sutton-Smith 所指游戏的模糊性亦充分说明游戏情境多类与多面向；无可否认地，游戏的种类实在是太多了，每一种游戏都涉及广泛的活动与行为，各不相同，因此 Wood 与 Attfield（2006）也明白指出，游戏很难被定义或分类，主要是因为它总是依附于情境，而情境是变化的。孩童玩什么东西？在哪里玩？跟什么人玩？玩什么内容？均有无数的可能性；有些游戏是高度心灵专注与严肃的，也有游戏是无目的地厮混玩闹，亦即游戏本身是多变与复杂的。Johnson 等人（2005）也认为，游戏概念本身是多面向与流动变化的，就如同在现实生活与世界上有各种游戏一样，例如，在幼儿教育上就有体能游戏、语文游戏、规则游戏、自由游戏与假扮游戏等，形成在定义上的困难。

（二）游戏性质似是而非

游戏具似是而非的性质，也形成定义上的困难，因为孩子在游戏中试图将自己与现实脱离，同时他们也借此更接近于现实，如扮演游戏。游戏代表认知、文化、历史、社会与物理实体上的相互联结，涉及几方面的对话：现实与虚幻、真实与非真实、真实世界与游戏世界、古今与未来、逻辑与荒谬、已知与未知、实际与可能、安全与危险、混乱与秩序，充分显现似是而非的状态（Wood & Attfield, 2006）。俗语"人生如戏"，真假难分，游戏亦是如此。

（三）游戏层面具抽象性

游戏很难被定义的第三个原因是：游戏就像"爱""快乐"一样

抽象难以形容，它比较容易以举例方式说明它是什么，而不是去定义它（Johnson et al., 2005）。是的，游戏不仅涉及外显行为表现，也涉及内在情性，是受内在驱使的，因此难以适切定义。

三、游戏的意涵

承上所述，由于游戏的多类多面、似是而非性质与具抽象层面，让游戏很难清楚正确地被定义，出现众说纷纭的现象；也因为游戏定义的多样性，Moyles（1994）才会指出，想要清楚了解游戏概念就犹如欲抓取泡沫一样的虚幻。然而，也有学者试图厘清它，例如 Smith（2010）就曾援用 Krasnor 与 Pepler 判断游戏行为的四项标准：弹性、正向效果、假扮的、内在动机，来评断某种行为是否为游戏，即如果所观察到的判准越多，就越是游戏行为；在另一方面，有学者试图举出儿童游戏的特征，让人们从另一个角度来认识游戏。以下举出学者提出的特征或定义描述，期能更加理解游戏的意涵。

（一）游戏的特征

Johnson 等人（2005: 14–16）综合文献后指出，游戏有五项特征：

1. 游戏具有好玩、快乐的正向效果。
2. 游戏具想象脱离现实的特性。
3. 游戏是受内在动机驱使的、本身就是报酬。
4. 游戏着重于过程而非结果。
5. 游戏是自由选择的。

Meckley（2002，引自 Wood & Attfield, 2006: 4–5）指出，游戏有七项特性：

1. 游戏是孩子选择的。

2. 游戏是孩子发明的。

3. 游戏是假装的却好似真实地做出。

4. 游戏强调做的过程而非结果。

5. 游戏是孩童游戏者所做的，而非成人可规划的。

6. 游戏必须活跃地涉入。

7. 游戏是好玩有趣的。

Isenberg 与 Jalongo（1997: 42）认为，游戏具有如下特征：

1. 游戏是自愿的与受内在激励的。

2. 游戏是象征的、有意义的与转化的。

3. 游戏是主动活跃的。

4. 游戏是受规则约束的。

5. 游戏是愉悦快乐的。

Fromberg（1987: 36）认为，游戏具有以下特征：

1. 以"好像"或"如果"假扮方式来表征现实。

2. 与经验联结、充满意义的。

3. 忙碌其中、积极活跃的。

4. 即使是严肃地全心投入，也是愉悦快乐的。

5. 不管是出于好奇心、想精熟掌控或欲参与涉入，均是自愿与受内在激励的。

6. 受内隐或明显陈述的规则所管制的。

7. 有如插曲般以孩子自发、随兴转换目标为特色地跳跃变化着。

Rubin、Fein 与 Vandenberg（1983: 698–700）综合文献与各家理论指出，游戏有六项特征：

1. 游戏是受内在动机所激励的行为，而非外在要求驱使的。
2. 游戏注重于过程，而非游戏的目的。
3. 游戏行为与探索行为有异。
4. 游戏与工具性行为有关，具有象征性表达特性。
5. 游戏是没有外在规则的。
6. 游戏者必须活跃参与于游戏中。

Else（2009: 11）基于 Hughes 与 King 之见解，将游戏做如下解释：

1. 游戏是一个过程（而非我们玩什么，这就是游戏为何重要的原因）。
2. 游戏是游戏者自由选择的，非他人使意的。
3. 游戏是个人主导的，儿童决定了游戏的举止内涵。
4. 沉入游戏中是游戏本身之故，动力来自内在（孩子必须觉得该活动能满足他并带来快乐）。

（二）游戏的定义

综观学者们对游戏特征或定义的描绘，大致可以分成三类，有些强调的是行为表现，有些着重的是内在状态或情意特质，也有些学者着墨于情境上的因素，多不相同，至今仍缺乏共识的定义（Johnson et al., 2005; Rubin et al., 1983; Wood & Attfield, 2006）。Rubin 等人（1983: 698）则认为，这三大类定义均反映了"游戏是发生在可描述与重新制造情境的一个行为情性，以及可用多样可观察的行为表现出来"。

有趣的是，有学者主张应将游戏看待成像一个"连续体"

(continuum) 般去定义或者是归类，也就是从非游戏、到少游戏、到纯游戏行为状态，基本上是程度多寡的区分，而非绝对的"有"或"无"的两极对立状态 (Moyles, 1989, 1994; Wood & Attfield, 2006)，认为这样或许能解决游戏与工作对立的迷思与问题。其实以上 Smith (2010) 的越多准则越是游戏行为之见，即没有绝对的游戏与非游戏，也将游戏视为一连续体状态。此外，还有学者将游戏视为孩子的工作，试图解决以上对立问题，例如 Smidt (2011) 在经过许多游戏观察后，特别将游戏定义为在一个情境、文化与社会内的孩子着手开始任何或所有以下事情：(1) 试图解决他们自己所设的问题；(2) 探索或经验他们觉得有趣、关心、惊吓或刺激的一些事情；(3) 表达和沟通与其经验有关的感觉。因此游戏对孩子而言总是有目的的与具有主权的 (agency)，而且是严肃的，有时也是很有难度的。Smidt 认为，若将游戏做如是定义，就容易视游戏为孩子的工作，使游戏不再与工作对立。

综合上述，笔者将幼儿游戏定义为："是一种受内在激励的、愿受规则指引的、具有好玩与快乐正面功效的'情性表现'，而且也具外显的、活跃涉入的'行为表现'，它多与象征性表达有关。"首先，绝大部分游戏都有规则：戏剧扮演游戏有该角色与情节所特有的规则 (例如小狗就是要汪汪叫，妈妈就是要照顾生病的娃娃，情节是大家讨论与约定好的)；规则游戏有古老传统流传的规则或参与者共同约定的规则；角落自由探索游戏也有各角落的行为规则才得以运作得宜。其次，游戏是好玩、快乐的，游戏本身就是一种报酬，个体心甘情愿加入游戏之中，遵守游戏规则，并且享受游戏与活跃参与以让游戏持续；所以游戏是一种情性表现，也是一种行为表现。

最后，幼儿游戏多与象征性表达有关，学前阶段是以假扮游戏为主要活动，其他的功能游戏、建构游戏通常是与象征性游戏相生相随的，例如以积木与乐高盖出城堡后，又玩起机器怪兽出没城堡的象征性游戏；还有本书开头【我们一起玩】【热锅加油站】的游戏情节也是在建构物体后与象征游戏交织结合的。而孩子在玩角落的棋类、盘面或团体进行的规则游戏时，常把游戏情境象征化，全心全意地投入想象情境中，充分显示幼儿游戏与象征表达的密切关系。以上定义也可看出游戏的重要特征为：受内在激励的、受规则指引的、具好玩与快乐功效的、活跃涉入的、一种情性表现、一种行为表现、多具象征表达性。再次强调的是，本书所看中与定位的游戏是能带给幼儿统整经验与具成熟特征的高品质游戏，期待孩子能在成人或同伴的共构引导下，提升发展与学习层次，故以上游戏情节都还有空间成为高品质游戏。

四、游戏与探索的关系

从另一方面而言，了解游戏与探究有何不同，两者间有何关系，亦有利于我们理解游戏的真正意涵。

(一) 一般学者见解——先探索再游戏

一般而言，探究是被外来的刺激或问题所引导，例如"这个东西是什么？"以及"它可以做什么？"它是被想获得这个物品特性或情势状况的讯息所主导着，是外来刺激所主导的行为；而相对地，游戏是被个体自身所产生的问题所引导，例如"我可以用这个物品做什么？"是个体自身所主导的行为。通常物品或情境是不熟悉的或尚未被了解时，探索行为就产生了；而游戏是当物体或情境是熟悉时所产生的行为，因此游戏多在探索之后（Cecil, Gray, Thornburg, & Ispa, 1985; Johnson et al., 2005; Rubin et al., 1983）。Johnson 等人曾综合文献进一步比较游戏与探索，两者有六点不同（表1-1）。

表 1-1　Johnson、Christie 与 Wardle 的游戏与探索区别

游戏类别 / 相异变量	探索	游戏
时间	先于游戏	后于探索
情境	陌生	熟悉
目的	希望得到讯息	希望产生刺激
行为	定型的	变化的
情绪	严肃的	快乐的
心跳变化	低心跳的	高心跳的

资料来源：Johnson 等人（2005: 18）

然而 Hutt 等人则有另类看法，他们认为游戏有两种层次，第一个层次是"知识游戏"（epistemic play），包括获得知识与讯息，运用解决问题与探索的方式，发现"这东西是做什么用的?"第二个层次是"嬉闹游戏"（ludic play），假扮是嬉闹游戏的主要形式，在嬉闹游戏中，孩童发现"我能够利用这东西做什么?"（Hutt, 1989, 引自 Wood & Attfield, 2006: 85）也就是说，依据 Hutt 的看法，探索也是游戏行为的一种，这两种行为都是幼儿拟欲认识玩物及玩物的使用方法。而从探索至游戏行为间的使用与转换物体，均提供了创造力学习的情境（Wood & Attfield, 2006）。

（二）本书见解——游戏与探索相生相随

笔者十分认同以上"探索也是游戏行为的一种"的论点。此外，即使是如 Johnson 等人所指被外来的刺激或问题所引导的探索行为，也是出自个体本身的动机意愿，试图了解那个东西或情境的本质、特性，实在很难与这个东西或情境可以做什么，或怎么玩的内在动机导引的游戏行为，做截然的划分，两者皆是出于个体内在动机的驱使。事实显示，很多幼儿初次接触新玩具或到一新鲜环境时，通常是一边游戏

一边探索，在游戏的氛围下探索着，或在探索的氛围下游戏着，两者相生且互随，时而探究、时而游戏，有时则完全交织融合，旁观者也很难分辨他到底是在游戏还是在探索，实在没有必要区分孰先孰后。

举例论之，当孩童初到一个游戏场，他很可能被新鲜的游具、设备所吸引，虽然所有的情境是陌生的，却抵挡不住立即投入游戏的诱惑，可能先游戏再慢慢探索或一边游戏一边探索，而无论是游戏或探索，其身心是完全投入的、认真的与神情愉悦的，似乎与 Johnson 等人所见不同。也难怪探索与游戏常被相提并论，甚至有"探索性游戏"（exploratory play）一词出现，或将游戏看作是一种"广泛的探索"（Sponseller, 1982; Vandenberg, 1986, 引自黄瑞琴，2001）。因此探究与游戏两者关系本就密切，难以区分，没有必要刻意去划分它们。

无论是"探索是游戏行为的一种"，或者是"游戏是一种广泛的探索"，均显示游戏与探索两者是相生相随、紧融密织的。重要的是，探索与游戏行为联合发生后往往能产生创造行为，幼儿的创造行为始于好奇而探索、游戏而玩弄，最后臻至重新创造的境界（周淑惠，2011；Cecil et al., 1985; Wood & Attfield, 2006），是不争的事实。身为幼教实务工作者必须善加运用游戏与探究，不仅促进幼儿身心各方面发展，而且可以激发幼儿的创造力与创造性成果，在讲求创造力的当代社会，则显得更为重要。举世闻名的意大利瑞吉欧（Reggio Emilia）幼教课程就是强调幼儿的游戏与探究，孩子一边游戏一边深入探究，并通过不断地表征，显现令人惊艳的创造力，即为最佳例证。因此本书不刻意划分探究与游戏行为，在幼儿游戏中自然蕴含探索行为，在论述孩子游戏时自然包括探究面向。

（三）游戏／探索再剖析

至于幼儿的探究包含一连串的行为——观察、操作、推论、预测、记录、讨论、访谈、以行动验证、沟通等，是"科学程序能力"（scientific process skill）的范畴（周淑惠，1998），它与操作行动或游戏行为不可分，例如幼儿拿到手电筒时通常会很兴奋把玩、四处乱照，当见到手电筒拿近拿远，所被投射物体的影子大小也会跟着变化时，在好奇心驱使下，可能形成推论或预测；然后再用操作行动去验证其想法——不断对着物体把玩手电筒，将手电筒或物体调近、调远或从不同角度操作，观看投影结果，最后将其发现大声宣布或手舞足蹈地宣示，这个孩子不仅在游戏中探索着，也在探索中游戏着。

值得注意的是，幼儿的探究不仅限于科学现象，人文社会现象亦可探究，例如初到一个庙宇或教堂，兴奋地到处走动并观察，当看到某处特别光亮或特别污秽，孩子可能会先形成推论（对所观察现象提出合理的解释），然后透过访谈庙方或教堂人员，或者是查阅书籍、百科图鉴去验证其推论。事实也显示，幼儿常在主题课程中交织运用游戏与探究行为，热切、积极地建构主题相关知识，与前述游戏定义的具外显的、活跃涉入的行为表现，实乃相符。换言之，游戏与探究难以切割，游戏/探究后可能建构知识或表现创意，而能引导幼儿在游戏中探索或在探索中游戏，似乎是游戏的一个较高境界，因为在游戏/探究中的孩子，其心智与行为均是灵活自治的，离高品质游戏不远矣。

本节小结

总之，由于游戏的本质复杂迷离，类别众多分歧，又难有共识的定义，本书综合文献试图将幼儿游戏定义为一种兼具情性与行为的表现，且多与象征表达有关。笔者认为游戏常与探究行为共伴相随、关系纠结，并定义本书所指游戏为师生共构的成熟与统整的高品质游戏。

第二节 游戏的种类与发展

上一节初探游戏，本节再探游戏的种类与发展。幼儿发展诸项特征之一即为渐序发展性（周淑惠，2006），游戏也是一样，本节旨在探讨游戏的发展概况。而有关游戏种类各家分类不一，有从认知发展观点加以分类，有按社会发展观点分类，有依统整认知与社会观点而分类，亦有按学科领域加以分类。兹依据各类游戏说明其发展状况，并进而于节末归纳幼儿游戏发展的共通特性。

一、认知观点的游戏

Piaget（1962）从认知观点把游戏分为三类：练习游戏、象征游戏与规则游戏；其后 Smilansky 参照 Piaget 的分类，保留规则游戏，而在练习游戏与象征游戏之间加入建构游戏，并将其他两类改名为功能游戏（即练习游戏）、戏剧游戏（即象征游戏）（Smilansky & Shefatya, 1990）。兹将以认知观点为主的各类游戏的定义与发展状况说明如下。

（一）功能游戏（练习游戏）

功能游戏系指简单、重复性、愉悦的肌肉运动，涉及操作物体，也可以不涉及物体的操作，这是出生至两岁期间感觉动作期的幼儿经常进行的游戏（Rubin et al., 1983; Smilansky & Shefatya, 1990），例如反复用玩具铁槌敲打、来回地单脚跳、执意地套接乐高类积木、不停地说"我是万兽之王，跟我朝拜"等。有三分之一的学前幼儿还是进行这样的游戏，但是只有小于六分之一的小学生玩功能游戏（Rubin et al., 1983）。

（二）建构游戏

孩子的建构游戏也是聚焦于感觉动作，但却是伴随着预先设想的计划，最后产生一个创作；也就是说，孩子操作物体或使用材料，并且是有意图地做出一些东西或造型，这是两岁以后幼儿所表现的游戏形态之一（Rubin et al., 1983; Smilansky & Shefatya, 1990），如用积木建构出城堡或农场、用回收材料做出立体拼贴等。孩子由功能游戏发展到建构游戏，最大的不同是由操作物品到创造物品，透过创作表达，对自己产生信心，觉得自己是个创作者（Smilansky & Shefatya, 1990）。有趣的是，建构游戏、功能游戏与戏剧游戏常于学前期相互伴随（Rubin et al., 1983），例如孩子在参观完火车站后，用积木连接建盖一列火车与铁轨，并假扮着坐火车去动物园玩的游戏。本章开头的【我们一起玩】、【热锅加油站】游戏情节即是建构游戏与戏剧游戏交织的例子。

（三）象征游戏（戏剧游戏）

象征游戏又称为假扮游戏、戏剧游戏、角色扮演游戏，俗称"办家家酒"，其高阶发展是社会戏剧游戏，是孩子表征社会中的或想象中的角色，并且与其他孩子协调这些角色的扮演（Fein & Schwartz, 1986）。亦即孩子模仿、运用想象力演出假装的情境，这是出生第二年后就日渐发展至七岁前的前运算阶段幼儿所经常显现的游戏形态。象征游戏有三个要素：创造一个幻想情境、扮演其中的角色与遵守扮演角色的一套规则（Bodrova & Leong, 2007）。此一游戏形态容许孩子透过象征性地表征心中意义，体验生活与人际关系，如以笔当针筒打、以积木当电话用；而随着发展，三四岁后儿童越能抽象表征，逐渐脱离具体物的限制，例如，直接握拳附在耳旁做打电话状、两手握拳向前伸上下轮动代表开车。本章第一节的【热锅加油站】游戏情节与本章末研讨问题的【生病、车祸、救护车】游戏情节，均属此类游戏。

象征游戏的高阶发展就是所谓的"社会戏剧游戏"（sociodramatic play），通常涉及两个人或以上，在扮演游戏进程中，彼此协商剧情发展，以口语与肢体互动，孩子同时是演员、观察者与互动者，因此与功能游戏、建构游戏及规则游戏最大的不同点在于它是"以人为取向"（person-oriented），而非以材料或物体为取向（Smilansky & Shefatya, 1990: 3）。Smilansky（1990: 20; Smilansky & Shefatya, 1990: 24）指出，戏剧游戏与社会戏剧游戏有六个元素：以模仿扮演角色、与物体有关的假装、与行动及情境有关的假装、角色扮演的持续性、社会互动、口语沟通（后两者是社会戏剧游戏有别于戏剧游戏之处）。所以象征游戏包括戏剧游戏（约在两三岁）与较高层次的社会戏剧游戏（约在三四岁以后）。Smith（2010）归纳假扮游戏有以下三项发展趋势。

1. 去自我中心

去自我中心是指社会戏剧游戏的发展是从孩童自我本身为游戏代理人慢慢移转到其他人或物体，也就是孩子先是自己做出假扮行动（如以行动假扮妈妈在炒菜），然后渐渐发展至把他人（把妈妈当成小婴儿）或物体（洋娃娃、小熊）当主角。

2. 去情境脉络

去情境脉络是指使用较不逼真的东西去替代真实物品，如使用积木当电话或蛋糕。在假扮游戏早期，孩子强烈依赖实际的物品，如真的梳子、真的盘子，慢慢地发展成用较不相像的东西去替代那项物品；到了后期更厉害的是不需要实际的物品或替代物，而是用想象的物体或动作，例如，刷牙是以伸出的手指左右移动，或是用手握着想象的牙刷左右移动，再如【热锅加油站】游戏情节中的书枫以握拳动作佯装骑着摩托车，元浩也是以动作假装开着汽车，又如【生病、车祸、救护车】游戏情节中的天臻以伸出手佯装给钱的动作亦属之。

3. 统整

统整意指结合一连串的假扮行动、人物成为有叙事顺序的情节，例如，先喂婴儿喝奶，再帮他洗澡，再放到婴儿床哄他睡觉，是有情节顺序的。

(四) 规则游戏

有一些游戏具有相当明显的规则与玩法存在，通常是传统流传的规则、约定俗成的，或可以让游戏者讨论约定的，当幼儿约六岁进入具体运算阶段时，逐渐能接受与遵守规则，所出现的规则游戏形态日益增加。Kamii 与 DeVries（1980）在《幼教团体游戏》（*Group Games in Early Education*）一书中，指出八项具有规则的团体游戏：瞄准游戏（如保龄球、弹珠等游戏）、赛跑游戏（如两人三脚、合力运物等游戏）、追逐游戏（如猫抓老鼠等游戏）、躲藏游戏（如捉迷藏等游戏）、猜测游戏（如猜领袖、神秘袋等游戏）、口令游戏（如老师说等游戏）、牌卡游戏（如扑克牌等游戏），以及盘面游戏（如棋类、大富翁等游戏）。另外，有些"教导性游戏"也属此类规则游戏，它是运用游戏的形式来教导学科内容知识与能力（Bodrova & Leong, 2007），例如，涉及数量概念的钓鱼数学游戏、故事接龙的语文游戏、人际合作的蚂蚁搬豆社会性游戏等。本章第一节的【球儿滚滚滚】与以下的【四面相关】均属于规则游戏，前者是全班分组进行的团体游戏，后者是在角落进行的牌卡操作游戏。

✿【游戏情节四：四面相关】

(两个小孩正在益智角玩老师制作的"四面相关"图卡游戏，孩子要根据牌卡上的图像与阿拉伯数字，连接有逻辑关系且正确数量的图卡。君德则在旁观看着，偶尔也插嘴)

岚方：车车。(在房子图卡旁边接了一张车子图卡)

莲若：不行，不行！没有关系！老师说要有关系。

岚方：有啦！因为我家房子旁边都停满车车。

莲若：嗯，可是……(用手指着车子图卡)

莲若：方向盘！(在车子图卡旁接了一张方向盘图卡)

君德：还要再接一张，这边写2。(意指车子图卡上有2，就得接两张图卡)

依据 Smilansky 与 Shefatya（1990: 35–36）之见，规则游戏与社会戏剧游戏两者皆提供参与者内在满足感，而且也受外在规则所指引，但是此两类游戏仍有显著不同：（1）规则游戏的规则是相当明显与武断的，社会戏剧游戏的规则来自生活习性，是较为原则性的，而且会随剧情改变；（2）规则游戏通常是专注在规则之下的特定技能，而社会戏剧游戏通常涉及全人各方面能力发展；（3）通常规则游戏是竞争的，而社会戏剧游戏则是合作的；（4）规则游戏的满足快乐通常是达成目标、赢得胜利，而社会戏剧游戏的满足则是来自创造力；（5）规则游戏运用口语沟通较为有限，而口语沟通是社会戏剧游戏的核心统合部分。此外，Bodrova 与 Leong（2007）的见解也补充说明这两类游戏的不同。他们指出，规则游戏的驱动力来自想要赢的动机，而象征游戏来自孩子内在，是自发的；象征游戏的想象情境是非常明显的，反之规则游戏却没那么明显；规则游戏需要时间与精力练习，象征游戏却可以得到立即的满足。

二、社会观点的游戏

Parten 则从社会发展的观点将游戏分为：无所事事行为（unoccupied behavior）、旁观行为（onlooker behavior）、单独游戏（solitary play）、平行游戏（parallel play）、联合游戏（associative play），以及合作游戏（cooperative play）等六大类（Isenberg & Jalongo, 1997）。兹将以社会观点为主的各类游戏的定义与发展状况说明如下。

（一）无所事事行为

顾名思义是没有做任何特定的游戏，似乎是无目的的行为，或许是闲晃，又或许是无聊地走动。

（二）旁观行为

系指在旁观看他人游戏或活动，也许有跟身旁的孩子谈话，基本上是置身事外、没有参与，但比前项无所事事行为要来得活跃些。

（三）单独游戏

这是两三岁孩子典型的活动，约发生在两岁到两岁半。乃指单独一个人进行游戏，目的在玩着手边自己的玩具或物体，自己玩自己的，没有涉及他人。

（四）平行游戏

约发生在两岁半到三岁半。是指孩子彼此在旁边玩着，或在附近玩着，玩物或玩具或许相同，但基本上还是自己玩自己的，没有交集，只是形体接近而已。

（五）联合游戏

约发生在三岁半到四岁半。意指孩子间的游戏有一些类似，如都在玩着积木，也有些许的互动关系，如问问题、使用彼此玩具，但是该项活动本身没有严谨的结构，意即没有共同合作的意图或共同目的。

（六）合作游戏

约发生在四岁半以后。即指孩子间的游戏行为基本上是合作的、有交集的，彼此是有目标的、共同目的的，运用协调、分工、轮流等方式让游戏得以进行，如共同用积木盖一个农场或一条高速公路，或是共同扮演一出戏剧。

三、统整认知与社会观点的游戏

Rubin 等人将以上 Parten 以社会观点分类的六类游戏整理为单独、平行与团体游戏三大类，并统整认知与社会观点，将认知观点四个游戏层次与社会观点三个游戏层次交织结合成 4×3 的 12 个游戏类别（Rubin, Watson, & Jambor, 1978），如下所示。

单独—功能	单独—建构	单独—戏剧	单独—规则
平行—功能	平行—建构	平行—戏剧	平行—规则
群体—功能	群体—建构	群体—戏剧	群体—规则

举例而言，"单独—规则"游戏是指幼儿独自一人在玩有规则的游戏，如在益智角玩着辨识异同的牌卡游戏或棋类游戏，未与任何人

有所互动;"平行—建构"游戏是指幼儿彼此在附近玩着类似的建构类玩物,基本上还是各自游戏、没有交集,例如两位幼儿都在益智角玩着同样的形式积木,或都在积木角玩着单位积木,各自制作自己的造型、建盖自己的积木,彼此间没有合作的迹象;"群体—功能"游戏是指孩子共同进行着简单动作的功能游戏,如四个孩子共同敲打着鼓面,重复不断地敲打着。

四、其他游戏分类

以上三项是按发展分类的游戏形态,坊间常见的游戏分类是按学科加以分类,如数学游戏、语文游戏、科学游戏、体能(育)游戏等,即在各个学科中渗入游戏因子,教导学科知识与能力,如数学手指谣、创意语词接龙、影子游戏、色水游戏、球类游戏等;Bodrova与Leong(2007)称之为"教导性游戏",并将其归属于规则游戏。这些学科分类的游戏可以是以团体游戏的方式进行,也可以是在兴趣区(俗称角落)中操作进行。在兴趣区的游戏有时也被称为"自由游戏",因为孩子在兴趣区时段可以自由选择游戏角落与游戏内涵;而这些自由游戏其实包括上述分类的规则游戏(如益智区)、建构游戏(如积木区)、扮演游戏(如娃娃家)、探索游戏(如科学区、美劳区)等,范围十分广泛。

五、幼儿游戏的发展通则

从以上幼儿各类游戏的发展阶段与状况,可见幼儿游戏是渐序发展的,笔者归纳四项共通特性如下。

(一) 由自我独玩到与人游戏

幼儿由自我中心的独自游戏日渐发展到平行游戏，进而至与人互动的联合游戏，再到运用社会技巧协调与沟通的合作游戏，渐渐地脱离自我中心、能与人互动游戏。以扮演游戏为例，由两三岁个别扮演游戏到三四岁后涉及两人以上"以人为取向"的社会戏剧游戏，充分显现越来越趋向社会性、能与人合作的游戏形态。

(二) 由不语、独语到运用语言

孩子在游戏发展中，由自己自玩、独自口语表征角色，或是在与人互动时鲜少使用口语沟通的状况，发展到能用口语协调角色、剧情、游戏规则或进行角色扮演等，整体而言口语表现越来越进步，语言被视为沟通、扮演的工具。亦即口语沟通是较大幼儿社会戏剧活动的重要特征。

(三) 由简单行为到复杂能力

幼儿由简单的反复自我练习游戏，逐步发展到较为复杂、完成作品的建构游戏，再到涉及多元角色扮演、物体转换的社会戏剧游戏，最后到复杂充满规则的游戏形态，如棋类游戏、球类游戏、盘面游戏等，充分显示所涉及行为与能力的日趋复杂度。尤其在扮演游戏中逐渐能统合不同角色、交织不同主题与情节，显现越来越复杂的能力。

(四) 由具体思考到抽象思考

在游戏中幼儿越来越能抽象思考，不受限于具体事物，例如在扮演游戏中，较小幼儿必须依赖具体实物如洋娃娃、模型炒锅等，其后逐渐发展到能以大积木包衣服当娃娃、一块木板当炒锅的象征性思考，甚至到用动作或话语代表炒菜、开车、打电话、火灾、车祸等动作或情境，完全无须具体实物的呈现，思考能力越来越抽象。

本节小结

总之，游戏的种类繁多，且其分类架构多有不同，无怪乎游戏定义纷纭、莫衷一是。笔者归纳幼儿游戏渐序发展的四项通则如上，而以上四项发展的共通性，实与 Carvey（1977，引自黄瑞琴，2001）所见略同——随着孩童日渐发展，其游戏有四种变化趋势：由生物性成熟获得越多技能、能结合不同资源越趋精致与复杂、思考越趋抽象、能纳入生活经验中的因果关系。

研 讨 问 题

一、如果你是幼儿教师，针对以下游戏情节你有何看法？你会采取什
   么态度以对？为什么？

✽【游戏情节五：生病、车祸、救护车】

（最近孩子接续着咳嗽、发烧，也有孩子因肠病毒在家休息，
也有孩子因车祸住院后刚回来上课，孩子连着几天在角落里玩着以
下的游戏）

✱天臻对以诺说："老板！我要买咳嗽药！"以诺说："钱呢？要
   100块！"天臻说："我没钱。"隔了一会儿，伸出手说："给你
   钱！"以诺拿了一盒药给天臻。

✱仙芸拿冰棒棍对着洋娃娃量体温说："100度，好烫！""不哭！
   妈妈抱抱。"然后重复着量、说与抱抱的动作。

✱虹依对着之韵说："妈妈，我发烧了。"之韵用手摸摸虹依的额头
   说："哇！好烫！来吃药药（做出以手喂食状）。"两人身体靠近，
   相当亲密，不时发出笑声，就这样重复着发烧与吃药的对话。

✱旁边的森田身上披挂着白布，一面咳嗽、一面四处跑叫着："我
   是医生，谁要看病？"一不小心撞到正在开着"喔咿喔咿"救护
   车的葛青。葛青说："医生不能跑啦！"

✱葛青对着娃娃家的瑄敏说："假装你车祸了，我是救护车送你去医
   院。"并接着说："你要躺在地上，你要假装很痛，你车祸了喔！"

二、请以本章【热锅加油站】游戏情节为例，说明本书对游戏的
　　定义。

三、请举实例说明本书所指游戏与探究的关系？

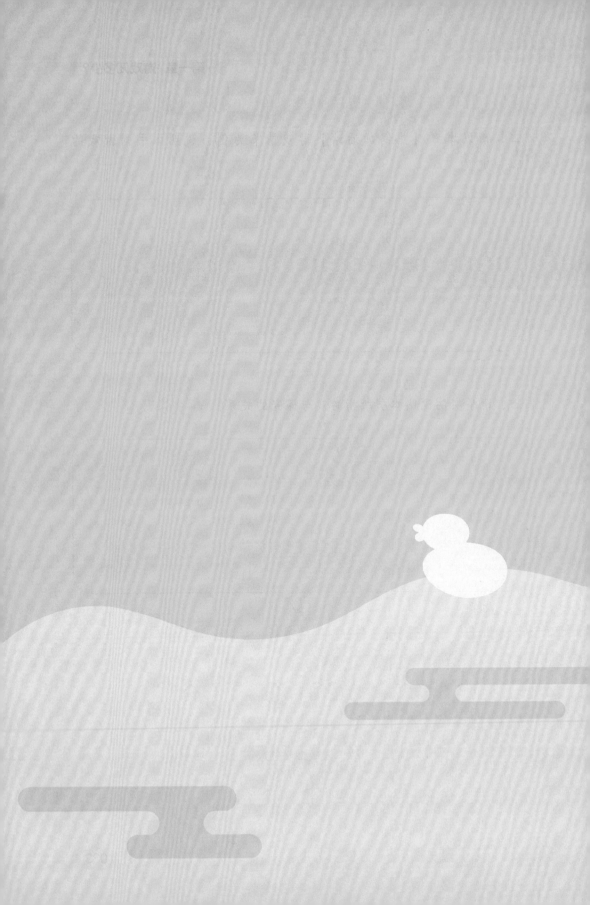

第二章　游戏理论与游戏功用

儿童为什么会沉醉于游戏中？理论帮助我们了解现象，因此，本章第一节旨在探讨游戏为什么会发生及其作用的相关理论。此外，相当多的学者与研究亦指出游戏对儿童的社会情绪、语文、认知（想象创造力、解决问题、其他认知能力）等各方面的发展具有功效并极具价值性，所以本章第二节旨在探讨游戏对个体发展的具体功能。

第一节　孩子为何游戏：游戏理论

鉴于学者所言，游戏是揠苗助长现象的最佳解药（Elkind, 1981, 1987），没有高品质的游戏就很难提供高品质的课程（Wood & Attfield, 2006），我们实有必要先对游戏有所理解，尤其是"孩子为什么游戏"，方能支持孩子的游戏。本节探讨各类解释儿童为什么会游戏的理论，试图理解游戏行为发生的原因，有利于我们提升游戏层次与课程品质，以促进孩子的发展与学习。

社会科学的学者提出理论通常是为了解释社会现象的发生与原因，

以帮助世人理解。有关游戏为什么产生，从古至今有诸多学者从不同角度或观点提出理论试图解释，这些理论大体上有两种分类方法：一是依内涵分类，例如，Fromberg（1999）将游戏理论按其解释内涵区分为"心理观点派"与"文化情境学派"两个观点；Smith（2010）则分为"演化理论""心理分析观点""人类学观点"与"心理学观点"等学派。二是按时间分类，例如，Johnson 等人（2005）以及 Sluss（2005）等按时间序别分为"古典理论""当代理论"，甚至"后现代理论"三大类别。古典理论是指源自于 19 世纪与 20 世纪早期，当代理论是指 19 世纪 20 年代以后的理论（Johnson, Christie, & Yawkey, 1987）。

　　笔者参考诸多文献并统整以上内涵与时间两类划分方法，在古典与当代两大类别中并按内涵加以细分；此外，晚近有些颇具特色的游戏理论，如脑神经科学、后现代理论等，笔者将其归类于"特色理论"，这些理论如表 2–1 所示。

表 2–1　游戏理论汇整表

	理论或学派	对游戏的解释	主要作用领域
古典理论	剩余精力论	消耗体内过剩的精力	体能
	消遣娱乐论	再度产生因工作消耗的精力	体能
	练习论	发展未来生存所需的技能	体能、技能
	复演论	消除成人生活不再需要的原始冲动	体能
当代理论	心理分析学派	消除心理焦虑，达到快乐	情绪、社会
	Piaget 认知发展学派	通过各种游戏练习以巩固所学的知能，或有利认知发展	智能
	Vygotsky 社会文化学派	促进孩子的认知发展并实现孩童无法满足的需求与欲望	智能、情绪、社会
	人类学派	模仿、重组与建构成人社会活动，延续族群生活	社会、智能（创造、想象力）
特色理论	脑神经学派	游戏可以刺激脑神经网络的连线	全人
	后现代学派	游戏的意涵在不同文化、情境中不尽相同	智能、社会

　　资料来源：作者自行整理

一、古典理论

19 世纪到 20 世纪初期的古典理论，大致上包括四种理论：剩余精力论、消遣娱乐论、练习论，以及复演论（黄瑞琴，2001；陈淑敏，1999；刘焱，2009；Hughes, 1999; Johnson et al., 1987, 2005; Rubin et al., 1983; Sluss, 2005; Smith, 2010），分别说明如下。

（一）剩余精力论

剩余精力论的倡始者是被称为"社会达尔文主义"（Social Darwinism）学家、著有《心理学原则》（*Principles of Psychology*）的英国哲学家 Spencer，他认为每种生物都会产生精力以应付其生存所需，而需求满足后的过剩精力累积日久必须消耗掉，游戏的目的就是要消耗去除这些过剩的精力。此一理论观点仍为许多人所持有，它似乎可以解释为何儿童游戏比成人要来得多，以及一到下课时间儿童不约而同地齐向游戏场的现象，因为成人照顾了儿童的生存，耗掉许多精力，使得儿童有较多的剩余精力去游戏；然而它却无法解释为何儿童玩到精疲力竭、眼皮都快要闭上时，仍然持续其游戏行为，甚至是玩到睡着。

（二）消遣娱乐论

相较于剩余精力论，德国诗人 Lazarus 则认为，工作用尽了人们的精力，个体必须再度产生精力，而游戏通常是与工作对立的，它是重新储存在工作中所失精力的重要方式。换句话说，游戏的目的在于个体精力不足时使其再度产生精力。在现实生活中也确实如此，在劳心、劳力工作一段时间后，我们必须借其他游戏、娱乐活动或完全不同性质的活动来恢复精力；然而这个理论却不能解释为何成人工作比儿童多，却在游戏的质与量上比儿童少。

（三）练习论

著有《动物的游戏》（*The Play of Animals*）与《人类的游戏》（*The Play of Man*）两书的德国作家 Groos 批评 Spencer，认为游戏比消耗剩余精力之说有更多的功能，游戏提供一个安全的方式去练习与精进未来生存所需的技能，也就是说游戏的目的在于发展成人生活所需的技能，例如，儿童在戏剧游戏中扮演父亲、母亲的角色是在为未来生活做准备。不过从当代剧烈变化的世界而言，儿童在游戏中的练习似乎难以因应未来世界所需的生存技能；而且此一理论也无法解释儿童较为原始性的游戏行为如打斗、爬树或打闹游戏等，为何是未来生活所需。

（四）复演论

《美国心理期刊》（*American Journal of Psychology*）创始者兼教育家 Hall 批评 Groos 的练习论，他认为儿童游戏并非练习对未来生活有用的技能，而是借重演祖先的活动反映种族历史与进化阶段，例如，小孩爬树是在团结游戏之前，反映人类是由原始人进化到部落群居状态，而游戏的目的则是消除当代成人生活不再需要的原始冲动。显而易见的是，儿童的游戏行为非常多元，各类游戏出现阶段并非如人类历史进化顺序；而且现代儿童所玩的游戏或玩具，如 Wii 与 PS3 等电子游戏，其实是反映现代科技生活，而非重演人类历史的一些原始活动。

二、当代理论

基本上 19 世纪 20 年代前的早期游戏理论多受达尔文进化论的影响来解释游戏是如何发生的，都是比较主观、常识性的看法，没有以科学实征研究为基础，而且焦点多在体能、技能方面。随着科学的进步，当代理论有了研究作为基础，大体而言可以归类为以下几个学派：心理分析学派、以 Piaget 为首的认知发展学派、以 Vygotsky 为首的社会文化学派，而除了以上的心理学派外，尚有从不同人类社会进行研究的人类学派。

（一）心理分析学派

心理分析学派主要代表人物为 Freud，其主要论点是游戏的价值主要在于情绪方面，因其容许孩子减轻两种焦虑：一是依赖外在生存照料的无助焦虑与恐惧；二是性好奇、破坏等内在本能焦虑，在游戏时可以给予孩子控制掌握感与探索不受欢迎情绪的机会（Freud, 1974, 引自 Hughes, 1999），对于儿童的情绪发展有所助益。换句话说，游戏是一个表达侵略或性冲动等的安全情境，也提供了一条孩子实现各种愿望（如像其他成人）的管道；此外，游戏也是抚平创伤事件的管道（Rubin et al., 1983; Smith, 2010），在游戏中可以通过"角色转换"与"重复行为"两项机制去消除负面、不愉快的情绪或抚平创伤。角色转换是指孩子从被动收受不愉悦经验者转换成给予经验者，移转负面感受到另一个替代物，如孩子被父亲揍了后可能会鞭打洋娃娃或假装打游戏同伴以宣泄情绪；此外，孩子也会通过重复扮演行为，将经验化成小的、可处理的部分，慢慢同化、吸收创伤所带来的负面情绪（Johnson et al., 2005）。简言之，孩子通过游戏是在避免苦痛、寻求快乐，"快乐原则"（pleasure principle）是儿童游戏的主要动机（Freud, 1959, 引自 Sluss, 2005）。

Erikson 延伸心理分析论，认为游戏的发展具有探索与建立自我的功能，因为它带来了可以增进孩子自尊的体能与社会技巧（Hughes, 1999），且"游戏创造了一个不确定、焦虑与自我愿望可以戏剧化改编的场域"（Rubin et al., 1983: 704）。游戏有三个发展阶段：由探索玩弄自己身体器官的"自我宇宙"阶段（约出生至两岁），逐渐了解自己与他人不同；历经探索周遭玩物的"小宇宙"阶段，强化了自我认识；再到进入幼儿园与同伴游戏互动的"大宇宙"阶段，更加了解自我、社会文化与所扮演的角色（Hughes, 1999）。

（二）Piaget 认知发展学派

瑞士心理学家 Piaget 是认知发展学派的主要代表人物，他的"动态均衡理论"（Dynamic Equilibration Theory）指出，个体要发展与学习，必须经过认知上的"适应"（adaptation），而认知上的适应是需要通过改变外在现实以符合内在认知架构的"同化"（assimilation），与改变内在认知架构以符合外在现实的"顺应"（accommodation）两项互补功能，才能达到平衡的状态（Ginsburg & Opper, 1988; Piaget, 1976）。他认为游戏是认知上的同化作用强过于顺应作用的一个不平衡状态（Piaget, 1962），即游戏大多将新资讯与技能设法纳入既有的认知架构中，鲜少改变现有认知基模。

将游戏视为同化作用，是指在游戏中重复练习新获得的行为或技巧，以不同方式表征同样一件事，其结果是新获得的技巧或行为变得熟练稳固（Rubin et al., 1983）。举例而言，当孩子刚学会溜滑梯时，会以各种不同方式来溜它，例如，坐着溜、躺着溜、蹲着溜、倒着溜、挥手溜等。对 Piaget 而言，在刚学会溜滑梯时是适应作用，接下来用各种方式去练习、不断地同化就是游戏。所以，儿童在游戏中虽然不是学习新的概念、技巧，在学习上不扮演至关重要的角色，但它仍是学习发生的重要条件，因为它巩固了行为或技巧（Johnson et al.，2005）。

Piaget 认为，孩子的游戏形态会随着认知发展而变化，两岁以前的主要游戏形态是练习游戏，两岁到七岁的前运算阶段主要是象征游戏与建构游戏，七岁以后的具体运算阶段则是倾向规则游戏。除 Piaget 外，认为游戏对认知发展具有作用的学者尚有 Bruner 与 Sutton-Smith 等人，不过他们比 Piaget 更进一步认为游戏对认知具较大作用，孩子在游戏中注重的是游戏过程，游戏使孩子在行动中弹性思考与运用多元想法去创意解决问题（Isenberg & Jalongo, 1997）。

（三）Vygotsky 社会文化学派

相对于 Piaget，Vygotsky 认为游戏对于儿童发展具有积极重大的作用，是"发展上的一个最主要的因素"（a leading factor in development）（Vygotsky, 1978: 101）。人处于社会文化之中，通过人际互动历程不断地创造其最近发展区（Zone of Proximal Development，简称 ZPD）以提升发展层次；亦即个体的思想、概念受社会文化的影响至深且巨，而游戏正好可以克服冲动行为，获得社会生活规则，促进发展水平，因此 Vygotsky 的理论被称为"社会文化论"（Socio-Cultural Theory）（Berk, 2001）。有关社会文化论在本书第三篇"教师教学篇"的第五章"教师在游戏课程中的角色（I）：理论与基础"部分，有进一步的讨论。

具体而言，游戏是来自情绪社会性的压力，当孩子的欲望无法被社会情境所满足，过一段时间仍无法满足也无法忘怀时，就会进入一个想象与虚构的情境中，这个情境就是游戏；也就是通过游戏中的想象去解决压力、克服冲动，满足现实中所无法实现的欲望（Vygotsky，1978），例如，幼儿一直想要出去搭车，就会假想正在开着车子，做出手持方向盘状，或在身上套着纸箱当成车子。因此他又认为孩子的象征游戏可以被了解为："是一个通过传达与表明玩物意义的手势动作的一个非常复杂的'言谈'系统。"（Vygotsky，1978: 108）也就是说，孩子在假扮游戏中运用手势动作与言谈沟通赋予物体象征性的功能与意义。如上述开车实例，孩子以肢体动作表征车子意象，有时还会配合动作对玩伴说出"假装这是车子"或"假装我在开车"。

可见 Vygotsky 学派所指的游戏为创造一个想象情境的假扮游戏，它在孩子发展上具重大功能，包括：(1) 创造最近发展区（有关最近发展区之意义，将于第三篇第五章说明），促进认知发展；(2) 使思考不受限于物体，逐渐迈向抽象思考；(3) 发展自我规范能力；(4) 具有规划、完成目标的动机；(5) 去自我中心（Bodrova & Leong, 2007; Vygotsky, 1978, 1991）。

（四）人类学派

一般的游戏研究多以欧美发达国家为研究对象，有些学者则从跨文化的角度做研究，或人类学家在非发达国家做研究，这些研究显示：游戏是普遍存在的现象，但是却具有文化的特殊性（Edwards, 2000; Else, 2009; Fleer, 2010a; Gosso, 2010）。举例而言，Gosso（2010）发现，巴西北部 Parakana 印地安社会的生活方式非常不同于一般所观察的西方都市社会，其孩子的游戏自然也不同，诸如用棕榈叶做篮子玩、背着妈妈的草篮采不可食用的果子玩、假装筛揉面粉、扮演男人集会并学大人在节庆活动中歌舞、用箭射马铃薯玩、将弓箭向上抛空射出、追捕老鼠或蜥蜴等。

再如人类学家 Fortes（1970, 引自黄瑞琴，2001）发现，在西非的

Taleland 传统部落社会中的儿童，通过打猎、祭祀、婚姻、扮演等自发游戏，很自然地传承着传统部落社会的习俗，然而他们并非只是完全模仿成人活动，而是加入想象与创造成分，例如，将三只蝗虫想象成牛、用树皮做成牛栏、用石头将谷粒磨成粉并置入陶器碎片中祭祀……最后丢掷碎石吓走小鸟。换句话说，不同文化的孩子都糅合了他们的现实世界、创造力与想象力去创造与改变游戏中的新规则，或是加入新元素于游戏中。由此可见，从人类学家的观点来看，儿童在游戏中不仅是模仿成人社会生活，而且将创造力与想象力加入以建构他们的理解、学习与延续族群生活。

三、特色理论

晚近的特色理论包含脑神经学派与后现代学派，兹说明其理论如下。

(一) 脑神经学派

脑神经科学方面的研究认为游戏激发脑神经网络，建议我们必须从出生到十岁间帮助儿童发展脑的连线，强化脑的神经网络。当孩子游戏的时候，他们从事可以强化神经网络的多元活动，因为游戏是孩子主导的，孩子在体能和人际社会上与环境互动，它是互动性的，也是回应性的，回应了孩子的个别需求。游戏可以强化神经网络的另一个原因是它是整合性的行为，当孩子在进行扮演游戏时，他使用了语言、从事于问题解决、发展着社会技巧与能力、运用抽象思考、涉入多种感觉与情绪，凡此种种活动均广泛地刺激着神经网络（Johnson et al., 2005）。

（二）后现代学派

后现代主义挑战客观真理的假设，认为知识是主观受到研究者信念、价值、世界观与方法学的影响（Johnson et al., 2005）。后现代主义批判理论者 Gannella 曾建议以不同的方式来看待游戏，他提出三项批判观点：第一是批判 Piaget 的游戏发展阶段太严苛了，并未反映不同文化的儿童，因为有些儿童在很小时就玩规则游戏；第二是对游戏是受到玩物激励观点的质疑，而非洲小孩却是使用较多的口语游戏；第三个关注点是理论界与实务界并没有提供一个广泛讨论的环境，导致唯一正确模式的观点。虽然 Gannella 挑战了过去的理论，但是并未提出替代方式去考量或处理这些议题，只是留下了争辩的问题（Sluss, 2005）。

此外，有名的游戏专家 Sutton-Smith（1997）在《游戏的模糊性》一书中明确指出，并非所有的游戏都是令人愉悦的，也未必为儿童带来正向的成果；此外他也批评 Piaget 理论的矛盾，如游戏只涉及同化作用。总之，后现代学派挑战现有的主流观点，希望以不同方式来探讨游戏议题。

事实上，以上学派、理论的分类，也没有一个绝对的划分标准。Nolan 与 Kilderry（2010）指出，近年来学界上发生一些变化，"后发展主义"（Post developmentalism）逐渐形成，它汇聚了多种理论如后现代主义、社会文化论、批判论、后结构主义、女性主义等，打破传统幼儿教育中对孩子、童年、发展、学习、游戏等被认为是理所当然的看法。后发展主义似乎也打破了本书游戏理论的分类，凝聚了不同类别的理论。进一步说，在过往半世纪以来，Piaget 的阶段发展理论与建构论成为幼教界教学实务的核心，后发展主义汇聚多种理论与学派，试图重新建构幼儿发展与游戏理论，有别于传统主宰学界的"真理"，结果导致教学景观产生变化，"自由游戏"遭受挑战，幼儿教育实务从焦点在个别儿童与其顺阶段发展，转移至学习的社会文化基础的考量，强调文化成员间的共构（Fleer, 2005）。这也是本书定位成熟与统整的高品质游戏，并强调同伴共构的教学实务的原因。

本节小结

综上游戏理论可以发现，早期游戏理论大多没有以科学实验或实证研究为基础，其实现代许多人尚持有这样的看法或信念，只是内隐不自知而已，如游戏是为了消耗过剩精力；而相对地，当代理论是在比较有科学实证的支持下所发展的论点。更重要的是，游戏理论指引着教师对幼儿游戏的看法以及在幼儿教育中的教学实务，身为教师的你，曾检视过你个人所持的游戏理论吗？你个人所持的游戏理论是属于哪一学派或理论？最后值得注意的是，理论的建构是为了解释现象，在历史上，游戏理论或学派层出不穷，许多理论在当时尊为上策，结果也难免成为过眼云烟或流于遭受质疑，因此，幼教从业人员要能随时反躬自省，关注时势潮流并在理论与实务间穿梭思考，挑战一向被自己视为理所当然的信念或事物。

第二节　游戏对幼儿的作用

第一章论及游戏的种类与发展，与上一节探讨人们为何游戏的理论，大约可见各类游戏对儿童发展的作用。许多学者对游戏极其看重，如前所述社会文化学派、心理分析学派，Else（2009）更以专书《游戏的价值》（*The Value of Play*）提出一个整合的架构，论述游戏在身体、心智、文化共享层面与人际社会关系方面的重要性。因此本节针对游戏对幼儿发展的功能深入探讨，以期能借其价值性的理解，促进在幼教实务上的重视。

首先，象征游戏是幼儿自发的游戏，学者多重视它，有些学者如Vygotsky（1978）甚至将游戏认定为是幼儿的象征游戏，并认为它可创造最近发展区，促进认知发展；Berk（2001）则认为，假扮游戏有数项贡献：注意力、记忆力、语文能力、假设推理能力、辨别实际与表相、了解心智运作、自我管理、想象与创造力。Smith（2010）从假扮游戏的跨文化普遍性、在学前儿童发生的稳定时间序，以及较少在自闭儿身上发生的诸项不争事实，合理推论假扮游戏的存在是孩子正向发展的指标，显示假扮游戏的非凡功能。其实，从他所归纳的假扮游戏的三项发展趋势——去自我中心、去情境脉络与统整，不难理解假扮游戏对于儿童发展确实是一个促动因素，因为孩子在游戏中由自我焦点外扩至他事他物，并且显现愈来愈复杂与挑战的扮演行为与情节，当然有利于孩子的各项发展。

不仅象征游戏，规则游戏也很有价值，它也能提供发展一些特定技能的最近发展区（Bodrova & Leong, 2007）。Kamii 与 DeVries（1980）在他们的实证研究中证实有规则的团体游戏可以促进幼儿教育的三项目标：自治自律、去自我中心与协调他人观点、自信与解决问题的进取心态，亦即可促进认知、道德、情绪/社会上的发展。整体而言，幼教学者大多认为游戏能增进儿童的发展，经笔者综合文献，这些发展主要包括情绪/社会发展、认知发展、语言发展三大方面，并整理于图 2-1 所示，兹说明如下。

一、游戏对情绪/社会发展的功能

游戏对孩子社会发展有所助益，包含社会、情绪与道德三个面向，其实质作用为促进自我管理与调节情绪、去自我中心并能观点取代、增进社会性技巧与利社会行为。

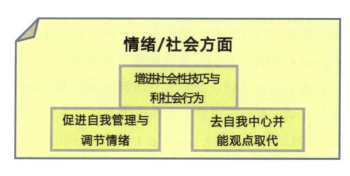
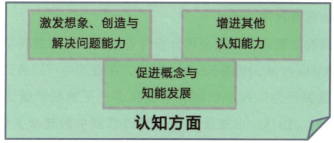
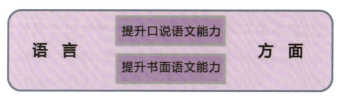

图 2-1 游戏对幼儿的作用

(一) 促进自我管理与调节情绪

假扮游戏对儿童发展的贡献之一，就是发展自我管理的能力 (Berk, 2001)。Vygotsky (1978) 认为，在扮演游戏中还是有规则存在的，例如，扮演老师就要遵守符合老师角色的规则，一个非常好动喧闹的幼儿，在扮演被抓的小偷必须躲藏时，往往能噤声隐藏许久，就是这个道理。当在游戏中面对当下吸引时，如糖果被大家当成一件重要道具，孩子会展现最大的自我控制力，即控制自己吃糖的冲动，遵守规则，能参与并持续游戏反而成为最大的愿望。简言之，孩子在扮演游戏中能克制自己的冲动，遵守扮演规则，可以说游戏创造了一个最近发展区，其表现往往超乎平常作为，"俨然好像比他自身高出一个头" (Vygotsky, 1978：102)。其次就规则游戏而言，为让游戏能持续进行下去，孩子间必须顾及公平公正与努力维护游戏规则，这涉及互惠与尊重的互动关系，实有益于发展道德上的自主性(moral autonomy)，Kamii (1982, 1985, 1989; Kamii & DeVries, 1980) 的一系列以道德自主性为目标而设计的规则游戏的研究，充分显示规则游戏的确可促进孩子的自治自律。

就情绪面向而言，前述心理分析理论指出，游戏是抚平创伤事件的管道 (Rubin et al., 1983; Smith, 2010)，在游戏中可以通过 "角色转换" 与 "重复行为" 两项机制去消除负面、不愉快的情绪或抚平创伤；Vygotsky (1978) 也提及孩子可通过游戏中的想象去解决压力，满足现实中所无法实现的欲望，因此游戏对孩子情绪发展的作用不可言喻。有愈来愈多的文献指出游戏对情绪发展的重要性(Bodrova & Leong, 2007; Honig, 2007; Singer & Singer, 2005, 2006; Smilansky, 1990)。举例来说，Smilansky (1990) 综合游戏介入相关实证研究发现，戏剧游戏与社会戏剧游戏是发展认知、创造力与社会情绪能力的重要媒介，在情绪/社会方面的获益包括：较能控制冲动行为、较佳的情绪与社会性调整。Singer 与 Singer（2005, 2006）的研究发现，玩较多假扮游戏的儿童较为快乐，当遇见新情境时，也较能弹性变通。我们的确常常见到在扮演游戏中的幼儿是沉醉、满足与愉悦的，一组人共织剧情的美好感觉，让同伴关系更为亲密与和谐；而为了能继续玩下去，幼儿会尽量调整自己的情绪与行为，配合剧组人员，遵守约定的规则。

（二）去自我中心并能观点取代

游戏对幼儿的具体功能之一就是去自我中心（Bodrova & Leong, 2007），无可置疑地，在扮演过程中的剧情发展、角色人物等都需要沟通、协调，且必须站在各角色观点思考，才能顺利扮演，即设想所扮演的角色应该如何配合回应，做到"观点取代"境界。举例而言，即将被护士打针时，扮演病人的小孩要先思考护士可能的动作，并立即以肢体语言，如皱眉做出痛苦状"唉哟！好痛喔！"或放声大哭回应配合。此外在游戏过程中，无可避免地会与他人发生各种冲突，因此必须去了解他人的愿望、感受与想法，进而学习协调自己与他人的关系，这自然有益情绪/社会发展。前述 Smilansky（1990）的文献也显示，戏剧游戏与社会戏剧游戏对儿童的帮助之一是有较佳的观点取代能力。而在规则游戏方面，也要设法思考对方的想法，更需做到观点取代，才能取得胜算，Kamii（1982, 1985, 1989; Kamii & DeVries, 1980）的一系列研究也指出，有规则的团体游戏可以促进去自我中心与协调他人观点的幼儿教育重要目标。

（三）增进社会性技巧与利社会行为

在社会能力方面，许多研究均显示儿童的社会戏剧游戏可以增进儿童社会性技巧发展，Connolly 的研究指出，经常玩社会假扮游戏的幼儿，其社会能力较佳，较受人欢迎；Singer 的研究亦证实，经常进行社会假扮游戏的幼儿比较合作，较少有攻击行为（陈淑敏，1999）。前述 Smilansky（1990）综合游戏介入相关实证研究发现，戏剧游戏与社会戏剧游戏在社会性技巧与行为方面的助益包括：较能与同伴游戏、较多的团体活动、较佳的同伴合作、侵略性减少、较能同情、较能预测他人的偏好与愿望等，充分显示游戏的确能增进儿童的社会性技巧与利社会行为。正因为同伴们必须计划与勾勒情节、分派角色与实际演出，可以说扮演游戏提供儿童练习与运用社会技巧的机会与条件（吴幸玲，2003）。不仅是戏剧扮演游戏，规则游戏亦是如此，团体间是需要合作共襄盛举的，必须与他人发生关联以加入游戏，以及运用社会技巧协商规则以顺利共同游戏，如此，自然有利于沟通、协调、合作等社会性技巧与轮流、等待、分享等利社会行为的形塑。

二、游戏对认知发展的功能

认知发展是指个人认知结构与认知能力的形塑、发展与变化的过程，涉及知觉、记忆、注意、想象、思维等多种心理过程，是人类发展的重要组成部分。大部分学者在游戏与认知发展的研究中，发现游戏确实能激发儿童各项认知发展的提升，如概念发展、问题解决能力、创造力、其他认知能力等，例如，Bodrova 与 Leong（2007）曾综合相关实证研究，发现孩子在游戏中确实显现较好的注意力、使用符号的能力，以及问题解决的能力，好像在观察明日的儿童般；他们亦曾探讨 Vygotsky 学派的研究来归纳扮演游戏的功能，包括创造最近发展区促进认知发展、使思考不受限物体逐渐能抽象思考等（Bodrova & Leong, 2007）。综合文献，游戏对认知发展的助益，显现在促进概念与知能发展；激发想象、创造与解决问题能力；以及增进其他认知能力三大方面。

（一）促进概念与知能发展

如前节所述，前苏联心理学家 Vygotsky 认为假扮游戏对于儿童发展具有积极重大作用，是发展上的一个最主要因素（Vygotsky, 1978）；因为游戏提供幼儿有意识地理解概念的空间，为顺利进行扮演，在平日真实生活中无意识的"日常概念"被认真有意地思索着，成为游戏中的准则或焦点思考，使每日概念变得清晰，逐渐转换与正式的"科学概念"谋合（Fleer, 2012a, 2012b; Vygotsky, 1991）。具体地说，在游戏情境中，通过同伴互动、语言媒介与扮演，让平日情境经验中不被注意的概念浮出台面，在努力如实的扮演中清楚地被孩子意识到，例如，大肚子的妈妈诞生婴儿、感冒发烧需看医生与服药、烹煮食物食材会有变化等。当孩子用力思索日常生活中的自发非正式概念后，就容易与学校所学的抽象概念接轨。可以说在游戏中创设两种概念相遇情境，日常概念为学校正式的科学概念铺垫基础，而科学概念引领儿童对日常概念做不同的思维。

游戏提供平日非正式概念与正式科学概念对话的空间，让孩子的每日自发概念逐渐向上发展，科学概念日益向下扎根，这就是显现最近发展区的发展（Fleer, 2012a; Vygotsky, 1991），亦即前面所指的游戏创造最近发展区，儿童总是超越年龄，高于平日表现的现象（Bodrova & Leong, 2007; Vygotsky, 1978）。不仅象征游戏，规则游戏亦能提供一些特定技能的最近发展区（Bodrova & Leong, 2007），实证研究显示，游戏确实有助于建构逻辑数学能力，为数学、科学概念发展奠基（Forman, 2005; Kami & DeVries, 1993），例如，在游戏中调制色水感知颜色混合、玩跷跷板体验平衡原理、操作手电筒理解光影关系、玩牌卡游戏理解分类概念，或玩大富翁游戏促进数学加减概念等，比比皆是。

此外，在角色扮演中，经过同伴互动共同编织反映现实生活的剧情，尤其是在复杂交织的主题与多元角色下，更容易认识社会生活百象与不同角色的运作，有助于认知与相关知识的发展；也就是通过游戏情境，幼儿得以"制造知识"，有所学习与发展（Brooker & Edwards, 2010）。游戏有助孩子发展规划能力，因为孩子在游戏中有吸引人的扮演目标，为了达此目标，他必须采用一些方法实现它（Bodrova & Leong, 2007），例如，要玩搭飞机旅游的扮演游戏，必须要有护照、行李箱、海关与安全检查等情境与物品，因此孩子会愿意忙碌于这些物品的制作与情境的架设，以利后续真正的扮演。诚如 Smilansky（1990）综合研究指出，戏剧游戏与社会戏剧游戏众多贡献之一是增进儿童较长的注意力与较大的集中力；Berk（2001）亦认为，注意力与记忆力为假扮游戏的重要贡献。

（二）激发想象、创造与解决问题能力

解决问题能力（problem solving）是个体适应环境与生活的一种基本能力。根据前章所述，儿童的游戏与探索是不可分开的，这两者又与聚敛性（convergent）思考和扩散性（divergent）思考的解决问题能力相关（金瑞芝、林妙徽、林圣曦译，2000）。Pepler 与 Ross 的研究发现，儿童玩拼图与数卡游戏有助于其解决有关聚敛性的问题；而扩散性游戏（利用拼图进行建构与象征游戏，如将拼图当积木玩）则帮助儿童产生较多解决问题的策略与方法，同时亦可激发其创造力（Johnson et al., 1987）。

幼儿在游戏过程中必然会遭遇到各式各样的问题，须积极地设法解决，Bruner 即认为，游戏让幼儿弹性思考尝试选择各种不同的玩法，有利增进其解决问题能力（Isenberg & Jalongo, 1997）；Bodrova 与

Leong（2007）综合实证研究发现，儿童在游戏中确实显现较佳的解决问题能力。以规则游戏的扑克牌游戏而言，必须动脑筋思考是扣牌还是丢出以解决可能的问题，也就是孩子必须以眼前的资讯想出策略应对（DeVries, 2006; Kamii & Kato, 2006）。以戏剧扮演游戏而言，当没有某项物体或情境时，必须思考如何象征表达或变通替代；以建构游戏而言，当所建造的拱门无法挺立时，必须设法调整补救。可以说游戏中充满问题有待幼儿解决。另一方面，当游戏中有不同意见时，孩子也必须思考该如何妥协以持续游戏，这些都有利幼儿的解决问题能力发展。

Berk（2001）认为，假扮游戏的贡献之一，即为想象与创造力；第一章提及游戏与探索不可分，探索与游戏行为联合发生后，往往能产生创造行为，实有利于创造力的显现（Cecil et al., 1985）。许多有关游戏的研究结果均显示，游戏有助于儿童创造力的增长，例如，根据 Singer 与 Singer 的研究，假扮游戏对孩子的想象力发展很重要，它借着开启孩子探索可能情境与组合的经验，有利于创造力的发展（Singer & Singer, 2005, 2006）。的确，在象征游戏中，必须以想象力去扮演并表征物体与情境，想象力与创造力自然萌生，例如，以纸箱套在身上两手转动来表示开车、以积木代表加油枪管等；而且为了能顺利演下去，不断思考如何解决眼前问题，实有助于创意解决问题能力的发展。其实解决问题能力与创造力有关。

Smith（2010）亦曾综合跨文化比较研究、相关研究、实验研究（长期游戏教导、当代心智理论与假扮游戏研究等），如 Smilansky、Mitchell、Harris、Nicolopoulou、Christie 与 Roskos 等著名游戏学者的研究发现，假扮游戏对儿童发展多有裨益，想象力与创造力即为重要变项；前面提及 Smilansky（1990）曾综合游戏介入的相关实证研究，发现戏剧游戏与社会戏剧游戏对儿童发展是重要媒介，在认知方面的获益包括：认知性创造力活动、较佳的解决问题策略、较为好奇、较多创新、较有想象力等。以上均为游戏激发想象、创造与解决问题能力的明证。

（三）增进其他认知能力

Vygotsky（1978）认为，孩子的象征游戏是运用肢体语言赋予物体象征性功能与意义；在游戏中幼儿自然地将意义与行动分离，使思考不受限于物体，逐渐迈向抽象思考之路（Bodrova & Leong, 2007）。例如，用一块长形单位积木当钢琴弹，单位积木不再是单位积木，而是钢琴，孩子虽看到单位积木却表现出弹琴行为。再如较大的四五岁孩子口语沟通能力较佳，当用纸箱套入身体当火车时，除两手伸出前后抽动，常会伴随语言沟通。如"这是火车头，嘟嘟！火车要开啰！"亦即孩子不仅以手势动作表现并会配上语言沟通，来达到赋予物品新意义的作用，将物品意义与物体本身分离或行动分离。这种通过想象将某物当成另外一物的能力，以及通过肢体手势或声调从一个角色转换成另一个角色的象征性表达能力，可为其后的抽象思考奠基（Nourot, 2006）。上述综合多元实证研究的 Smith（2010）亦指出，假扮游戏对后设心智表征能力的发展亦有所裨益。

根据 Rubin 等人（1983）的说法，假装游戏可以帮助儿童做角色的逆转并察觉其间的转换，使儿童有较佳的保留概念表现。因为在装扮游戏中，通过角色的扮演可以使儿童具有保留概念所需的两种认知操作：（1）去自我中心（decentration），借以了解自己及其所扮演角色的意义；（2）可逆性（reversibility），可从所扮演的角色回到原来的角色，例如，当幼儿在扮演咸蛋超人的象征游戏，此时若老师唤他，他能立刻抽离回归现实。也就是能从事象征游戏的幼儿，思想具有拟似的可逆性（pseudo reversibility），能分辨事物的真实情况与暂时的转换，而思想的拟似可逆性就是具有保留能力的表现（陈淑敏，1999）。Smilansky（1990）综合实证研究也指出，戏剧游戏与社会戏剧游戏能让儿童表现较多的保留能力。

三、游戏对语言发展的功能

Berk（2001）明确指出，假扮游戏的数项重要贡献之一，即为语文能力。研究证实，经常玩社会戏剧游戏的幼儿，说故事能力表现较佳，读写能力也较好（Pellegrini, 1980，引自陈淑敏，1999）。游戏对语言发展的功能包含口说语文表现与书面语文表现两方面，兹说明如下。

（一）提升口说语文能力

学前阶段是语言发展的重要阶段，语言的学习则以生活情境中的自然交谈最为有效，而幼儿的生活即为游戏，因此游戏可说是增进幼儿语言发展的良好媒介之一，它提供幼儿诸多语言互动的机会。具体而言，儿童在游戏时，语言具有如下功能：（1）成人语言的模仿；（2）可用于佯装；（3）解释、要求或讨论游戏（Smilansky, 1990）。而根据 Carvey 以及 Smith 与 Syddall 的观点，儿童在玩社会游戏时，会借由计划、角色、玩物、规则，使游戏具语言练习功能，从中了解对话的法则，然后再使用正确语法进行沟通，进而计划游戏活动的结构，并述说在游戏中所设定的角色，以及如何假装活动与如何佯装物品等。这显示出社会游戏之所以能促进儿童语言发展的重要原因（吴幸玲，2003）。

前面提及综合游戏介入相关实证研究的 Smilansky（1990）发现，戏剧游戏与社会戏剧游戏对认知、社会情绪技巧的发展具有效果，其实她将语文放入认知领域中，这些语文能力包括较佳的口语表达、较丰富的语汇、较高层次的语言理解、较高层次的语言水准等。若从Smilansky 对于戏剧游戏与社会戏剧游戏的主要特性——想象、表征与沟通互动，加以思考，这对孩子而言就是一种挑战，经过挑战才能假扮演出，不难理解其对孩子的发展确实有所助益。

此外，在游戏中也经常见到幼儿编排不同角色与排序情节、事件以成一完整戏剧，此乃形成语文中叙说故事（narrative）能力的基础（Hoorn, Nourot, Scales, & Alward, 2011）。曾综合各类研究的 Smith（2010）发现，假扮游戏对孩子诸多方面发展皆有所裨益，其中就包含叙说能力与早年语文发展。因此他的结论为：假扮游戏对于儿童的发展确实是一个促动因素（a facilitator），是许多有利的发展成果的一条路径，由于它的本质是欢乐享受的活动与具教育性成果，所以值得教师、家长援用。

（二）提升书面语文能力

除口说语文外，幼儿在游戏中常把早期涂鸦文字纳入成为游戏中的重要元素，例如，扮演游戏时医生开药单取药、餐厅侍者订餐，以及建构游戏时为所盖的建物预先绘图设计等；这是读写萌发研究经常发现的，显现幼儿了解印刷文字的社会功能，能译解符号（decoding the symbol），也得以练习书写语文（Hoorn et al., 2011），而且研究也证实游戏使幼儿显现较好的使用符号能力（Bodrova & Leong, 2007）。

此外在游戏中，孩子常以手势动作与语言沟通来达到替代物品、赋予物品新意义的作用，将物品意义与物体本身或行动分离，例如，用一块单位积木当作电话，孩子虽看到单位积木却表现出打电话的行为，孩子不再依赖具体实物能象征表达，这可为日后抽象思考与书面语文做准备。就好比 Vygotsky 所言，假扮游戏对书面语文的发展是一个主要的影响因素（Vygotsky, 1978），因为在执笔写字（手势动作）

的书面语文中，写出来的字与其实际意义是完全不同的；亦即抽象的语言文字符号也是一种象征表达，它的作用是在传达意义，而孩子的周围世界则充满了表征符号。因此假扮游戏可为日后书面语文与抽象思考铺路。

本节小结

综上所述，无论是理论或实征研究上，或多或少证实游戏对幼儿的语言、认知与情绪/社会发展有所裨益；无可否认地，游戏对体能发展、身体健康也有助益，尤其是涉及大肢体动作的体能游戏或户外游戏，基于其显明易懂及在室内功效较为有限，此处仅针对以上三方面发展论述之。重要的是，如何让游戏淋漓尽致地发挥作用、增加价值，使之趋向成熟与统整的高品质游戏境界，下一篇即为探讨游戏与课程的关系与品质。

研 讨 问 题

一、你个人所持的游戏理论为何？请举例说明基于此理论，你在教学
实务中会如何安排游戏？

二、一个信服社会建构论的老师，你认为他在教学上可能会如何安排
游戏？如果是持消遣娱乐论的老师，又会如何安排呢？

三、请举实例说明游戏对幼儿语文、认知与情绪/社会发展的价值。

第二篇 | 幼儿课程篇

游戏与课程的关系与品质
游戏与课程的关系
游戏与课程的品质：成熟与统整

坊间游戏取向的幼儿课程
课程萌生游戏取向
游戏萌生课程取向

第三章 游戏与课程的关系与品质

在第一篇中，我们了解游戏的基本概念，包括涵义、种类、发展、缘由与作用，本篇进而探讨游戏与课程间的关系与品质（第三章），以及介绍坊间游戏取向的幼儿课程（第四章），以洞悉游戏在幼儿教育上该如何运用与实务运作状况。首先第三章第一节探讨游戏与课程间的关系，借厘清游戏在幼儿园课程中的定位以达到指引实务运作的目的；其次第二节则在论述本书所定位的高品质游戏：成熟与统整的游戏，以之为实务运作的标杆。

第一节　游戏与课程的关系

本节旨在探讨游戏与课程间的关系，包括应然与实然关系，以及笔者对游戏与课程间关系的再思，期望更加厘清游戏在幼儿教育中的定位，作为后续教学互动与具体落实的基础，有利于高品质幼儿教育的实现。

一、游戏与课程的磨合关系

游戏与课程间的关系有些吊诡，学者们纷纷论释试图解套，为两者交融共构的游戏课程提供大道，说明如下。

(一) 游戏与课程关系吊诡

第二章指出游戏对幼儿各方面发展均具作用，我们应珍视其价值。笔者认为 Wood 与 Attifield（2006）所言甚是：如果游戏提供发展与学习的宝贵情境，那么它也提供了教学的珍贵机会，因此，将游戏与幼教课程及教学相互融合，对幼儿而言是福祉利多，而且应该也是幼儿教育的道德使命。

吊诡的是，游戏通常是由富内在动机的孩子启动，较不受外在羁束，而教学则是从成人角度出发，传递特定意图及实现某种目标，这两者间就有如游戏与工作一向是对立般，似乎难以共事。诚如 Rogers 与 Evans（2008）所言，游戏教学可被理解为孩子与老师需求间、理想与实际间、孩子受内在激励的自发行动与标准化的课程要求间的互动轨迹；因此将游戏与课程结合，不可讳言地，在许多方面都是存有问题的，确实是一项挑战。学者朱家雄（2006）所言极有道理，在幼儿园课程中，若能处理好"顺应孩子发展的游戏"与"将孩子发展纳入社会轨道要求的教学"两者间的关系，就是解决了幼儿教育两难问题的关键。

(二) 学者试图解套之论

可喜的是，学者们试图解决游戏在正式课程上运用的挑战，例如，有愈来愈多的学者认为将游戏看成是一个"连续体"状态，可解决对立难题。所谓连续体状态即看待游戏为"或多或少游戏"程度性差别，而非"是游戏或非游戏"两极般对立。举例而言，Moyles

（1994）在所编《游戏的卓越性》（*The Excellence of Play*）一书中，与各篇作者们均持游戏对幼儿是具有功效的、是卓越的，而且游戏、课程与学习是不相冲突、可交织进行的；因为有如 Moyles 所言，将游戏与工作视为对立是无益的，事实上我们可能在游戏中工作，或在工作中游戏，游戏与工作其实均是一个连续体状态，为程度性的增减，而非一端为游戏（或工作）、一端为非游戏（或非工作）的绝对状态。简言之，游戏与工作（或学校课程）是可以交融并行的。

其实更早时，Moyles（1989: 16）在《只是玩吗？》（*Just Playing*?）一书中揭示"游戏螺旋"（play spiral）的概念，如图 3-1 所示，认为它对于自古以来世人所持"游戏与工作"两极对立状态——游戏是不重要、不严肃的，工作是严肃、专心思考的，或许能提供实务上的解套方案。游戏螺旋意指孩子的自由游戏与成人的指导

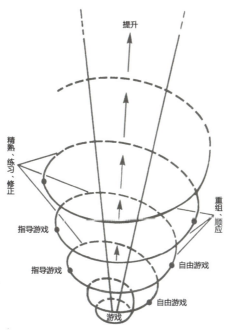

图 3-1 Moyles 的游戏螺旋概念
资料来源：Moyles(1989: 16)

游戏交互运用、相得益彰，两类游戏交织的涟漪延伸成有如螺旋外扩般的学习经验，向上汇聚提升了孩子的知能。进而言之，孩子首先在自由游戏中探索着，产生认知上的重组、顺应作用，其后经过老师的指导游戏后，得以修正、练习与精熟掌握，从而激发与强化孩子之后的自由游戏；如是两种游戏交融般循环发展，拓展了孩子的学习与视野。然而孩子的探索游戏总是先于老师的指导游戏，它是为较有挑战性的指导游戏做准备。

　　Hoorn 等人（2011：8）也是将游戏视为连续体状态，在《游戏为课程的核心》（*Play at the Center of the Curriculum*）一书中，推崇一个适性发展的幼儿课程方案，它是以游戏为核心、运用游戏促进发展与学习的萌发课程，外加一些每日作息活动与老师计划或指导的活动。简言之，游戏应位于一个均衡课程的中心位置，如图 3-2 所示。

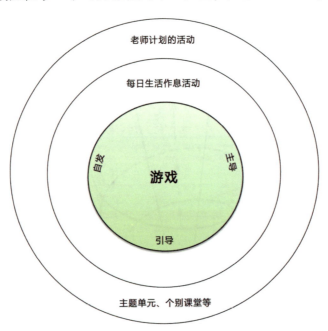

图 3-2　Hoorn等人之游戏位于一个均衡课程的核心

资料来源：Hoorn 等人(2011：8)

在此萌发课程中，教师扮演积极的角色去平衡幼儿的"自发游戏""引导的游戏"与"教师指导的游戏"。自发游戏是幼儿启动主导的，表达自己的兴趣或需求；引导的游戏是指幼儿受教师意图影响，但孩子还是积极参与的；教师指导的游戏是指游戏是教师所组织、指导与掌控的。作者认为这三种游戏是呈现连续体状态的，如图3-3所示（Hoorn et al., 2011: 11），就整体教学而言，应该保持均衡，而其平衡做法取决于孩子的发展水准及兴趣、家庭文化与学校文化。

自发游戏	引导游戏	教师指导游戏
孩子启动	◀ - - - - - - - - - - ▶	老师启动

图 3-3 Hoorn 等人的游戏连续体

资料来源：Hoorn 等人（2011: 11）

Wood 与 Attfield（2006: 139）也认为，在教学上要创设游戏与工作连续体状态，在教与学中纳入游戏。他们基于社会文化论主张，整个游戏课程的设计应该呈现出是在成人意图与孩子想法间以及在游戏与工作间，保持平衡的基础上的共同建构状态，如图3-4所示；他们也认为，Moyles 的游戏螺旋图对于整合孩子所启动的游戏与老师所启动的活动很有帮助，解决了一向对立的两难问题。

Smidt（2011）则基于实证研究，特别将游戏另类定义，使其不再与工作或课程/教学对立，提供实务上的另一种解套方式。她把游戏定义为，在一个情境、社会文化内的孩子着手进行于解决问题、探索事物与沟通所体验的感觉。因此游戏对孩子而言，总是有目的的与具有主权的，而且是严肃的，有时也是很难的。Smidt 认为，将游戏做如是定义，就容易视游戏为孩子的工作，使游戏不再与学校

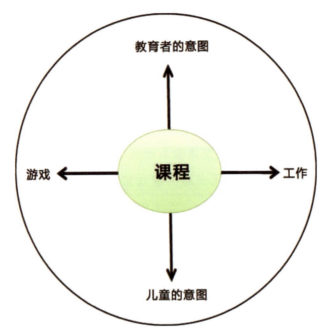

图 3-4 Wood 与 Attfield 之课程共构图

资料来源：Wood & Attfield (2006: 139)

的工作或课程对立。她进而推崇 Goouch 的"游兴教学"（a playful pedagogy）：即孩子拥有游戏的主权，课程浸润在孩子的游戏中，顺着孩子的兴趣走，教师必须依据孩子的兴趣，伴随与加入孩子以共构游戏，即教师是游戏伙伴，在适当时机为孩子架构资源性活动以扩展其经验。

Rogers（2010）也指出，在幼儿教室中，游戏与工作常是对立状态——游戏是自发快乐的、工作是正式严肃的，因此游戏通常被视为边缘与作为娱乐之用，只是在特定时间与空间进行，从幼儿教学实务中被移除。其实应将游戏教学视为一个协商的实务，让成人与儿童间共同建构，游戏不应在"以游戏为基础的学习"伪装下，被视为传递课程或教育成果的工具，也许这样就有利于克服在幼儿教室中的游戏与工作两元对立状态。而其起始点应该是从孩子的观点看到游戏的价值，作为教室师生关系主体性移转的有利情境。

（三）游戏与课程关系解套——交融共构

综上所述，可见将游戏与工作视为连续体状态——或多或少存有状态，而非绝对有无般对立，似乎能为自古以来游戏与工作对立的情势解套，为游戏与学校课程开辟相互融合之道。笔者也深感于此，常在工作中享受着 Csikszentmihalyi（1996）所指的欢愉"心流经验"（flow experience），忘了自我与时间，不以为苦；有时也会在游戏中思索着对工作可启发之处，常在闲情惬意中灵感满行囊，带着新发现的满足。职是之故，老师指导的游戏与孩子主导的游戏是可以共存且均衡交织的。全美幼教协会也指出："适性发展的教学实务是在'成人引导'的经验与'孩子引导'的经验间保持最佳平衡。成人引导的经验主要是沿着老师的目标方向而进行的，但是也被孩子的积极参与所形塑而成；孩子引导的经验主要是在有技巧的老师支持下，顺着孩子兴趣与行动方向而进行的"（Copple & Bredekamp, 2009: 17）。而"不管是在孩子引领的经验中或是教师引领的教学中，最重要的是能深深抓住孩子心灵的教育经验"（Copple & Bredekamp, 2009: 50）；也就是说，成人引领、幼儿引领的游戏都很重要，更重要的是在游戏中孩子的心智专注与灵活自主。

此外，从以上 Rogers、Wood 与 Attfield，以及 Smidt 等人的论述中也可看出，教师在教学上采取与幼儿协商共构的社会建构论精神，似乎也能为孩子内在自发游戏、外在正式课程的对立关系状态解套，它俨然已经成为当代幼儿教育的趋势，与本书所定位的高品质游戏在师生共构中的成熟与统整的游戏，也不谋而合。有关社会建构论或与幼儿共构游戏，将于第三篇"教师教学篇"部分详加阐述其理论（第五章）与实务策略（第六章）。总之，游戏与工作并不是那么地截然对立，心智灵活自治于其中才是重要，孩子的游戏是可以与幼儿园课程相融的；而且两者均有价值，也应该交融共构，以促进幼儿发展与学习。

二、游戏与课程的实质关系

前文总结：孩子的自发游戏与学校的课程与教学是可以磨合并应相融共构的，本处继而探讨坊间所呈现游戏与课程的实质关系。Johnson 等人（2005）曾指出，游戏与课程的关系有三种：一是游戏孤立于课程之外，完全没有关系；二是两者共存并立，但没有刻意的联结（如教室有游戏区角，但其活动与正式课程无关）；三是两者间真正的整合关系。本书所指将游戏融入幼教课程，是指后者两者间真正的整合关系。

在另一方面，根据 Hoorn 等人（1993, 2011）的说法，游戏与课程真正的结合关系有两种趋向：一是指提供游戏经验帮助孩子学习概念与技能的"课程萌生游戏"（curriculum-generated play），通常是依据预先拟订的课程目标、内容，将游戏视为落实这些目标与内容的基本方法，以促进幼儿的学习与发展；另一是指课程活动源自于孩子在游戏中所显露兴趣的"游戏萌生课程"（play-generated curriculum），意指教师依据幼儿在游戏中的兴趣与需要，组织学习活动与环境以加深加广孩子的经验。

笔者综合平日辅导与评鉴幼儿园经验以及以上论述，将坊间游戏与课程的实质关系分为三大类：课程至上、游戏至上与相融兼重；共五种形态的关系：分离无关、邻置无关、自由游戏为主、课程萌生游戏、游戏萌生课程。兹以图 3-5 显示并说明如下。

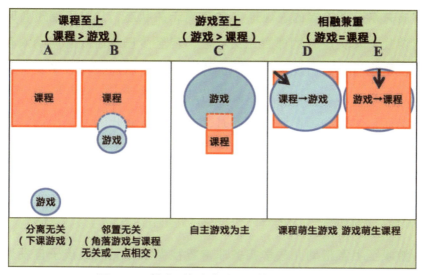

图 3-5 坊间游戏与课程的实质关系

（一）课程至上（课程 > 游戏）

课程至上意指幼儿教学实务不重视游戏，基本上显现正式课程为大的现象，因此课程的图示面积（方形）明显大于游戏的面积（圆形），即若有游戏存在，游戏通常与课程无所关联，大体上有两种子状态。一是形态 A 的"分离无关"，即在下课时间让幼儿游戏，故以空间分离的两图形示之；另一是形态 B 的"邻置无关"，即是教室区角空间有游戏材料，但多半是正式课程完后的填补时段或良好表现的酬劳奖赏，故以相邻的两图形示之。以上"课程为大"的现象在传统教学中极为常见，有如以上 Rogers（2010）所指的游戏与工作对立状态，视游戏为边缘与娱乐的，只是在特定时间与空间进行，以及第一篇第一章提及的游戏从课程中被排除（Saracho, 2012）或揠苗助长、失掉童年与游戏的现象（Elkind, 1981, 1987; Jenkinson, 2001）。

但是，笔者较以连续状态程度性地看待坊间所呈现的游戏与课程的实质关系，最极端的表现是 A 的分离无关状态，只是下课短暂时间可以游戏；其次是 B 的邻置无关状态，但至少已将游戏区角纳入教室内；但是也有可能出现形态 B 中的虚线圆圈子状态，即教学实务还是以正式课程为大，不过有时也会将游戏带入教学中，其比例极少，偶尔插花而已，例如，在课程进行时，有时带着幼儿唱唱歌谣或猜谜游戏，有时则在区角里置放与课程些许相关的游戏或操作材料，以引起上课动机。其实 A、B 两形态间可能还有一些程度性不同的形态存在。

（二）游戏至上（游戏 > 课程）

游戏至上意指幼儿教学实务非常重视游戏，尤其是孩子自发游戏或区角自由游戏，基本上显现幼儿游戏为大的现象，因此游戏的图示面积明显大于课程的面积（形态 C）。这种游戏至上形态主要呈现在过去二三十年以 Piaget 建构主义或开放教育为精神的幼儿园中，充分尊重儿童在环境或区角中的自由探索与游戏，教师主要工作是为孩子预备环境或区角，在孩子游戏探索时则尽量扮演不干预的角色，让孩子自主建构。

如同前一"课程为大"形态，笔者也较以连续体状态程度性地看待坊间所呈现的游戏与课程的实质关系，所以游戏至上形态也有可能出现形态 C 中的虚线方形子状态，即教学实务还是以幼儿的自由游戏为大，但有时也会将教学带入幼儿游戏中，其比例极少，偶尔随兴而已，例如，老师发现孩子在区角自由探索与游戏中的一些问题后，有时也会在互动中与其后团体讨论中加以着墨，传达教育内涵。其实不仅形态 C 本身可能有程度性不同的类别存在，在 B 与 C 形态间亦可能出现"课程渐消、游戏渐长"的各类比重不同形态。

（三）游戏与课程相融兼重（游戏＝课程）

相融兼重意指幼儿教学实务同时重视游戏与课程，基本上孩子的游戏与教师的课程大约是等重的，而且是融合的，故以面积相若且相叠的图形表示；本书借用前述 Hoorn 等人的概念，将此种类型分为"课程萌生游戏"（形态 D）与"游戏萌生课程"（形态 E）两种状态。课程萌生游戏（形态 D）是指教师依据预先拟订的课程目标，以游戏方式落实，基本上是教师先启动的，游戏是达成课程目标的途径；游戏萌生课程（形态 E）乃指教师顺应幼儿游戏兴趣与需要，组织环境与活动拓展孩子的经验，基本上是幼儿先启动的。

课程萌生游戏（形态 D，课程→游戏），如蒙特梭利、华德福、河滨街发展互动等模式，均有其特别强调的任务或目标，并借助游戏来教导这些概念或技能以实现其目标。以华德福而言，非常强调感恩、惜福等传统价值与追求天人合一境界，所以运用自然的游具与材料、优律美舞蹈、叙说故事等方式来达成其目标；而蒙特梭利为帮助贫困不利儿童，增进其基本技能，以具有特定操作程序的特别设计教具，让儿童自主游戏并从中学习以获得知能；至于河滨街发展互动模式的目标在发展潜能、个别性、社会性与身心统整，在实务上则透过社会研究与丰富的区角游戏来加以落实。

此外，即将于第四章"坊间游戏取向的幼儿课程"论述的 Kamii 与 DeVries 的建构式游戏、Forman 与 Hill 的建构式方案，也是属于此一教师有目标在心为培育某些概念或技能而设计启动的课程萌生游戏取向。相对地，游戏萌生课程（形态 E，游戏→课程），例如，强调深入探究有兴趣议题的美国方案教学；强调探究、多元表征与学习社群的意大利瑞吉欧课程；以及笔者所倡导的强调探究与语文心智工具的主题探究课程等，基本上较是一种萌发式课程（emergent curriculum），是跟随幼儿的自发游戏兴趣，在老师支撑引导与扩展下，由孩子的游戏逐渐发展成为课程，也将在第四章中深入探讨。

如前所述，笔者也较以连续体状态程度性地看待坊间所呈现的游戏与课程的实质关系，所以以上两种形态的游戏课程，也有可能存在着程度性差异的各种状态，如在台湾有许多幼儿园课程是由教师设计启动的，并纳入不同比重的游戏活动，游戏比重大的当然较属于课程萌生游戏取向。

三、游戏与课程关系的再思

以上以幼儿游戏兴趣为本延伸为课程内涵的"游戏萌生课程"与以教师所持目标为本设计成游戏活动的"课程萌生游戏"两种状态，均为游戏与课程实质融合的例子，应多加鼓励。笔者乐见幼儿的自发游戏在教师引导下，逐渐延伸发展成教室里的课程方案；而教师持目标在心，将游戏当成课程与教学的媒介，实现所订目标，也很有价值性。私以为若能将以上两种状态做某种程度的联结互补，或许效果更佳。兹将本书的思考说明如下。

(一) 启动权与主导权的再思

其实，课程萌生游戏（形态 D）与游戏萌生课程（形态 E），两者最明显的差异在于是谁启动，因此亦可以称之为老师启动的游戏形态及幼儿启动的游戏形态。不过任何课程的形成除启动权外，当中还涉及师生权力施作的多寡，即所谓的"主导权"（表 3-1），即使是同属一个形态，其师生主导权表现亦会有所差异。举例而言，同是教师启动的课程萌生游戏取向，蒙特梭利、河滨街发展互动模式、Kamii 与 DeVries 建构式游戏三者间的教师主导权表现就非常不同；蒙特梭利可能比较趋近表 3-1 的 D1 "老师启动、老师主导"类型，而其他二者可能比较接近表 3-1 的 D2 "老师启动、幼儿主导"类型。

表 3-1 游戏课程启动与主导的可能类型

启动权 ＼ 主导权		老师主导	幼儿主导
课程萌生游戏 (形态 D)	老师启动	D1:老师启动、老师主导	D2:老师启动、幼儿主导 形态 D*
游戏萌生课程 (形态 E)	幼儿启动	E1:幼儿启动、老师主导	E2:幼儿启动、幼儿主导 形态 E*

资料来源：作者自行整理

进而言之，Kamii 与 DeVries 建构式游戏是以发展幼儿自律为目标，包括心智上与行为表现上的自治，目标非常明确，于是透过团体游戏、数学与科学游戏等方式让幼儿探索体验；可以说在教师设计与启动后，幼儿担负许多责任与权力，因为幼儿不仅要心智灵活地调整思考与以行动探索，而且还可以协商改变游戏的玩法。而蒙特梭利也是在明确目标下，以游戏教具的操作来实现培育基本技能的目标，但是相较之下，蒙特梭利的孩子则必须按照教具原始设定的步骤操作，很少能做任何改变或调整。至于河滨街发展互动模式是透过社会研究与丰富的区角探索来实现其发展潜能、个别性与社会性等目标，孩子无论在区角中与社会研究中均显示相当人的自由度。换言之，同是课程萌生游戏取向，二者间在课程发展历程中师生权力的运作上，是存有程度性差异的。

（二）师生谐融共构的再思

综合上述以及前述的结论——与幼儿协商共构能为游戏与课程对立关系解套，笔者深深地认为在强调民主共构高品质游戏理念下，以上两种游戏课程都应有老师引导与顺应幼儿兴趣的成分，也就是教师引领与幼儿引领应该是对等互补的协商关系，是一种有如前面Moyles所比喻的螺旋关系，有时是老师指导，有时是幼儿主导，有时则共同引领。例如，在课程萌生游戏取向中，虽是老师心中有预设目标，由老师设计游戏活动与环境来实现其目标，但是在施行过程中，应该有融入幼儿兴趣与主导权的空间，设法在幼儿游戏兴趣走向与教师所设计游戏活动间保持平衡点。反之在游戏萌生课程取向中，亦是如此。

具体来说，在任何包含团体、分组与区角活动依老师目标启动的游戏课程里，都应该基于师生协商基础，尽量在教师引导与幼儿引导之间保持适度的平衡状态。例如，如果老师想要促进合作概念因而设计与启动一系列如蚂蚁搬豆、怪车横行、支援前线等团体或分组游戏活动，在孩子共同以肢体合作搬物后，若有幼儿突然发现自己身体的无限潜能，连带引起其他幼儿纷纷探索身体部位与动作，如扭曲、翻转、单脚跳、滑步、蠕动前进等各种可能的移位动作；此时教师应顺应幼儿继续探索的兴趣，或将合作搬运、怪车横行任务结合各种移位动作让幼儿尽情发挥，也就是将主导权适度松绑、下放转移，如此相融共生，让学习对幼儿来说是有趣的、有意义的。而在区角游戏中，教师应尽量容许幼儿自由延伸原来所设计的教材或游戏，或鼓励幼儿在主题氛围下自发发展游戏内涵，并适度地均衡权力的运作，让幼儿的游戏在老师的共构引导下，玩出较高层次。

而另一方面，在游戏萌生课程取向中亦应有老师引导与顺应幼儿兴趣的空间，我们以第一章研讨的【生病、车祸、救护车】幼儿自发游戏为例来说明。在该游戏情节中，虽是幼儿在区角中启动了游戏，可是游戏是零星呈现与瞬间随兴的，此时就必须有赖老师后续的引导与穿针引线，在师生共构下发展成丰富的课程内涵，例如，生病或车祸的孩子可以用救护车送到医院看医生，让急诊处与病症科别、医疗与护理行为能被清楚意识，也让疾病或车祸防治与照护能被彰显，甚至出现医院开张、药房开张等复杂的游戏与统整性高潮活动。老师在过程中可能必须通过团体讨论、教学活动、参访、邀请来宾入内教示等较为结构性的活动，丰富孩子的经验；若没有老师共构引导，孩子有可能在随兴之下不了了之，或者根本玩不出成熟与统整的高品质游戏，对发展与学习没有任何助益，这也是近年来完全放任幼儿的自由游戏屡屡遭受批评之因。所以在幼儿自发游戏中，老师的引导甚至指导，是很重要的，诚如全美幼儿教育协会指出，孩子的自发游戏对发展很有价值，但是当代许多孩子因为生活经验所致，缺乏高层次与专注的游戏能力，因此幼教现场提供持续的高品质游戏机会，以及老师积极地支持孩子玩出此类游戏水平，是很重要的(Copple & Bredekamp, 2009)。

我们若深入分析，启动权与主导权的施作是有程度性的差异的——主导权有主导、指导、引导等不同程度的权力施作，启动权亦有共同启动、师主生辅、生主师辅等不同程度的启动状态，因此，在游戏主导权与游戏启动权间至少有四种以上的状态存在（如表 3-1 D1、D2、E1、E2 四种形态），在理论与实务上可能会有多种游戏形态存在。为方便论述，本书在启动权方面，仅以现况中较明显的老师启动、幼儿启动二类论述，不做细分，将焦点置于启动后的主导权运作。

以台湾为例，有一些幼儿园课程是由教师设计启动的，并纳入相当多的游戏活动，是较属于课程萌生游戏取向；不过，在教师主导权上是有很大差异的，有些幼儿课程完全由教师主导（偏向 D1），甚至与单元课程无异，有些则顺应幼儿主导而调整游戏内涵（偏向 D2），亦即主导权由教师主导、指导、引导到孩子主导间，是可以有很多程度性差别的。最重要的是，我们要综览全局，在两种游戏课程取向内均适度保持主导权的平衡状态，也就是说，主导权因情境而调整，有时教师是居于较为主导角色，有时则多顺应幼儿的引领，有时则是双方共同引领的；整体而言，是在一个与幼儿共构协商情境下保持在一个平衡状态的，不致流于教师过分主导，或是幼儿过分自由的现象。

职是之故，表 3-1 笔者以 D* 红色虚线代表一个整体运作呈均衡状态的课程萌生游戏取向，简称"谐融的课程萌生游戏"，以 E* 红色虚线代表一个整体运作呈均衡状态的游戏萌生课程取向，简称"谐融的游戏萌生课程"；D* 与 E* 两种取向内均各有许多不同程度的师生权力运作情境存在，故以虚线代表各种可能运作情境，但整体衡量起来，是大致保持在一个均衡状态的（如表 3-1 红色虚线所示的中心红点）。

本节小结

综上所述，尽管游戏与课程关系吊诡，以及坊间游戏与课程实质关系多样，游戏应为学前阶段教学的核心，与课程相融共生。基本上，老师有目标在心据以启动与设计的"课程萌生游戏"形态（形态 D），与顺应幼儿兴趣启动的而加深加广的"游戏萌生课程"形态（形态 E），均有其存在价值。笔者甚至建议两种形态均应均衡纳入教师引导与顺应幼儿兴趣之处：在幼儿自发游戏启动的课程取向中，容许教师适度地引导；在老师依其目标启动的游戏课程中，容许适度顺应幼儿兴趣与引领，这其中的运作有赖现场教学状态、课程目标与幼儿兴趣等做适当调配。不过整体而言，在两种游戏课程取向内均是处于一种师生权力均衡运作的状态，此乃本书向往的游戏与课程真正融合的关系与形式。而这教师与幼儿主导权均衡状态的游戏课程取向，其品质都是成熟的、统整的，将于下节继续探讨；至于有关谐融的课程萌生游戏取向与谐融的游戏萌生课程取向，其各是如何设计与施行，将于第四篇第七章"游戏课程的具体实施"中详加论述。

第二节　游戏与课程的品质：成熟与统整

本书所定位的游戏是师生共构下的成熟与统整的高品质游戏，它是教师教学互动的标杆，也是本书所推崇的游戏境界及撰写的重要目的；在另一方面，欲有高品质的课程，必须借由高品质游戏的提供方能达成（Wood & Attfield, 2006），因此本节专门研讨此一高品质的游戏境界——成熟与统整。

上节笔者揭示游戏与课程真正融合的两种取向——谐融的课程萌生游戏、谐融的游戏萌生课程。前者的启动权在于教师，为达到所持的教学目标，设计以各类游戏活动为主的课程来加以实现，这些游戏活动主要包括团体、分组与区角规则游戏，以及其他区角游戏如积木角建构游戏、科学角探索游戏等；而在实施过程中，教师适度地顺应幼儿的兴趣与引领权，在师生共构互动中发展出实质的游戏课程。这就是通常所见的教师预先设计的课程，不过比其更为强调顺应幼儿兴趣与引领的师生谐融共构。

相对地，谐融的游戏萌生课程的启动权在于幼儿，源自幼儿在区角或环境中的自发象征或建构游戏，老师在顺应幼儿游戏兴趣的基础上，在共构互动中不仅充实幼儿的经验，而且也引导了一些游戏方向，加深加广孩子自发游戏的内涵，发展出真正的游戏课程；至于老师的引导与充实经验主要包括团体规则游戏与各区角游戏，以及校外参访、团体讨论、学习单等。这就是俗称的萌发课程，不过比其更为强调教师引导的师生谐融共构。

综上所述，以上两种游戏课程均以各类游戏为主要精神与要素：谐融的课程萌生游戏是以各类游戏活动为主要手段共构发展课程，谐融的游戏萌生课程则以幼儿自发游戏为基础共构发展课程，两种取向的游戏课程均包括区角（或户外）的"象征游戏"、团体进行与区角操作的"规则游戏"与其他的"区角游戏"。因此以下探讨这些游戏的高品质表现：成熟的与统整的。

一、成熟的游戏经验

此处首先探讨成熟的象征游戏特征为何，继而论述成熟的规则游戏与其他区角游戏的特征为何。

（一）象征游戏

对儿童游戏素有观察与研究的 Smilansky 认为，象征游戏或戏剧游戏的高阶发展就是三四岁以后才开始出现的"社会戏剧游戏"，而高品质的社会戏剧游戏有六个要素：角色扮演、玩物的假装、动作与情境的假装、持续进行、社会互动、口语沟通（Dodge & Colker, 1992; Smilansky & Shefatya, 1990），Smilansky 并依据此六项因素制成观察幼儿游戏发展层次的量表。笔者认为这六项要素的确可作为判断游戏是否成熟或臻至高品质的重要指标，尤其是有别于戏剧活动的社会互动与口语沟通两项要素，兹叙述如下。

1. 以模仿扮演角色

这是戏剧游戏或社会戏剧游戏最基本元素，是指小孩担任一个角色，并通过模仿的行动或话语来表达该角色，例如，一个孩子用拳头触着另一个孩子的胸部与腹部并说："深呼吸！"假装是扮演正在听诊的医生角色，另一个孩子则扮演正在咳嗽着的病人角色；再如，孩子说："假装我是警察，你是小偷。""我要抓你啰！"扮演警员的小孩立即将两根手指附在嘴边（假装是哨子），发出哔哔声，而扮演小偷角色的小孩则蹑手蹑脚地行走，装出小偷的偷偷摸摸状。

2. 与物体有关的假装

以动作或口语宣称及（或）以不像物体的东西来替代真实的物体，例如：孩子指着教具柜上的拼图匣架说："假装那个是电视"，或者是手拿一块积木佯装按着电视遥控器、眼睛不时往前方看；再如，孩子以笔代替注射的针筒、以积木附耳代替电话；或是躲入风琴与墙面间空隙中说："假装这里是监狱。"均属之。

3. 与行动与情境有关的假装

以口语描述或宣称及动作或手势来代替行动或情境，例如孩子说："假装地震了，好大的地震。"然后身体与手不断地抖动与摇晃，并故意碰落周遭的一些物体，使其发出巨响；又如"假装现在路上发生车祸，警察来了、救护车来了，我是警察……"然后以夸张手势代表警察指挥交通，另一位小孩则以手附耳打电话说："是 119 吗？有车祸了！"然后快步跑并不断发出"喔咿！喔咿！""喔咿！喔咿！"的声音，代表救护车来了。

4. 角色扮演的持续性

孩子专注于戏剧扮演中，持续扮演一个情节中的角色或主题至少一段时间，如五分钟、十分钟或十五分钟，甚至更长的时间。

5. 社会互动

社会互动是社会戏剧游戏的核心，至少有两位小孩涉入于所扮演的戏剧剧情中，而且彼此在剧情扮演上有所关联互动，影响着剧情的发展，增加了认知与社会面向的复杂性。

6. 口语沟通

对于剧情的发展，社会戏剧扮演成员中有一些口语互动发生，如沟通情节的转换、规划剧情或指导他人，例如，"我现在是医生了，你要把娃娃带过来这边检查。""假装现在着火了，我们是消防队员在救火。""你被车撞到了，你要躺在地上，假装很痛，救护车会来，送去医院。"

幼儿教育专家 Bodrova 与 Leong（2007）基于实征研究指出，并非所有儿童的象征游戏都是成熟有品质的，甚至四、五岁的儿童只表现出学步期儿童的游戏行为，他们以表格对照描述成熟与非成熟游戏表现，笔者特意重组并归类，以利于我们更加理解成熟游戏的表现。这些成熟游戏特征如表 3-2 最右一栏所示五点：象征性的表征与动作、以语文创造与扮演假装的剧情、复杂交织的主题、多元变化的角色、延伸数天，至于其说明则在中间栏。

分析以上两方观点，可以发现 Bodrova 与 Leong 的观点其实与 Smilansky 甚为接近。Smilansky 虽有指出社会互动时剧情的关联互动，不过 Bodrova 与 Leong 更进一步地指出剧情主题的复杂交织与角色的多元变化，因此本书采用他们的五项特征来评断象征游戏是否属于高品质的成熟游戏。若以第一章开头的游戏情节为例，若欲将幼儿的象征游戏发展成成熟的高层次游戏，甚至发展为丰富的课程内涵，我们可以运用此五项特征来设法搭架提升，尤其是复杂交织的主题与多元变化的角色：【热锅加油站】可以融入昨天的【一家人开车去麦当劳】的情节，剧情中有加油站、麦当劳情节，甚至可以有动物园、修车厂场景；【生病、车祸、救护车】可以整合医疗行为与设施、各类病症科别、药房买药、生病照护与防治、救护车与急诊、关怀与探病等剧情；第六章游戏情节【阿泰一人开飞机】可以延伸到机场地勤柜台、海关与移民署、机上餐点与服务、转机与目的地旅游等场景。

以上数个象征游戏情节的延伸，充分显现复杂交织剧情与多元变化角色的特色，孩子可以一人同时分饰数角，并以肢体语言、道具来

表 3-2 成熟与非成熟游戏对照

非成熟游戏的描述	成熟游戏的描述	成熟游戏的特征
*儿童一次又一次重复相同的动作(如切菜或洗盘子)。 *儿童使用真实物品扮演，无法发明替代道具。	*儿童创造一个假装的剧情，并演出该剧情所发展出的情节。 *儿童发明道具以符合角色所需。	1. 象征性的表征与动作
*儿童使用很少语言去创造游戏情节或角色。语言限于标示人或行动，如"我是妈妈"或"呜呜"声。 *在行动开始前，孩子无法描述将会演出什么。 *孩子为了道具与角色争吵、打架。	*孩子进行较长时间关于剧本、角色将如何发展的对话在扮演时也密集使用语言，如命名道具、解释动作、指引其他游戏者、模仿所扮演角色的话语。 *在开始扮演前与剧本即将改变时，儿童参与角色、动作、道具使用的长时间讨论。 *孩子解决争论与歧见，且发明新道具，而非为新道具打架。	2. 以语言创造与扮演假装的剧情
*儿童没有协调彼此间的沟通互动，而是从事平行的游戏。	*游戏是包容协调了多重角色与主题。每一个角色在剧情中都有其地位，共同支撑整个剧情。儿童可能扮演一个以上的角色(同时是餐厅的厨师与顾客)。新的观念想法、角色、道具不断被编入游戏中。	3. 复杂交织的主题
*游戏中并没有角色，或许仅是基于一个动作或道具的原始角色。	*孩子扮演有特色或行动规则的角色，并改变肢体语言以同时扮演许多角色，或指派物体一个角色，为其发声与行动。	4. 多元变化的角色
*在换到另一项活动之前，儿童无法持续游戏超过五至十分钟。	*儿童完全沉浸于游戏扮演之中，并且为探索与延伸一个假想的剧情，持续到第二天或几天后。	5. 延伸时间(超过数天)

资料来源:整理自 Bodrova 与 Leong(2007: 145)

表征角色、情境与物体；而且老师若鼓励幼儿间充分讨论与互动、协调剧情演出并伙伴在旁搭构合宜鹰架，则可以延伸数日，充分显现成熟游戏的五项特征。这五项特征代表了游戏自身的品质，也显示了孩子的表现——不断地以肢体语言与物体来创造与扮演剧情，无论在心智上与行为上都是灵活且自律的，即能主动思考、协调他人观点以及自我管理、与人合作演出的；而且也自然地在游戏中运用语文心智工具探究诸多知能或概念，例如，为建盖机场而"查阅"书籍照片、"讨论"旅行经验、"访问"在机场工作的家长、到航空馆参访并"记录""制作"机票与登机证等，充分显现游戏与探索如影随形。但是这样的游戏品质与幼儿表现是需在师生共构前提下，教师扮演多类角色与弹性运用多元鹰架方能实现的，此将于第三篇"教师教学篇"第六章"教师于游戏课程中的角色（II）：鹰架与实务"中，详加探讨。

可以说在具多元变化角色的交织复杂剧情中，不仅整合孩子多面向的新旧经验、学科知识，促进了认知思考、想象力、语文发展，而且强化人际沟通、协调能力与自我管理能力；当然它也是一种社会议题、师生权力的整合，不仅顺应幼儿兴趣，也有教师引导的努力空间，毫无疑问地是一种统整性课程，对孩子的发展而言，必大有裨益，充分体现游戏与课程真正相融的"谐融的游戏萌生课程"取向。总之，有关成熟的象征游戏特征如表3-3所示，在"游戏自身"是符合Bodrova与Leong所揭示的五项特征，在"进行方式"上是建立在师生共享共构的基础上，在"幼儿表现"上则显现心智上与行为上的灵活自治，且其游戏通常伴随着探究行为与自然运用语文心智工具。

（二）规则游戏与其他区角游戏

规则游戏基本上可分为两大类：一是孩子可在个别区角进行的，多半是盘面或牌卡等操作游戏；二是在较大空间进行的，多半涉及肢体动作的团体游戏，如瞄准游戏、赛跑游戏、口令游戏等。而以上这些游戏通常是在老师所持目标下，设计成能促进特定学科知识或技能

表 3-3 成熟的象征游戏、规则游戏与其他角落游戏的特征

向度 / 类别	游戏自身	幼儿表现	进行方式
象征游戏	1. 象征性的表征与动作 2. 以语言创造与扮演假装的剧情 3. 复杂交织的主题 4. 多元变化的角色 5. 延伸数天	1. 心智灵活自治 2. 行为灵活自治 3. 伴随探索行为	师生共享共构
规则与其他角落游戏	1. 显现趣味性,充满幼儿思考与参与氛围 2. 显现挑战性,充满幼儿思考与参与氛围	1. 心智灵活自治 2. 行为灵活自治 3. 伴随探索行为	师生共享共构

资料来源:作者自行整理

的游戏,例如,涉及加减概念与手眼协调的保龄球游戏、合作完成任务的蚂蚁搬豆体能兼社会性游戏、认识空间方位与形状的牌卡游戏、增进数量概念的大富翁盘面游戏、连接特定语词或故事内容的创意语文游戏等。以上两种规则游戏是课程萌生游戏取向的主要成分,个别游戏的品质着实影响着整个游戏课程的运作。

　　一个有品质的规则游戏的重要特征,应该可以参考 Kamii 与 DeVries(1980)所提出的规则游戏的三项选择标准:(1)有趣、挑战能激发思考;(2)幼儿可自行评量其成就;(3)所有幼儿在心智与情感上能主动参与投入。此外,也可参照他们所提出的团体游戏应有的功能即所欲培育的三项目标去评断游戏的品质:自治自律、去自我中心与协调他人观点、自信与具解决问题的积极心态;以及是否能促进幼儿认知(去自我中心、观点取代与相关知能等)、道德(订定公平、合理规则与维护规则)、情绪(自信、满足感)与社会关系上(协调、

做决定）的发展，去衡量游戏的素质。

在另一方面，Bodrova 与 Leong（2007）认为，规则游戏可以促进幼儿的最近发展区，正因为它的合作与共享特性，在老师的协助下可以帮助孩子发展遵守规则的自我管理能力；而规则游戏无可避免的输赢可以让孩子学会处理短暂失败的情绪；一些为学科知能而特别设计的游戏，则可让幼儿学到特定的知识技能；至于涉及大肢体的规则游戏，则可协助幼儿发展自我控制能力等。笔者认为以上这些效益亦可视为评量高品质规则游戏的重要特征。

兹以第一章游戏情节【球儿滚滚滚】为例，说明个别游戏与整个游戏课程的运作。如果老师原定目标是让幼儿认识形形色色的球类与游戏，在初始设计主题概念网络活动时就会包含诸多概念：认识球的种类与形状、球的运动（滚动、转动与弹跳）、球的构造与特性、合作性球类游戏、球的保养、球的艺术与装饰等；以及为达成以上概念，可于团体或个别区角进行的多元领域游戏活动：体能领域的各种球类游戏，语文领域的球卡、球类或球类游戏图鉴制作等活动，社会领域的合作传球、运球等游戏，科学领域的球儿滚滚滚、球里有什么宝贝、跳动的球等游戏，美劳领域的乒乓球彩绘、乒乓球创作等。而其后在活动实施中则适度顺应幼儿兴趣与幼儿共构后，统整了幼儿的新旧经验、知识与能力，幼儿可以从不同面向充分理解球与球的游戏。

进而言之，当幼儿自行在区角延伸曾经分组进行的【球儿滚滚滚】游戏时发现，让乒乓球滚动的方式不只有用扇子扇，旧经验使其知道球很轻，所以应该可以用口吹动它，于是尝试、验证，并在行动中发现震动地板也可带动它；老师遂提问口里吹出来的是什么？还有什么方式也有口吹所产生效果？结果带出幼儿用绘本扇、用塑料瓶挤压、用手扇等方法；其后在孩子兴致高涨下，并改用孩子所发现的方式再度进行全班分组游戏。可以说孩子在游戏中充分表现心智上的灵活自主与行为上的灵活自治；同时这样的游戏课程也整合了上下权力的运作，不仅有老师设计、启动的成分，也有幼儿引领的共构，无疑是一种统整性课程，对孩子的发展而言必然是利多，充分显现游戏与课程真正相融的"谐融的课程萌生游戏"取向。孩子在此游戏课程中自然地探究相关知能或概念，例如，球里面有什么？力道与球弹跳高度、滚动距离的关系？可让乒乓球滚动（手不碰球）的方式有哪些？球都是圆的吗？在一边游戏中一边探索着，并运用语文心智工具，例如，"推论""讨论""记录"实验结果、"查阅"书籍与"搜寻"网站、"制作"游戏或球类小书、"访谈"球类游戏高手等，显示游戏与探索行为乃相生相随。

综合各家所言（如表 3-3 所示），笔者认为一个成熟的规则游戏有三项特征：（1）在"游戏自身"是流露有趣、挑战充满幼儿思考与热烈参与的；（2）在"进行方式"上是合作共享、可以协调观点并互搭鹰架的；（3）在"幼儿表现"上显示心智与行为上的灵活自治。心智上的灵活自治意指幼儿在游戏中能主动思考、去自我中心及协调别人观点，行为上的灵活自治意指幼儿在游戏中能做到自我管理、能与人合作表现出愿意订定与勇于维护公平合理的规则。

至于区角游戏其实包括娃娃家的象征游戏，与以益智区为主的操作性规则游戏；此外尚有其他区域的区角游戏，包括积木区的建构游戏（有时会与象征游戏结合）、美劳创作角的艺术绘画活动、图书故事角的阅读与说故事活动等，这些其他区域的区角游戏被称为能扩展学前与幼儿园儿童发展的"建设生产性活动"（productive activity）（Bodrova & Leong, 2007）。不过这些区域活动的品质亦须通过合作共享而达到，以积木角为例，可让孩子相互搭架、共同合作，或担任互补角色；老师则穿针引线、试图结合孩子的不同建构题材，并且挑战孩子更上一层楼。

其实成熟的各区角游戏与规则游戏相同，不仅在进行方式上是合作共享的，在游戏自身与幼儿表现上，也具有同样特征。各区角游戏在品质上要显现出有趣、挑战性及充满幼儿思考与热烈参与氛围的，这是区角游戏运作的先决条件；在幼儿表现上也具有心智上与行为上的灵活自主，这样才能让区角探索运转自如。表 3-3 为成熟的、高层次的各类游戏特征，在游戏自身特性上，虽然游戏类别不同，所表现的成熟特征也不尽相同，但幼儿均会在游戏中伴随探索行为，表现出心智与行为上的自治；不过最重要的是，成熟的游戏均须有赖师生共享共构。

二、统整的游戏经验

什么是统整性经验？为何高品质的游戏或幼教课程强调统整，它有何益处？以及在游戏课程中是如何统整各面向经验？以下即在探讨这些概念。

全美幼儿教育协会的适性发展幼教实务指出，所有孩子的发展与学习领域是相互影响关联的，因此要提供广泛且有效的统整课程，有意义地联结各发展领域与重要学科知能，让学习经验是整合的（Copple & Bredekamp, 2009）。其实根据前述，各类游戏若是能融合发展成课程，均能为幼儿带来各面向知能，势必能提供统整的学习经验。"谐融的课程萌生游戏"取向的老师为实现课程目标，必须透过统整所有学习领域的"主题概念网络活动图"方式，设计包括以团体、分组与区角各类游戏活动为主的主题课程加以落实，并在共构互动中适度顺应幼儿兴趣与引领，调整活动以发展出实质的游戏课程；而"谐融的游戏萌生课程"取向虽是源自幼儿自发主导的游戏，不过为确保品质，教师在过程初始也须以"主题概念网络活动图"规划并与幼儿讨论，然后在协商互动中予以调整并且充实与引导幼儿的经验，以发展出实质的游戏课程。显而易见的是，以上两种游戏课程取向，均可提供幼儿统整的学习经验，均为高品质游戏课程。有关这两种形态的细部设计与执行将于第四篇"具体落实篇"第七章"游戏课程的具体实施"中论述，本处针对统整的理念加以探讨。

(一) 统整的意涵

不管课程是如何与孩子的游戏结合，它都必须是统整的，提供幼儿整合的学习（游戏）经验，而所谓"统整性课程"是以一个主题概念或议题为核心，整合幼儿各方面生活经验，也整合了各领域知识与技能（周淑惠，2006）。具体而言，它是以中心的主题或议题为核心，向外分析彼此相关的主要概念与次要概念，即该主题概念的"知识架构"，共同构成了一个完整的主题；然后才在其下设计能达成这些概念的各领域游戏与经验，包括：语文、科学、律动、美劳等。图3-6"生病了！"主题包含向外辐射的不同层次概念（蓝色四边形）与有助概念理解与探索的经验或游戏（粉红色椭圆形）。

以第一章研讨问题的【生病、车祸、救护车】游戏情节为例，笔者以为，若能在孩子自发游戏基础上成功地引导成一个"生病了！"的主题课程；或者是老师自行启动设计"生病了！"的主题课程（图3-6）并与幼儿共构，都可以带给孩子统整的经验与知识。根据课程专家Beane（1997）所指，统整性课程除了在课程设计层面统整了各学习领域外，它还涉及"经验的统整""社会的统整"与"知识的统整"三个层面，创造有意义的学习，笔者以"生病了！"主题为例说明如下。

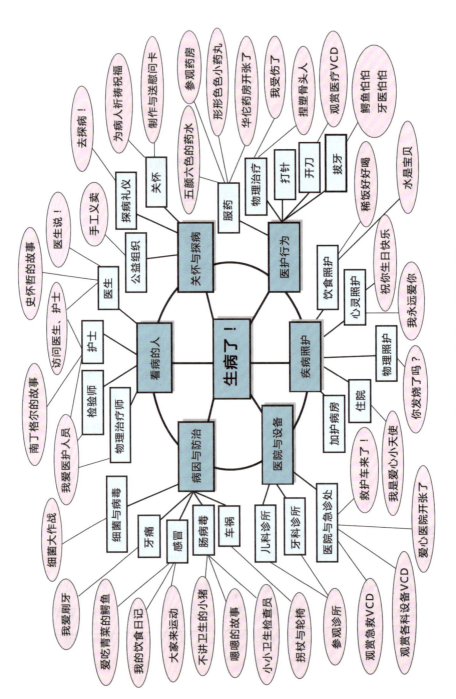

图 3-6 "生病了"主题概念网络活动图

首先在课程设计上它自然整合不同学科领域（或发展领域）与活动，诸如语文（我的饮食日记、各类与主题相关绘本、开医院或开药房扮演游戏的药单或医疗病历等）、卫生保健（小小卫生检查员、不讲卫生的小猪、嗯嗯的故事绘本等）、美劳创作（捏塑骨头人、形形色色小药丸等）、体能（拐杖与轮椅、医生说、大家来运动等）、科学（五颜六色的药水、细菌大作战等）、社会（制作与送慰问卡、手工义卖、我是爱心小天使等）、数学（药房买药付账游戏、手工义卖等）。

其次，此一游戏课程也整合孩子的新旧经验，许多孩子都有发烧、咳嗽、打针、听诊、吃药等的旧经验，甚至有孩子有车祸的经验；在一个具统整特性的高品质游戏课程中，孩子可以接触到其他新的经验，并与旧经验融合、扩展认知，例如，疾病防治与照护、人际关怀与探病礼仪、车祸现场处理、救护车作用与急诊处功能、肠病毒防治、车祸后复健与治疗等。而通过新旧经验的整合，自然地也统整孩子的新旧知识，例如，医护职业分工、医疗设施与仪器、保健与疾病防治、诊断与医疗措施、病症科别、心灵照护（宗教与精神慰藉）、相关议题（如生死概念、安乐死）等多方面。总而言之，当学习有旧经验、知识为之参照，在新旧间联结融整下，则更容易促进幼儿的理解。

课程统整也是一种社会性的整合，它是以个人或社会上所发生的或所重视的重大议题为探讨中心，由师生共同发展。就像上述"生病了"主题，它是孩子最近共同的经验，也是老师必须正视的问题，无论是借助孩子在游戏区角中再现生活经验的扮演游戏，与之协商共构，共同发展成谐融的游戏萌生课程；或是老师基于幼儿健康考量，预先规划、设计课程，再与幼儿共构，共同发展成谐融的课程萌生游戏，都可带给孩子统整的学习经验，同时它也整合了师生权力的运作，因为两类游戏课程均在幼儿主导与教师主导间保持均衡状态。

总而言之，课程统整系指师生共同探讨与生活有关且涉及多面向的议题或主题，试图理解、探究它或解决相关问题。借由生活中问题的探讨，知识被视为理解问题或解决问题的重要工具，儿童一边游戏/探究，一边运用知识并获得知识，可以说知识寓于情境脉络，深具意义，易于理解。

近年来，幼教界所风行的"全语文课程"（Whole Language）"主题探究课程""创造性课程""河滨街发展互动课程""萌发课程"（Emergent Curriculum）、意大利"瑞吉欧课程"等均是以一个主题或议题为核心，统整了幼儿各方面的学习。换言之，近年来素有声誉的各幼儿课程，虽各有其特色，其共通元素均以"主题课程"统整幼儿的新旧经验与领域知识等，可见在课程上提供幼儿统整的经验是多么重要。例如，全语文是以听、说、读、写贯穿于主题课程加以统整，河滨街是以社会研究与区角游戏浮显于主题课程加以整合，意大利瑞吉欧课程是以探究与表征凸显于主题课程加以统整，幼儿创造性课程是以创造能力见显于主题课程加以整合，主题探究课程是以探究与语文心智工具穿梭于主题课程加以统整，这些课程均非常强调提供幼儿整合的生活经验，如图3-7所示。

（二）统整的重要性

至于统整的经验有什么益处呢？幼儿游戏课程为何要统整设计呢？兹论述如下（周淑惠，2006）。

1. 摒除分科教学难以联结的缺失

课程统整凝聚与联结儿童的经验促进理解，可说是解决当今"分科教学"缺失的灵药。因为分科教学在有限的授课时间下，为完全涵盖所有科目内容，势必形成Elkind（1981）所说的"急速课程"赶课

图 3-7 以主题加以统整为当代各幼儿课程的共通元素

现象，培养只学到肤浅教材内容的"急速儿童"（hurried child）；而且内容支离破碎，毫不相干，留待太多的联结工作给儿童自身去做，形成理解与运用上的困难。

2. 带来理解具有意义的学习

统整性主题课程通常是幼儿感兴趣的重要主题，或是生活中的重要经验，或是周遭社会中正发生的重大议题；而且通过不同面向或学科领域的汇聚以强化正在探讨主题的理解，孩子可以从多方面来理解一个主题概念。最重要的是，它通过与己相关的生活化经验和有趣的游戏或探究方式获得宝贵的知能。愈来愈多的研究显示，当知识附着于情境中，有脉络意义可循，且与文化、背景、个人经验相关时，就愈可能被理解、学习与记忆；当我们理解知识是整体性的，我们就愈能弹性地、有如真实生活般（不分数学面、社会面、历史面等）地自由判定问题，并能运用广泛的知识去解决问题，这才是对幼儿真正有意义的学习。

3. 满足新时代社会生活的需求

统整性课程尚具探索性、建构性、游戏性、鹰架性、计划兼萌发等特性，在师生共享共构过程中运用相关游戏或探究技能，包括观察、查资料、验证、推论、比较、讨论、访谈、记录、沟通结果等，最后不仅建构主题相关知识，而且也精进探究相关技能，因此它是最能反映未来时代激烈竞争与剧烈变动社会生活所需的课程，也是最能培育新时代安身立命所需的求知人、应变人、民主人、地球人与完整人的课程。

4. 培养身心灵健全的完整幼儿

统整性主题课程是一个认知、情意与技能兼重的课程，不仅重视知识的获得，而且也非常强调求知、应变的技能，以及培养喜欢探究、正向自我等情意面向；就另一方面而言，学习面向统整各个学科领域，绝非分割片段，符合幼儿以身、心、灵全方位学习的特质；而且也同时统整了孩子的新旧经验、知识与社会的价值，因此易于培育身心健全、全人发展的幼儿。

综上所述，统整的经验带来有意义的学习与全人发展，也符合新时代社会生活的需求。的确，我们在实际生活中遇到问题时，并不会把问题拆分为数学、语文、自然等方面，我们都是整体地看待问题，以及思考要运用何种知识，才是对解决问题最为合宜的；事实上，当今社会许多重要议题诸如环境保护、社区生活、文创产业、健康与疾病等，也均涉及多学科或整合多学科。职是之故，通过主题提供幼儿统整的经验，实有其必要性。

本节小结

课程萌生游戏与游戏萌生课程两种取向的游戏课程均为游戏与课程实质融合共生，而且也提供成熟与统整经验的高品质游戏；幼儿在以上两种取向的游戏课程中，自然伴随探究行为并均显现高度心智与行为上的灵活自治，而且是以孩子感兴趣的主题为本，在师生共构中整合孩子的新旧经验与领域知能，也统合不同的意见与主导权。笔者衷心盼望在实务上能将游戏与课程真正融合，并且是高品质的游戏课程。有关共构协商理论与鹰架实务则将于第三篇"教师教学篇"第五、六章"教师在游戏课程中的角色"中，续加探讨；至于这两种谐融的游戏课程的具体设计，请详见第四篇"具体落实篇"第七章"游戏课程的具体实施"。

研 讨 问 题

一、请以你所任职、实习或接触过的幼儿园课程为例，并依本章所探
　　讨游戏与课程的实然关系，分析并说明是属于哪一种关系状态。

二、请以你所任职、实习或接触过的幼儿园课程为例，并依本章所论
　　的高品质游戏课程特征，分析并说明为何它是一个高品质的游戏
　　课程。

第四章　坊间游戏取向的幼儿课程

本章旨在深入探讨坊间游戏取向的幼儿课程，也就是游戏与课程真正交织融合的幼教课程模式，从而为实务界参照。如第二篇第三章所示，本章内容包括由教师启动以游戏达成所预设目标的"课程萌生游戏"取向（本章第一节），以及由幼儿游戏启动然后被充实与延伸而成课程的"游戏萌生课程"取向（本章第二节）。两节最大的不同在于前者是教师启动，后者则由幼儿启动，不过二者均重视孩子的兴趣。

第一节　课程萌生游戏取向

本节所介绍的游戏与课程真正融合的课程模式，包括 Kamii 与 DeVries 的建构式幼教方案（Constructivist Early Education）、Forman 与 Hill 的建构式游戏（Constructive Play）、俗称河滨街的发展互动课程（Developmental–Interaction Approach at Bank Street College of Education）等。这些模式或多或少都有预设的课程目标与内涵，并通过游戏方式来实现其理念，因此较属于"课程萌生游戏取向"；这三类课程虽由教师依目标规划启动，但是在实施历程中，幼儿具有较大的权力可以转换游戏内涵或融入探究行为，基本上较为偏向第三章表 3-1 所示 D2 "教师启动、幼儿主导" 取向。

一、Kamii 与 DeVries 建构式幼教方案

Kamii 与 DeVries 是试图将 Piaget 理论转化为幼教教学实务的重要代表人物，他们认为建构主义（Constructivism）是 Piaget 理论的核心，其所创的课程都是在通过游戏让孩童心智活跃地建构，促进认知与社会/道德发展（Goffin, 1994）。大致而言，两人所创的幼教课程比较有名的有三方面：幼儿团体游戏、幼儿数学游戏、幼儿物理知识活动，兹分别说明如下。

（一）幼儿团体游戏

幼儿团体游戏是两人最早设计的幼教方案，它是以发展儿童的自治（autonomy）为课程目标，通过强调心理与肢体活跃的各种团体游戏而实现。自治涉及认知上、道德上、人际政治上的自主发展，也与情绪上自主发展有关；孩子在游戏进程中必须远离自我中心、以别人观点思考、协调游戏规则、监看是否遵守规则并做到公平公正以及与他人合作等，游戏才能持续下去，因此有益发展个体自律。

团体游戏的内涵与种类，包括瞄准游戏、赛跑游戏、追逐游戏、躲藏游戏、猜测游戏、口令游戏、牌卡游戏、盘面游戏。游戏是达成自治目标的有利方式，而衡量一个好的团体游戏的标准有三项：是否有趣与挑战足可激发儿童思考、是否可让孩子评量自己的成就、所有参与游戏者是否都在游戏过程中活跃参与（高静文、幸曼玲等译，1999；Goffin, 1994; Kamii & DeVries, 1980）。以上这些游戏都是有规

则的游戏，在进行时有两项大的教学原则必须注意：减少成人权威的使用并鼓励幼儿自己制定游戏规则、以幼儿的思考或想法来修正游戏（DeVries & Kohlberg, 1987）。

（二）幼儿数学游戏

Kamii 与 DeVries 发表《幼儿团体游戏》（*Group Games in Early Education*）后，连续数年 Kamii 独自发表了有关算术游戏方案的书，例如，1982 年的《学前与幼儿园的数字》（*Number in Preschool and Kindergarten*）、1985 年的《幼儿创新发明算术》（*Young Children Reinvent Arithmetic*）、1989 年的《幼儿继续创新发明算术（二年级）》（*Young Children Continue to Reinvent Arithmetic*），这些著作发表都是基于现场实证研究的结果。大体而言，Kamii 延伸了 Piaget 的理论，极为强调数目是属于"逻辑数学知识"范畴，是由个人内心所创的关系所组成，非存于外在实体，有别于社会知识的独断性与物理知识的可观察性。她指出一般人并没有区分这三种知识，错以为算数必须由人们传授灌输，好比社会知识一样，或由外在实体内化，如同物理知识一样，完全忽略了算数的逻辑数学性。因此她设计了许多有规则的游戏让儿童合作游玩，以及利用日常情境如投票、记录、分派东西等让儿童经验与讨论"数"，以达强化内在思考、建构数学知识与关系的目标。

以类似大富翁的掷骰子游戏为例，儿童掷出骰子后（如一粒骰子为 5 点、一粒为 3 点）必须运用各种方法以求两粒骰子点数之和，例如，先点算一粒骰面点数并往上——累计第二粒骰面点数（1、2、3、4、5；→6、7、8）、分别点算两粒骰面点数再设法求和（1、2、3、4、5；1、2、3；→8）、用视觉方法、用记忆与心算等。由于儿童都很在意游戏结果，彼此间会相互监看计数的结果，就在这样的游戏中思考、讨论与争辩，儿童逐渐发明了他自己的演算方法，也强化了数学思考。

基本上，Kamii 不教授正式演算的数学计算规则，只是通过游戏与情境让幼儿建构数学概念，对于较大儿童的数学也是如此，不教授由右至左的标准演算方法（例如题目是 16+25，竖式为先做右边：6+5=11，写"1"进 1；再做左边：1+2+1 等于 4，写"4"）。在她设计的游戏方案中绝不使用纸笔作业，都是通过扑克牌捡红点、大富翁掷骰子等游戏，让儿童建构数学概念与知识。

（三）幼儿物理知识活动

其后于 1993 年，Kamii 又与 DeVries 合作出版《学前教育物理知识》（*Physical Knowledge in Preschool Education*）一书，主要目的是通过游戏与操作行动帮助孩子思考与建构物理知识。这些活动有三大类：一是以幼儿操作为主能使物体运动的活动，例如推、拉、滚、吹、跳、吸、掷等动作使物体运动（如踢球、跳弹簧床等，观察球与人有何反应）；二是以物体本身变化为主而且可被观察的活动，例如，以热水加入盛有果冻粉的杯中，观察杯内物体颜色与质地的变化；第三类是界于以上两者之间，各有一些两者的特性，却很难归属任一类的活动，如浮沉活动、镜子活动、影子游戏等。

以上第一类以幼儿操作为主能使物体运动的活动有四个要点：孩子必须能通过自己的行动产生现象、孩子必须能改变他自己的行动、物体的反应必须是可观察得到的、物体的反应必须是立即发生的（DeVries & Kohlberg, 1987; Goffin, 1994; Kamii & DeVries, 1993）。基本上孩子在游戏操作中必须灵活思考，才能了解自身行动与物体间的因果关系，以建构物理知识。

二、Forman 与 Hill 建构式游戏

《儿童的一百种语言》（*The Hundred Language of Children*）一书的作者之一 Forman，是研究 Piaget 理论并将建构理论实际运用于幼教课程颇有成就的美国学者。早年在麻州大学两年的建构式游戏实验中，他与 Hill 设计了许多游戏情境活动，让幼儿建构物理科学知识，这些情境充满游戏趣味性与思考性，颇值幼教界参考。

（一）课程与教学理念

根植于 Piaget 理论，Forman 与 Hill 将一至七岁幼儿的认知发展细分为六个次阶段：绝对不同阶段（level of absolute differences）、两极对立阶段（level of opposition）、片断分立阶段（level of discrete degrees）、连续变化阶段（level of variation）、功能关系阶段（level of functions），以及明确互补阶段（level of exact compensation）（Forman & Hill, 1984），对于理解幼儿的智慧发展非常有帮助。其主要立论是：幼儿的能力是层次性地发展，每一个层次是建立在前一个层次之上，在发展的过程中，逐渐理解物理变化是连续性状态，慢慢逐渐地改变，而非绝对有或没有的两极状态；对于科学教育，变化与变项是很重要的（Forman & Kaden, 1987）。

举例说明之，一岁幼儿若见其黏土球被大人揉成香肠形，他会认为他现在拥有的与其原来拥有的是完全不同的东西，大人把他的球"换成"（exchanged）一根香肠，而不是改变形状而已，这是初始的绝对不同阶段。第二个阶段两极对立阶段的幼儿知道物体并未被换过，改变的是物体的形状，这个物体形状已从圆形"变成"（changed）相反对立状态的长方形，于是他会说："它是长的不是圆

的，把它变回去。"显然地，此阶段的幼儿把长方形想成是圆形的对立，认为任何的改变只有两极，没有中间状态。到了第三阶段片断分立阶段，幼儿已意识两端之间有一中间状态存在，譬如高与不高间有"有一些高"，但是高、不高、有一些高彼此间却是分立不相关联的情形，就好像不同的类别、名称一样。

进入连续变化阶段的幼儿就能理解：在两极间有无数可能的中间状态，成一连续体程度性变化状态。到了功能关系阶段的儿童，就能意识到两种变化（变项）存在，也开始思考两个变项如何相互影响，例如，黏土的高度变高了，长度就变短了，高度与长度间具有相反的函数功能关系。而幼儿到了明确互补阶段时，不仅知道一个变项与另一个变项是彼此相关，而且也理解一个变项所改变的数量与另一个变项所改变的同等数量，正好可以互相抵消或补偿。

综上所述，可知幼儿发展的趋势为： (1) 逐渐领悟事物有两个面向 (two within one)，如"8"这个数字可同时表示较大或较小，根据所比较数字的大小而定； (2) 逐渐脱离自我中心，以其他角度来看待事物； (3) 由极端对立到中间状态； (4) 在静态中看动态性。

除认知发展连续六阶段外，Forman 对于 Piaget 的转换 (transformation) 理论情有独钟——知识之所以产生是经由学习物体如何移动、如何改变方向与形状、如何改变对自己本身与对其他事物间的关系而来的 (Forman & Kuschner, 1983)。儿童在转换物体的过程中，见物体由静止状态 A 变成完全不同的状态 B，有益于其建构 AB 两者间的关系，是一个很重要的心智活动，例如，水由高而长的水杯（状态 A）倒在宽而扁的水盘中（状态 B），水盘的水和水杯的水等量吗？水盘的水为什么和水杯的水等量？儿童可以将状态 B 宽水盘的水再倒回状态 A 高水杯中，思考物体如何改变、分辨实际情形与虚幻表象。简而言之，对于 Forman 而言，儿童是通过改变物体并思考关系而学习的，这就是所谓的知识建构论。

（二）课程与教学实务

儿童是通过改变物体状态并思考其间关系而建构知识，有关实际教学方面，Forman 与 Hill（1984）提出三项原则：（1）不交换的改变（change without exchange）：在不换掉原物品的情况下改变该物品的状态，即让幼儿实际操作、改变一件东西的某些点或面，而不是完全换掉那件东西，例如，红色保龄球瓶太重无法被击倒，让幼儿将球瓶中所填的沙倒掉一些，而不是另换一个绿色的球瓶；（2）打倒两极化（down with dichotomies）：教学时尽量不要呈现两极化状态，在呈现事物时最好能有各种状态、程度，例如，洋娃娃有最高、次高、次低、最低等多具，而不只是一高一矮或者是一胖一瘦两端状态而已；（3）以好的理由加以分类（classify with good causation）：让幼儿在游戏中运用逻辑思考，例如，在玩跷跷板时，幼儿依圆柱体、圆球体、立方体在跷跷板上被推滚动的情形，对这些几何物体进行分类。

为了达到建构知识、促进儿童发展的目的，他们于麻州大学学前实验教室设计了改变物体状态与从中思考关系的许多学习情境（learning encounters），并运用以上三项原则让学前幼儿通过游戏、操作而学习（Forman & Hill, 1984），这些学习情境多为游戏/探索的活动，大致上有以下四类。

1. 建立（辨识）同一性与同等性

（1）同一

同一件物体，不同状态，如影子游戏中，汤匙正面投光影像成一平面，与侧面投光影像成一直线，均为同一物体，但是状态不同。

同一件物体，不同使用方法，例如装了水的水桶与反扣而坐当成椅子的水桶，均为同一物体，只是其使用法不同。

(2) 同等

不同的物体，同样状态，例如在游戏场中滑梯旁的教师与模型游戏场中滑梯旁的木头人，为同样状态，但实体却是不同。

不同的物体，同样使用法，例如椅子与反扣而坐的水桶，是两件不同的物体，但使用方法相同。

2. 改变观点

(1) 我对物观

幼儿必须决定将自己定位于何地以获得某物的观点，或者将物体放在一个地方来获得这个物体在哪里的观点。

(2) 我对人观

如两人相背而站，合力抬动一物，有助于感受别人的感觉，发展自我对他人观点。

3. 表征动作

(1) 凝静动作

例如，摆荡装沙倒悬的塑胶瓶，在地面黑色大型纸张上留下其摆动的路线（沙痕），瓶子的摆动动作被"凝冻"成沙痕，留下曾经摆动过的痕迹，有助于幼儿了解动作的形式。

(2) 分割动作

如有意让线轴从有路障的倾斜（木板）面滚下，线轴持续滚落，不时跳动着，这就是将一个连续的动作分割成部分；而同样的一个滚落动作，可以被分割成许多不同的形式，如改变路障间的距离或是高度。

（3）想象动作

让幼儿想象看不见的动作形式。

4. 考量变项间的因果关系

（1）改变方向

例如，由两条绳子所构成的横向滑轮，当幼儿将右边的绳子拉向自己时，左边绳子所悬的桶子就往另一方向滑动，离幼儿愈来愈远。

（2）改变距离

例如，幼儿在掷球时，想改变球的距离，就可以改变其自身所掷的力量。

（3）改变限制

例如，在中空滚筒中装有一横轴，上面穿有一可移动的小珠子，学习情境开始时，珠子都在横轴上的某一定点，使得滚筒滚动静止时，滚筒的某一面永远都在上面；而幼儿可移动珠子在横轴上的位置（突破、改变限制），以决定滚筒静止时的面向。

三、河滨街发展互动课程

河滨街发展互动课程是兼重社会情绪与智能发展的最悠久、广博的幼教课程，而且也是最具有弹性的课程取向，因为它是在不断成长中发展教学实务的，因此被视为是一种幼教"取向"（approach），而非模式（model）（Goffin, 1994）。它的历史源自20世纪初的进步主义时期，当时深受Deway影响的Mitchell创办了教育实验局（之后改名为河滨街教育学院），该机构成立托儿所，以全人发展教育目标为特色，非仅着重于认知发展，而且具有进步主义教学与探究的精神（Cuffaro, Nager, & Shapiro, 2000）。心理学家Biber后来加入教育实验局，她援用心理动力理论，澄清与扩展发展互动模式的基本哲学观，之后通过工作坊逐渐对邻近的幼儿教育实务发生影响力（Cuffaro et al., 2000; DeVries & Kohlberg, 1987; Goffin, 1994）。

（一）课程与教学理念

发展互动模式的基本理念是：发展是互动的，认知发展无法与社会发展分离；与环境活跃互动是人们的内驱力；发展独特与独立的自我感觉；强调与社会情境互动的学习互动本质。换言之，进步主义与心理健康是发展互动模式的中心理念，学校不仅是学习基本认知能力的地方，学校被视为促进心理健康的一个重要媒介，包括通过提供创意与满足的学习机会、培育合作（非竞争）、提供有意义与激发性的而非记忆与零碎的学习、涵养个别性以及促进民主社会价值等各种方式（Cuffaro et al., 2000）。

基于以上理念，发展互动模式有几个广泛的教育目标：（1）强化个体的客观能力与主观的内在能力如自信、自尊与有能感等；（2）促进能选择、主动、冒险与独立解决问题的独立性个体与自我认同；（3）能控制冲动参与社会生活的社会化（包括敏感察觉他人观点并能与人合作）；（4）统整内外在世界思想与情感；（5）发展强调过程与成果及多元表达形式的创造力（DeVries & Kohlberg, 1987; Goffin, 1994）。发展互动模式对孩子的看法是：积极与社会、物理环境互动以及通过探索与实验渴望理解所处世界的好奇者。简言之，发展互动取向在教育上强调孩子朝向四方面发展：日益发挥身心"潜在能力"、具有独特自我与自信的"个别性"、能自我管理参与社会的"社会化"，以及凝聚知行与身心各方面的"统整性"（Goffin, 1994）。

（二）课程与教学实务

基于促进潜能、个别性、社会化与统整性发展等教育目标，发展互动模式在教学实务上非常强调通过游戏/探索来实现目标，其重要特征有以下几项（林士真，1999；简楚瑛，1999；Cuffaro et al., 2000; DeVries & Kohlberg, 1987; Goffin, 1994）。

1. 具开放与弹性的学习环境

基本上，发展互动模式的环境是一个动态的游戏/探索环境，它鼓励积极参与、合作与个别游戏/探索、多元表达与沟通，因为它有很多能激发探索、实验、想象与转化的开放性材料，如沙、水、积木、蜡笔、黏土、木头、纸张等；同时它也有较为结构性的材料如狄恩斯积木、书写的纸与笔、拼图、教师做的教具、主题范围广泛的书籍等。整个教室进行游戏区角规划，不仅有大团体集会区、积木建构区、戏剧扮演区、小组或个别工作处等，而且也提供了烹饪、锯木头、绘画、编织、种植、电脑等活动，是一个能激发潜能与自信自主的处所。此外，作息时间也颇具弹性，如提供延长时间以探索有趣的教材与临时萌发的兴趣等，甚至于点心、故事、户外等每日作息都保留一些弹性。

2 以社会研究为课程核心

社会研究是河滨街发展互动模式整个课程的核心，校方在让孩子体验民主生活的基础上，鼓励孩子依照他的兴趣与好奇以及教室中的讨论与对话，直接并积极地与环境互动进行社会研究。所谓社会研究是探究人们与其所居住世界、环境的关系，包括近的与远的、过去的与现在的，例如：三岁探究自我与家庭，五岁探究社区与职业，八岁探究社区原始定居者的历史。

3. 以游戏/探究统整各领域

游戏在河滨街发展互动模式中扮演一个统整的角色，如上所述，在教室里有积木建构与戏剧扮演的空间，各种开放可供探索、表征的材料，以及户外探究等，都可促进游戏、探索与表征，进而统整各领域发展与各学科学习，由此也可见游戏与探索是交织融合的，例如：在哈德逊河的研究中，孩子们参观许多地方如环保工作船、水族馆、拜访海上员警、96 街河堤旁、波浪丘陵等；孩子们回到教室后设法建造环保船、饲养鱼类、查相关资料、绘画波浪丘陵大壁画等，最后建造哈德逊河模型。这不仅涉及环保、生物、生态、美劳、数学、社会、历史、地理、语文等学科领域，而且是在游戏/探究中统整了社会、认知、体能等各发展领域，强调孩子的统整发展。

4. 教师扮演幼儿与世界的桥梁

教师在孩子的情绪/社会发展与认知发展上，扮演了重要角色。首先就情绪发展而言，教师与学校扮演着在孩子的家庭世界与更广大社会间的中介角色，它结合了好妈妈与好治疗师的多种特性，引导孩子认识在家庭情境之外的更广大世界的同伴与生活。其次就认知发展而言，教师角色的运作有四项重要工作：（1）评量孩子的思考状况，并引导孩子理解概念或广化概念；（2）以口语回应延伸与修正孩子们的想法与行动；（3）培养直觉与联结性思考；（4）提问以促进孩子的归纳性思考。

本节小结

本节所探讨的三种课程模式——建构式幼教方案、建构式游戏与河滨街发展互动课程，均为在明确预拟的目标下所设计启动的游戏课程。前两者强调知识建构，是课程实验方案，而河滨街则源远流长，强调与环境互动的社会研究，三者都各具特色，并且是游戏与课程真正融合的幼教实务，具有参考价值。

第二节 游戏萌生课程取向

　　本节所介绍的游戏与课程真正融合的课程模式，包括享誉全球的意大利瑞吉欧幼儿课程、在美国兴起的方案教学法，以及在台湾以幼儿兴趣为基础的主题探究课程。这些课程都非常重视孩子在游戏中的兴趣与需要，并设法扩展与延伸，因此较属于"游戏萌生课程取向"；而且这些课程虽由孩子启动，但也强调教师的引领与扩展，因此较为偏向第三章表 3-1 所示之 E* "谐融的游戏萌生课程取向"，尤其是瑞吉欧幼儿课程与台湾主题探究课程。此外，以上这些课程形态都非常强调幼儿对某一个主题或议题的深入探索，是相对以游戏/探究为本的课程。

一、美国的方案教学法

　　方案教学起源于 20 世纪初美国进步主义思潮与科学化的儿童研究运动，基本上反对传统的学科（subject）教学形态以各种有目的的方案（project）让学生以行动去探究与解决问题。最早倡导者是 Kilpatrick，其后在 1960 到 1970《普劳登报告》年代，成为英国幼儿园与小学的主要教学方式，自此后激励了许多美国的幼儿教育，纷纷开始采用这一教学方式（简楚瑛，1994；Katz & Chard, 2000）。自从美国知名幼儿教育教授 Katz 与 Chard 在 1989 年出版《探索儿童的心灵世界：方案教学法》（*Engaging Children's Mind: The Project Approach*）一书后，遂慢慢成为幼儿教育知名的教学模式，而所谓"方案"则是指"一个主题或议题的深入探究"（Chard, 1992: 30）。

（一）课程与教学理念——建构知识观点

为有利于理解，在此先通过与其他课程模式的比较，借以一窥方案所以，然后再论述其所立基的理论。教室里的方案多源起于教师观察幼儿的游戏，例如，幼儿连续几天在角落里玩逛百货公司购物的游戏，就可以考虑将其延伸为一个深入探讨的方案，可以说方案相对是一个游戏萌生的课程（Johnson et al., 2005）。因此方案与教师预设好的单元（unit）教学不同，其差异如表4-1所示（Chard, 1992: 31）。

表 4-1　Chard：方案与单元教学的相异处

单元（unit）	方案（project）
教师预先规划	借由形成性评量慢慢地较为自然有机地发展
教师预先设定目标	目标是孩子与教师协商发展出来的
班上所有小孩从事同样工作	孩子从一些富替代性的可能性中选择活动
课程持续时间较短	课程持续时间较长

资料来源：Chard（1992: 31）

此外，方案教学也与传统教学不同，它有几个明显区辨的特征：(1) 孩子直接投入所欲探究主题的问题中；(2) 以探究行动回答所提出的问题；(3) 在探究进行方向中，开放可能的转变；(4) 孩子担负所需完成的探究工作与准备表征报告的责任（Katz & Chard, 2000）。传统结构性教学是教师通过有顺序地呈现教材以及运用不断练习与奖惩措施主导着幼儿的学习，基本上，孩子是坐等成人灌输知识，是被动的收受学习者；相对地，方案教学里的孩子是主动游戏/探究、回答问题与建构知识的活跃学习者。

Katz 与 Chard 所提倡的方案教学与意大利瑞吉欧课程虽然有相似

之处，例如：对于主题的选择来自幼儿的兴趣、运用合作的工作小组、创造可以运用多种探究方式的一个学习"问题"，但是两者还是有些差异，不同之处在于：（1）瑞吉欧基本上是建立在意大利文化与社会脉络中的幼儿教育；（2）瑞吉欧更强调创造力与符号的表征，认为孩子有一百种表达方式；（3）瑞吉欧也是一个以参与现实生活为基础的课程挑战；（4）在孩子探究过程中纳入家庭与社区成员，强调社会建构（New, 2011a, 2011b）。

笔者认为，方案教学主要是基于 Piaget 的建构论。根据 Piaget 的"动态均衡理论"，个体认知之所以发展是源自个体在环境中为解决认知冲突，通过同化与顺应两种功能，以达均衡状态的内在自我规制的过程所致（Ginsburg & Opper, 1988; Piaget, 1976）。儿童内在心理不会自己产生矛盾，当外来信息与内在原有认知架构有所不同时，也就是矛盾产生时，儿童会改变自己既有的认知结构，建构新的看法以试图去除矛盾状态，学习于是自然发生（Forman & Kaden, 1987）。以上理论充分说明知识的产生是主体经由其内在活跃的心灵活动所建构而来的，它是自我启动、自我规制的历程。简言之，学习具有自主性与建构性，正是方案教学所强调的深入探究精神。

根据 Piaget（1976）的知识论，知识的源起并不是来自物体本身，也不是存于主体本身，而是个体自身必须与物体（或环境）两者间紧密复杂的交互作用；换言之，通过个体与环境互动以及对于实际行动或转换实体状态的省思中，个体自然建构了知识（Piaget, 1970）。以上观点支持了方案教学强调主动探究的内在学习动机，以及注重活跃的行动涉入与亲身体验等特性。因此，方案教学的目标有四个：知识（想法、概念、信息、事实、故事、歌谣等）、技能（剪、画、计数、与同伴协调、大小肌肉技巧等）、意向（坚持、好奇、有意去读写或解决问题等），以及情感（归属感、自尊、自信、有能力感等）（Katz

& Chard, 1989, 2000)，期待孩子在主动探究的意念与行动中，获得情感上的满足与相关知识、能力。

（二）课程与教学实务——注重兴趣与积极探究

方案的发展有三个阶段，每个阶段都有一些重要工作（Chard, 1992; Helm & Katz, 2001），从这三阶段工作中明显可见其非常重视孩子的兴趣与活跃探究。而这三个发展阶段均具五个重要的结构流程：始于团体讨论，接着实地参访，再来以各种方式表征，持续探究，最后则是展示分享（蔡庆贤译，1997），笔者以图 4-1 显示这三阶段五结构流程的方案探究，以便于理解。由于第二阶段的"开展"较易理解，则以第一阶段确定兴趣并回顾知能（罗列探究兴趣）的"起始"为例来说明。第一个流程"团体讨论"是指分享先备经验与知能、共同绘画主题网，第二个流程"实地参访"是指幼儿与父母谈论（晤谈）先备经验，第三个流程"表征"是以各种方式表征先备经验，如绘图、肢体表达等，其后第四个流程"持续探究"是根据现有知能提

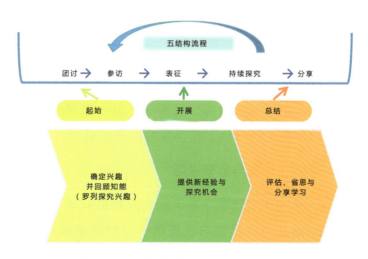

图 4-1 方案教学三阶段五结构流程

出所欲探究的问题，最后一个流程"分享"则是分享个人对于主题的经验，以便于统整。同样，第二阶段的"开展"与第三阶段的"总结"，均包含以上五个步骤流程。

1. 起始：确定兴趣并回顾知能与罗列探究兴趣

方案大部分是儿童萌生，也可以是教师根据幼儿兴趣而设，无论是哪一种状况都要取决于幼儿是否感兴趣与是否可行，基本上还是以幼儿兴趣为出发点。本阶段主要是师生共同绘画"主题网"，不仅回顾幼儿现有知能与兴趣，而且也在规划接下来第二阶段的实地探究项目与活动。在过程中也可让孩子以各种方式表征对于主题的理解与经验，如绘画、戏剧演出等，并做集体分享以统整对主题的相关知能，最后则列出在接下来的方案探索中准备探究的问题。

2. 开展：提供新经验与探究机会

在实地探究阶段之初，教师必须准备与联络校外教学或户外参观处所，而孩子们则可通过团体讨论思索可以观察、探究、记录、访谈或收集什么资料，接着就带着纸笔实地出外参访探究；此外，亦可邀请对这个主题有经验的专家到教室来分享，幼儿可以通过晤谈、讨论解答探究问题或心中疑惑。而在探究回到教室后，可以安排团体分享所闻所见，或是查阅资料印证，最重要的是运用各种媒体表达探究结果，有必要时（如仍有疑惑待解）则再进行另一次校外参观。如此重复探究与表征，并在主题网络上标明探究内涵与所得。

3. 总结：评估、省思与分享学习

方案结束前安排一次分享与展示探究成果的高潮事件或活动，通过这样的机会，幼儿可以检视与统整这一段时间游戏/探究所学，继而通过创意的表征方式，如戏剧演出、作品展出，将新知识内化。此

一阶段与前两个阶段相同，均包含五个结构流程。

二、意大利的瑞吉欧幼儿课程

瑞吉欧是意大利东北部的一个小镇，它的幼儿教育在近年来享誉国际，荣登于《新闻周刊》（*Newsweek*）之全球最好学校报道，以及《幼儿杂志》（*Young Children*）的封面，成为竞相参访的对象。瑞吉欧的幼儿教育者在几次的国际研讨会中郑重声明他们的课程绝非方案教学法（Project Approach），而是在意大利与瑞吉欧本身社会文化脉络下所孕育出来的特有课程模式（薛晓华译，2000；New, 2011a, 2011b）。

(一) 课程与教学理念——社会建构观点

Cadwell（薛晓华译，2000）指出，瑞吉欧有七项基本理念：将儿童当主角；将儿童视为合作对象；将儿童视为沟通者；将环境视为第三位教师；将教师视为工作伙伴；将教师视为教育者与引导者；将教师视为研究者、将档案的引用视为一种沟通。其实这些理念是基于社会建构理论的，它认为知识不仅是建构、学习不仅是个别行动，而且知识是与他人共同建构的，学习是与人有关的（Moss, 2001）。瑞吉欧创始者 Malaguzzi（1993）曾明确指出，Piaget 的建构主义孤立了儿童在建构知识中的角色，显示出几个重要缺憾，诸如低估成人在促进认知发展上的角色、鲜少重视社会互动等，因此瑞吉欧开始把注意力转移到认知发展的社会互动上。以下简要介绍瑞吉欧社会建构观点。

孩子是任何教学的中心，瑞吉欧对孩子的基本假定是能与他人协调以及能从每日生活经验中创造意义（Malaguzzi, 1993）；正如 Rinaldi（1993）所指，瑞吉欧对孩子的意象是强壮与有能力的，充满潜能与弹性，所以它的教育方式是让每个孩童与周围的亲人、朋友、教师、自己的历史以及社会与文化环境发生关联。正因为如此，瑞吉欧教室就是一个大的"学习社群"，内有许多学习团体，其四个重要特色是：成员包括成人与幼儿；制作可让学习明显可见且能形塑此刻正学习的"文档纪录"（documentation）；共同从事情感、美学与智慧方面的学习；学习延伸于个人之外，最后创造一个集体的知识（Krechevsky & Mardell, 2001）。Forman（1996, 2005）也指出，瑞吉欧幼儿园充分显现共同建构特色：（1）鼓励幼儿间交流对话，了解彼此观点；（2）建立全体对一个探究主题的共同理解；（3）促进孩子做出想法、假设或做结论；（4）鼓励幼儿检视想法的可行性与完整性。

Malaguzzi（1993）曾夸赞 Vygotsky 提出非常珍贵的教育洞见，即语言帮助人们思考，是一项重要的心智工具。瑞吉欧幼儿园不仅强调孩子在探究时运用语文心智工具，而且也很重视运用各种形式的表征工具，因为孩子本就具有一百种表达的语言即多样表征方式，例如绘画、雕塑、肢体表现等，而且也乐于表现（Edwards, Gandini, & Forman, 1993）。通过各种表达媒介，幼儿表露其现阶段的想法、理论甚至行动方针；再经持续不断的表征、对谈、实作与重访经验（revisiting）等步骤，孩子试图修正其想法。也就是艺术媒介不仅有表征功能，而且是一项重要的心智工具，持续表征是瑞吉欧幼儿探究知识的重要方法。简言之，瑞吉欧幼儿园是一个充满艺术表征与对话交流的学习社群。最后，Malaguzzi（1993）明确指出，Vygotsky 的最近发展区理论给予教师教学适当介入的正当性，因为瑞吉欧幼儿园理解知识建构无法脱离社会情境，也看出"教"与"学"对立的困境，因此，瑞吉欧幼儿园教师在幼儿探索时也会适时搭构鹰架与介入，支援幼儿的建构行动。

（二）课程与教学实务——强调多元表征与学习社群

New（2011a，2011b）指出，瑞吉欧有几项重要特征：（1）环境是一个可以邀请大家学习与发展关系的社区空间；（2）孩子的符号语言是表达与探索的重要手段；（3）文档纪录是观察、研究与沟通的重要手段；（4）课程方案是孩子与成人合作的论坛；（5）与家长建立互惠与互敬的合作关系。而最明显的特征是具有一百种语言，充分流露"学习社群"特征，这些都具体而微地显现在其环境空间、教学角色、教学策略、教学成员等各个面向上（周淑惠，2006）；不过这些不同面向特征彼此关联、无法分割，共同组成瑞吉欧教育系统，以图4-2显示并分别叙述如下。

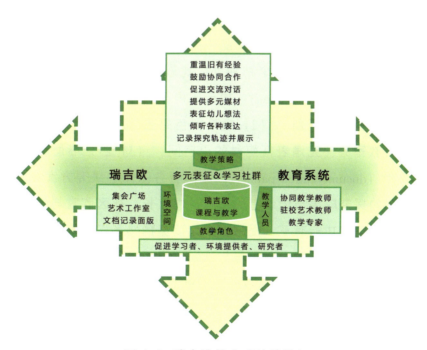

重温旧有经验
鼓励协同合作
促进交流对话
提供多元媒材
表征幼儿想法
倾听各种表达
记录探究轨迹并展示

教学策略

瑞吉欧　　多元表征&学习社群　　教育系统

集会广场　　　环境空间　　　协同教学教师
艺术工作室　瑞吉欧　　　　驻校艺术教师
文档记录面版　课程与教学　　教学专家

教学角色

促进学习者、环境提供者、研究者

图4-2　瑞吉欧教育系统的特征

1. 环境空间

在强调社会互动理念下，瑞吉欧幼儿园的空间被规划成能促进互动交流之处，正如 Rinaldi（1990，引自 Gandini，1993：137）曾指出："孩子必须感受整个学校的空间、教材与探索方案，是重视与维护他们的互动与沟通的。"这空间大致有四个重要特性：（1）具有大、小空间且与外界相通、适宜人居的"整体柔软性"（overall softness）；（2）强调丰富感官刺激与尊重不同感受的"多元感受性"（multisensitivity）；（3）珍视研究、实验的"知识建构性"（constructiveness）；（4）强调不同元素交互作用产生动态平衡和谐美的"丰富常态性"（rich normality）（Ceppi & Zini，1998）。

整体而言，瑞吉欧幼儿园通常是很明亮的，阳光充足，有大落地窗或者玻璃隔墙，显示内外通透的社群感；而墙面大都为白色，环境中的彩色是幼儿的各样表征作品；另外有许多大小不等空间，方便小组互动、大团体集会与个别独处。比较特别的有如下设置：（1）位于中心的集会广场（piazza）：显示园内与社区层层文化，也是幼儿分享游戏与交流的场所；（2）颇具特色的艺术工作室（atelier）：紧邻于每班教室旁、充满表征媒材的小空间；（3）四处墙面贴有文档纪录面板（documentation panels）：流露着各团体各研究方案的轨迹，显示幼儿的探究成果与记录者的反思，供家长、社区欣赏与讨论。至于艺术工作室的功能有三：提供一个让孩童精熟各表征媒材与技能之处，帮助成人了解孩童学习历程与认知发展的场所，以及提供教师制作孩童学习档案的工作坊（Vecchi，1993）。

2. 教学策略

经笔者分析，瑞吉欧的教学有七项重要策略与特征，这些教学策略相互作用，促进社群的共同探究行动。

（1）重温旧有经验

重温旧有经验强调不断地回溯、重访经验，以旧经验为建构知识的基础。即教师在进行一个方案前或中，通常伴随着照片、录音甚或录影的呈现，请幼儿们回忆一个事件，共筑集体印象与记忆（Forman,1996, 2005）。为帮助孩子重温想法，让思绪更加清晰浮现，教师也经常要求幼儿运用表征媒材——绘图、雕塑、木工、模拟情境、硬纸工等以及孩子的话语，表达他们现阶段的认知或理解，并可供日后回溯观赏。

（2）鼓励协同合作

基本上，教师鼓励幼儿依兴趣、能力分工合作，共同完成一项工作，教室中各区充满学习小组与活动。教师通常给予充足时间让幼儿讨论、发展合作绘画，重温之前的绘画表征或活动照片，以及评论表征作品或活动照片（Nutbrown & Abbott, 2001）。

（3）促进交流对话

在幼儿探索过程中，教师均鼓励幼儿交流对话。孩子有时发表，有时倾听，成员均意识到自己对团体有贡献意见的义务，也期待他人会给予意见。孩子们也会运用某一个孩子的想法，延伸其他想法或是引发所未曾探索之事（Gandini, 1993）。

（4）提供多元媒材

教师与艺术教师经常共同合作，提供各类表征媒材让幼儿自由运用，以表达探究过程中的种种想法。这些媒材通常是会引发幼儿探索、实验的材料，例如，投影机、幻灯机、电脑，以及各种艺术媒材，例如，黏土、水彩、积木、布条、纸卡等。

（5）表征幼儿想法

幼儿经常运用各种媒材表征、再现想法，其内涵有外在记忆、现阶段理论、假设、行动计划等，艺术被视为表达一组关系系统

（Forman, 1996, 2005）。亦即艺术是探索和表达工具，让幼儿的思绪展现于学习社群，引发热切讨论。通过不断表征、重访经验及交流讨论，幼儿的思考愈来愈清晰，且有机会看到不同观点并试图修正之。

(6) 倾听各种表达

教师不仅要求幼儿以各种方式表达想法，且要求能倾听他人表达。诚如 Rinaldi（2001）所言，倾听是任何学习的前提，通过倾听，可以学习协调不同的观点。因此，学习团体中的成员以各种感觉（听觉、视觉、触觉等）开放、敏感地倾听他人所表达的千百种语言、符号等是很重要的，也是团体所共同期待的行为。

(7) 记录探究轨迹并展示

教师每日捕捉与分析幼儿建构历程与策略，将文字与照片贴于版面上。这种叙事性的文档纪录除资料外还有丰富的问题、疑惑与省思，可让幼儿随时重温记忆，让学习过程与策略清晰可见、可评估，让各主体间（教师、家长、幼儿、社区人士等）拥有共同可讨论的事务，也让家长与广大社区了解学校的用心；可以说是知识建构过程中统合的部分，大大地强化了学习的效果（Rinaldi, 2001）。

3. 教学角色

教师在瑞吉欧学习社群中的角色包括促进学习者、环境提供者与研究者，整体而言是一个"共同建构者"。首先，教师的重要角色是扮演倾听者、观察者，提供发现机会的"促进学习者"，一反传统传输知识者角色。作为一个促进学习者，教师通过活跃、互惠的对话交流，成为孩子随手可得的补充资源，建议想法与提供多元选择，是幼儿的支持源头（Malaguzzi, 1993）。因此 Rinaldi（1993）指出，对教师角色很大的挑战是：在孩子社会互动中成人必须出现，但又不能干扰打断，强行灌输。然而教师也并不是完全放任幼儿建构，在 Vygotsky

最近发展区理论影响下，必要时教师也会适时介入，例如，挑战幼儿的答案以引发认知冲突，或采取行动以补救高于或低于目前认知的建构行动，或者是激发已失兴趣的一个探究情境（Rinaldi, 1993）。可以说课程好似一个旅程般，随时有意料之外的发展，教学主题则变成幼儿的探究方案（Krechevsky & Mardell, 2001）。

其次，为了促进幼儿学习，教师也是一个"环境提供者"，提供富有多元刺激与可互动交流的环境让幼儿探索，同时也要观察、制作与张贴孩子探究轨迹的文档纪录面板，让孩子可以重访这些探索轨迹。此外，教师也是一个"研究者"，经常反思所收集的观察纪录与录影带，加上诠释或预测后将其带入教学会议中分享、研讨；并试图在接下来的对话与教学中改进其对话内涵、验证其想法或改善教学；而幼儿经过与教师再次对话后可能会修正其原有理论，教师则持续记录分析之，如此循环不已。可以说是将研究带入教学中，是个十足的研究者。

4. 教学人员

教师与幼儿，幼儿与家长，厨工与幼儿，幼儿、教师与驻校艺术教师，幼儿与幼儿间等均工作在一起，教学责任是共同分摊的，不只在班级教师的肩上（Knight, 2001）。基本上有三类人员为瑞吉欧教育系统的重要成员：（1）每班两位合作且互补的"协同教学教师"：当一位教师教学时，另一位则与别班教师、家长或教学专家进行沟通，展现协同合作榜样供幼儿学习；（2）每天巡视教室，协助孩童表征工作的"驻校艺术教师"（atelierista）：协助幼儿以各种媒材表征想法并与教师、家长与教学专家等密切合作，帮助孩子建构知识；（3）担任局内人也担任局外人角色的"教学专家"（peda-gogista）：促使教师省思孩子的学习，帮助改善观察与倾听技巧，为孩子的方案计划做档案纪录与执行自己的研究；同时鼓励幼儿园通过访问与研讨，与家长、社区、城镇，或是更广大社会，甚至是国际社会，交流合作。

三、台湾的探究取向主题课程

近年来，台湾有一些幼儿园也实施基于幼儿兴趣的游戏/探究取向课程，在课程与教学上非常用心，不输颇有声名的课程。以台中爱弥儿幼儿园为例，曾出版令人惊艳的课程实录，如源自孩子对甘蔗兴趣的《甘蔗有多高》，在幼儿亲手栽种甘蔗活动中延伸出记录甘蔗高度的测量活动，从中运用了观察、比较、估算、解决问题等探究能力，建构平均、测量、面积等概念与种植相关知识（台中爱弥儿教育机构、林意红，2001）。而《鸽子》中也充满游戏/探究精神，在孩子自己记录的"鸽子的研究书"中充分显现孩子运用的各种探究能力，如观察、记录、推论、实验等，建构对鸽子的知识与了解，包括鸽子吃什么？如何飞行？会游泳吗？等（台中爱弥儿教育机构、林意红，2002）。其后又出版了探究课程专书，收揽了十三个课程主题，每一个主题都彰显了基于幼儿兴趣的探究精神，非常精彩，颇值推介，例如，积木盖的新光三越、果酱饼干、声音的世界等（潘世尊、陈淑琴、郑舒丹、陈振明、柳嘉玲、张斯宁、爱弥儿幼儿园教学团队，2007）。

以下以作者辅导的亲仁幼儿园为例，说明此种以幼儿兴趣为探究取向的主题课程，包含其课程与教学理念以及课程与教学实务。

（一）课程与教学理念——服膺社会建构论与考量课程制定要素

亲仁是一个"以幼儿兴趣为探究取向的主题课程"，也是一个考量园所社会文化、地域特色与优势的"园所本位课程"，更是强调全人发展的"统整性课程"。基于自我检视，它的课程与教学理念源于三个信念：（1）服膺社会建构论；（2）考量未来社会能力需求；（3）统整幼儿的学习（周淑惠、郑良仪、范雅婷、黄湘怡等，2007），具体如下。

1. 服膺社会建构论

亲仁不仅坚信幼儿有主动探究、建构知识的能力，以幼儿感兴趣的事物，必能激发探究之心；而且也相信心智源起于社会互动，幼儿是通过与成人共同生活、工作以及运用口说与书面语文而成长学习的，基本上是服膺于社会建构论。再加上意识幼儿有最近发展区存在，针对渐进发展中的能力，是需要成人或同伴为他搭建学习鹰架的，因此"以幼儿兴趣为中心、以生活为内涵的'亲师生共构'"遂成为亲仁幼儿园课程与教学之重要依归与指导原则。

2. 考量未来社会能力需求

课程设计重要原则之一是考量社会发展、反映时代需求，尤其是培养能适应未来社会生活的公民；而未来的社会是一个瞬息万变、知识爆炸、高度竞争的状态，也是一个地球村的民主生活时代。亲仁深信课程与教学必须实践社会生活目标，深深认同于笔者所倡之"求知人""应变人""民主人""地球人""科技人"与"完整人"的新时代课程目标（周淑惠，2006），尤其是探究能力部分，特意在游戏/探究课程中加以落实。

3. 统整幼儿的学习

亲仁幼儿园不仅强调孩子的探究经验，同时也强调统整、有意义的学习，因此主张以一个孩子感兴趣的社会生活主题，让幼儿探究，以统整孩子的经验、知识及各领域学习，期能促进全人发展。

（二）课程与教学实务——致力亲师生共构特色

基于以上三项理念与"以幼儿兴趣为中心、以生活为内涵的'亲师生共构'"指导原则，课程与教学具体实务策略有五，分别叙述如下（图4-3）。

图4-3 以幼儿兴趣为探究取向之主题课程特征

1. 依全园主题发展各班兴趣方向

每学期前，经多次教学研讨订定符合幼儿兴趣与园所特色及优势的全园大主题。其后各班彼此交流，运用亲子学习单、参访、收集相关资讯等策略，以幼儿兴趣为出发点，自然地发展各班的主题，例如：在《我的秘密基地》大主题下，甲虫班的《心灵的秘密基地》、精灵班的《森林》、蜻蜓班的《甜蜜家庭》和蝴蝶班的《我的避风港》，各班所感兴趣的主题均不相同，基本上都是顺应幼儿的兴趣走向。教师应该具有敏锐的观察力，觉察班上孩子的游戏兴趣及话题，因势利导幼儿的学习动机与探究方向。以精灵班《我的秘密基地——

森林》主题为例，开始教师试图从孩子分享的秘密基地中发现幼儿兴趣点，然而困难重重；其后发现孩子的玩具分享与话题中经常围绕在甲虫王者、锹形虫上，接着孩子因抓到一只蛾而兴奋不已，要求让他们带回园所饲养；教师顺势在图书区放入昆虫相关书籍，幼儿便聚在一起分享昆虫住在哪里、昆虫的秘密基地就是森林，于是"森林"的探索重点与方向自然应运而生。

2. 积极促动求知探究能力

在幼儿游戏/探索中，教师积极促动求知探索力。以《我的秘密基地——森林》主题为例，孩子在公园游戏/探索时抓到一只不知名的小生物，回园"查阅"昆虫图鉴，得知这个小生物名叫螳螂；为了饲养这只小生物，孩子又从"查阅"图鉴中得知螳螂吃蚯蚓，于是吵着要去抓蚯蚓。教师问幼儿："哪里有蚯蚓？"孩子从表达中回顾旧经验，从聆听中得到新知识，并由分享中统整线索，教师立刻带领幼儿到公园泥地抓蚯蚓，以"验证"所知是否正确。接着为养蚯蚓，教师与孩子开始进行"预测""辩论"并"实验"（把推测的所有食物放入饲养箱中观察、记录并验证答案）；过程中孩子对"观察"的现象不断"推论""对谈"，继而再"验证"，甚至回家"请教"家长或"查阅"书籍，于是"询问"教师"蚯蚓"和"吃"怎么写，如此通过各种探究能力的交互运用下，终于得到结论。

3. 强调运用语文心智工具

亲仁把语文的听、说、读、写当成是幼儿求知探究的心智工具，不仅可达到探究目的，也精进幼儿的探究能力与听说读写能力，更重要的是可缓和家长对读、写、算成果强烈要求的压力。师生在共同探索过程中运用了口说语文：讨论、分享、推论、辩论、访谈、聆听、提问、协商等，以及书面语文：涂鸦记录、仿写记录、亲子学习单、绘图、查阅书籍、上网查询、绘制图表、绘制主题网、自制主题成果小书等。以下是两则幼儿讨论的情节：第一则是运用口说语文的讨论实例；第二则是幼儿运用推论能力，所谓推论是对所观察现象提出合理的解释，既是探究能力，也是口说语文能力。

✿【蚯蚓吃什么？】

教师：蚯蚓吃什么？

惠友：吃菜啊，我妈妈有种菜，那里就有很多蚯蚓。

及容：从树根爬上去吃叶子。

惠友：不可能。

心蕙：它又没有脚。

玉若：蛇也没有脚啊！

惠友：蛇很大可以用卷卷的卷上去。

及容：那我觉得它应该是吃地上破掉的叶子吧！

　　　（自我校正）

光炫：吃草！

立之：吃泥土，因为蚯蚓会钻到最深的泥土里。

阿骏：吃花！

大冠：蚯蚓不可能吃花！

心蕙：我觉得它可能什么都没吃。

> ✳ **【谁吃了高丽菜叶】**
>
> 〈高丽菜叶子上有两个洞，叶片上爬了一只蜗牛〉
> 宇新：应该是蜗牛吃了高丽菜叶，我看过一本书，书上说蜗牛吃菜
> 　　　和叶子。
> 天祐：应该是蚯蚓钻的！蜗牛不可能钻这么大洞。
> 以诺：应该是菜枯掉了！
> 文方：我觉得是蚯蚓吃的，因为蜗牛爬过的地方，应该要有痕迹，
> 　　　可是菜的上面又没有蜗牛爬过的痕迹。

4. 搭构学习鹰架与实施混龄教学

　　亲仁教师采用笔者所揭示的鹰架策略——回溯鹰架、语文鹰架、示范鹰架、架构鹰架、材料鹰架、同伴鹰架等(周淑惠，2006)。园方采用混龄编班，希望促进不同年龄幼儿间的交流互动，提供同伴鹰架，让年龄较大或能力较佳幼儿能够发挥引导作用。以《我的秘密基地》主题结尾制作大树为例，教师在团体讨论时搭构鹰架，让幼儿分别就树的部位一一讨论（架构鹰架）；接着孩子混龄合作画出设计图并开始制作（同伴鹰架）。制作白千层的孩子忘了叶子长什么样子，于是找出涂鸦记录笔记、书籍比对，教师也提供户外教学时拍的照片勾起回忆（回溯鹰架）。每次制作开始时，先以团体讨论分享制作的方法，或提出疑问，或相互给予意见（语文鹰架、同伴鹰架）；若当提出的建议无法理解，解说的幼儿会立刻示范给大家看（语文鹰架、同伴鹰架、示范鹰架）；教师也会协助提供多元材料，让幼儿创作（材料鹰架）。过程中，旧经验较丰富的大孩子会提供想法，也会带领较小孩子共同创作或找寻答案（语文鹰架、同伴鹰架、示范鹰架）。

5. 重视与家长的伙伴合作关系

家长是最重要的教育伙伴，更是最佳的支持者和协助者，首先，他们提供主题相关资源，包括材料资源，例如大小纸箱、各类创作素材、旧照片、名产、玩具等，以及情境资源，例如农庄、办公室、医院等。其次，家长也参与课室主题活动的进行，丰富主题课程内涵，包括主题知识讲解如电脑主题、主题技能示范如染布主题、主题情境展示说明如原住民生活主题等；同时他们也是幼儿主题知识共构的好伙伴，包括以亲子学习单共同探索或找资料如社区、染布、旅游主题等，以及接受幼儿访问与咨询如医院、我的历史等主题。最经常的，也是很重要的是担任园所志愿者如担任大主播、故事妈妈，以及支援校外教学车辆与协助安全导护等。可以说家长是园所课程的伙伴、支柱与共构者。

为了让家长更加了解幼儿的学习情形，园方并实施以下策略：(1) 学期初举办亲师座谈会，向家长说明课程精神与走向；(2) 利用每周一、三、五的亲师联络簿做双向沟通；(3) 在博客建置幼儿活动照片，随时提供家长信息并可网上互动；(4) 每两周出版包含重要学习资讯与教师鹰架分析的双周报，让家长了解幼儿学习状况与教师的努力；(5) 家长可以随时进班观察；(6) 教师定期电话联系及必要时面谈或家访；(7) 制作主题课程历程档案；(8) 期末举办具有统整与沟通作用的主题成果展，邀请家长参与。换言之，家长不仅参与主题课程共同建构，而且随时可听、可见、可谈幼儿的学习表现，充分掌握孩子在园状况。

本节小结

　　本节所探讨的三种课程模式——方案教学法、瑞吉欧课程与主题探究课程，均非常看重孩子的游戏兴趣并以其为基础加以延展，三者皆各具特色，也是游戏与课程真正融合的幼教实务，具有参考价值。其中意大利瑞吉欧与台湾主题探究课程则更为接近笔者所建议谐融的游戏萌生课程取向，它们都根植于社会建构论。至于有关社会建构论与其鹰架实务将于下篇探讨。

研 讨 问 题

一、请依本章所论述的"课程萌生游戏"与"游戏萌生课程"两种取向，各举一个你所曾接触过的课程实例说明。

二、请以本章六个课程为例，说明其为何也是一个高品质的游戏课程。

教师在游戏课程中的角色（Ⅰ）：理论与基础

派典的转移：社会建构论与鹰架互动

教学互动的基石：观察与记录

教师在游戏课程中的角色（Ⅱ）：鹰架与实务

教师在游戏中的角色与鹰架

教师在特定游戏情境中的角色与鹰架

第五章 教师在游戏课程中的角色（I）：理论与基础

在了解第一篇游戏的基本概念以及第二篇游戏与课程的关系与实务上运用状况后，本篇则进入教师教学篇，正式探讨具体的教学实务运作，包括支撑教学实务的理论与教学互动的基础（第五章），以及教学互动的鹰架与实务（第六章）。本书所定位的游戏是基于社会建构论在师生共构下的高品质游戏，首先第五章第一节论述派典转移与社会建构论内涵以及鹰架互动观，为本篇揭开序幕，第二节则探讨整个教学互动或鹰架引导的根基工作，即游戏观察与记录。

第一节 派典的转移：社会建构论与鹰架互动

在过去 50 年来，Piaget 的阶段发展理论与建构论成为幼儿教育实务的依归，强调孩子自行建构知识的重要性与阶段发展的必然性，教师的工作是准备好具有丰富资源的环境（例如室内各个学习角落、户外游戏场地），让孩子在其中自由游戏、自我主导地探索着，并顺着既定阶段发展，可以说教师的教学角色非常有限。换言之，幼教工作者深信自由游戏或探索性游戏是孩子获得知能的主要方式，因此成为幼教实务的重心（Nolan & Kilderry, 2010）；无可否认地，Piaget（1973）的名言诸如："要了解就必须去发现"（to understand is to invent），即孩子透过积极的探索才得以理解与学习，深植幼教工作者之心，为自由游戏、独立建构提供最佳的支援与背书。

在此简介 Piaget 的重要理论，以利我们理解派典转移的缘由。首先"动态均衡理论"意指认知发展是一种个体在环境中为解决认知冲突，透过同化、顺应两种作用，以达整体而言是一个均衡状态的内在自我规制的过程（Ginsburg & Opper, 1988; Piaget, 1976）。同化作用简单地说，就是把外在相类同的信息纳入现有内在认知系统中；顺应作用则有如 Forman 与 Kaden（1987）所诠释，儿童有自己的一个内在需求，当外在信息与内在既有认知结构有异时（矛盾产生），儿童会改变自己的认知架构，建构符合外在信息的新看法以消除矛盾，于是学习自然产生，例如改变球是圆的形状为球有不同形状的认知基模，以面对新见橄榄球、羽毛球时的矛盾状态。就在这样不断地纳入重组与改变调整自己的认知架构中，孩子持续地发展着，而这同化、顺应是个体内在的自然作用，孩子与生俱来同化与顺应的内在功能，无需外在施力。

根据 Piaget "建构主义"，人类是基于"省思"自己的"操作行动"而学习的；意即人类知识的获得是一个活跃的过程，了解一项物体或事物的运作不仅要操作它并转换它（即"变换"（transform）物体的状态），并且要观察、省思物体转换所引起的改变，才能获得知识（Piaget, 1970, 1976），例如，儿童一定要亲自以各种力度拍打过球，观察球的不同弹跳高度，省思自己的施力度与球弹跳高度间的关系，才能体会"当自己越用力拍时，球则弹得越高"的道理。也就是知识是从亲身体验与反省思考中建构而来的，而非坐等他人灌输被动地收受。

综而言之，Piaget 的建构主义认为个体自身在与生俱来的同化、顺应作用下，通过操作、转换与省思而建构知识的；其重点是置于儿童与环境互动，为自己活跃地建构知识，也难怪 Haste（1987）会认为，Piaget 的建构论似乎把孩子描绘成一个独立求知的科学家，忽略社会文化层面对儿童发展与知识建构的重大影响。因此在近年来 Piaget 的理论不断遭受质疑，如 Fleer（2005）曾明白指出，让孩子在一个符合年龄或阶段发展的环境中从事自主性活动，即对孩子游戏采不干预的方式，已经被批评多年了。而这种放任孩子自由游戏的方式，在当代已逐渐转为教师与孩子共构游戏的思维与教学实务。

一、后发展主义对"自由游戏"的挑战

承第一章所言，近年来学界受儿童发展理论以外的诸多理论与实务所激发，例如后结构主义、后现代主义、女性主义、社会文化论等，共同汇聚成被广称为后发展主义的观点。它扬弃传统幼儿教育中许多奉为至上的观点，从个别孩童发展的关注逐渐转为社会文化的强调，也从教师无所不能无所不知转移至孩子拥有学习的主权。根据 Nolan 与 Kilderry（2010）所言，后发展主义的教育有以下五项特征。

（一）重新定调

教育者转移了一向以发展角度为幼儿规划学习经验的论调与立场，即远离了幼儿乃依阶段发展及学习的观点。重新定调的过程让儿童发展理论失去在幼儿教育理论与实务上向来优势的地位。

(二) 重新架构

教育者对孩子的发展与学习持有替代观点，例如后现代主义、社会文化论、批判论、后结构主义、女性主义、后殖民主义等。这样的重新架构让教育者透过一系列的理论视窗看待孩子的发展、学习与游戏，而非只从单一传统的儿童发展观点视之。

(三) 定位学习者

后发展主义的教学实务也定位了学习者与教师，认同孩子与成人在学习上的多元方式。教育者、儿童、社会以及社会与政治情势间是彼此互动的，逐渐变得较是一种互应、互惠的对等关系。

(四) 赋权

后发展主义鼓励教育者看待儿童在学习上是个能干的参与者。孩子被视为有权分享想法、表达意见，以及他们的教保需求应被听到。简言之，孩子是有权被公平、正义与平等地照护与教育的。

(五) 批判省思

运用后发展主义观点，教育者要批判性地省思他们的实务工作，且要承诺采平等与重人性的方式照护幼儿。批判性省思的内容包括传统幼儿教育的假定，例如幼儿学习中游戏的角色，以及游戏对儿童成长进步的效果等。

Brooker 与 Edwards（2010）曾借用 Nowotny 等人对于两类科学知识的观点——传统在同领域持续累积同质性的"第一类知识"，以及回应社会、文化与技术变迁在问题情境中所建立的跨学科、异质性的"第二类知识"，明白指出后发展主义游戏观点即是第二类游戏知识，有别于传统儿童发展与建构理论的第一类游戏知识，但是却补充了第一类知识。这第二类游戏观点考量游戏运用的特殊情境并据以建立知识，即他们认为在当代剧烈变迁的社会中，必须对游戏所发生的各特定文化与情境加以了解与解释，而非持续聚焦于游戏的本质自身，即游戏在各文化与情境中是如何运用的，例如，在各种特殊运用情境下，孩子对于教室中的游戏教学是如何回应的？以及在游戏中为促进各种概念的形成，教师与成人的角色为何？因此在后发展主义的浪潮下，许多曾在教育上被视为天经地义的，遂遭受质疑，在这同时，"社会文化论"被用来重新建构幼儿发展与游戏理论，自由游戏或自由选择游戏遂受到挑战，幼教实务界从最适合幼儿学习的"自由游戏"，逐渐转为需教师搭架与之共构。为更加理解后发展主义风潮与立论，以下举两项研究实例说明之。

Edwards、Cutter-Mackenzie 与 Hunt（2010）在一个幼教自由游戏的专业省思研究中指出，该位参与研究的教师在提供净水的各种过滤材料后，就放手并期待着幼儿能自动探索过滤概念，其后在行动中逐渐了解：在开放的游戏中让幼儿自由探索概念是不够的，它无法激化概念的学习，唯有当游戏是有意地为孩子的学习而架构，即运用游戏有目的地教学，才能让幼儿有意识地理解概念，例如，有意与持久地与幼儿讨论、适度的示范、说明等。也因为该参与教师在行动中逐渐地理解，使她能从开放自由的游戏中转为较有意图框架的游戏教学，导致改变她一向对自由游戏教学的看法。换言之，若欲让孩子达到高层次的理解或实现潜能，则有如"社会文化论"所强调，教师的角色必须改变成与孩子共同建构，支持孩子的学习。此一研究确实挑战了一向以来幼教界所持的黄金假定——开放自由游戏是幼儿最合宜的学习经验。

Fleer（2010b）在一项游戏实证研究中，观察参与研究的教师在户外准备了色水、塑胶容器、管子、漏斗、一系列有喷嘴的瓶子后，就静待幼儿在这些材料的激发下能自行玩出"物质混合"的游戏情节与获得物质混合变化的相关概念；结果孩子玩的却是药水治病与照护病人的扮演游戏，在游戏中探索了日常生活中的事件。在这个游戏情节中，教师是采取不干预的态度，因此孩子的游戏始终无法玩出教师所预期的"物质混合"目标。Fleer 则指出，若欲达到教师所意图的目标，另一个新的故事方向就必须被引入，例如教师可以说："这个药水没有效果，我们必须制作我们自己的药。"继而说："我们必须知道怎么混合不同的药物（不同物质）"，以牵引出物质混合的剧情。

具体言之，教师光提供游戏材料就坐等孩子去发现科学概念而不介入孩子的游戏，是不够的，如果教师期待借由游戏材料激发某一概念的学习，那么教学的组织或架构就必须先于孩子的扮演游戏，如介绍游戏材料。而当孩子重复某一游戏情节或无法达成教师所预设的目标时，教学介入也是必要的，如以上所举以孩子的想象游戏情境为基础，向外扩展新的故事线。也就是教师、孩子均扮演、想象与参与同样的游戏情节，在共享共构中让孩子透过游戏能将概念意识化，教师的鹰架角色在孩子的游戏中是很重要的（Fleer, 2010b）。

游戏可让孩子看见自己的日常经验，在游戏中，平日没有特别注意的一些概念会被孩子积极意识到（Fleer, 2010a, 2010b; Vygotsky, 1991），就像在前述药水治病与照护病人的想象游戏中般，生活中的服药经验被再现，"生病就该乖乖服药""药能治愈病况"等概念，被孩子清楚意识。所以教师若运用游戏做为形成概念的教学工具，必须着眼于孩子的"日常概念"以及所想要介绍的"科学概念"。重要的是，他必须观察孩子的游戏情境，了解孩子的日常概念与游戏情境，并由此产生"情境上的交互主体性"（contextual intersubjectivity）；当教师做到情境上的交互主体性时，他就更容易决定采用何种激发性活动,让孩子能积极专注地探索特定科学概念,达到"概念上的交互主体性"(conceptual intersubjectivity)的境界(Fleer, 2010b)。这样的论点驳斥了"孩子透过开放自由游戏或探索性游戏而学习"的观点,批判了"成人在孩子游戏中的不干预角色"的思维。

所谓交互主体性是一种共享理解(shared understanding)的状态,每一个对话中的参与者都试着努力理解他人的观点,这样的努力形成伙伴间思绪接触、联结与重叠的心灵交会状态(Berk, 2001);此种状态有如情侣神交"你侬我侬"般的境界,对方一个眼神、碰触或一个想法均能迅速被他方理解,因为彼此都在试图试探对方想法、满足对方的需求。而这交互主体性的境界是一个逐渐发展的历程,除建立在双方密切关系之上外,语言沟通扮演了重要角色,可以说语言是社会与个人内在心智间的重要桥梁(Berk, 2001),是一个主要的心智工具;它之于心智的作用,有如机械工具之于身体一般(Bodrova & Leong, 2007)。人类自小就是透过与他人交互主体的对话历程中,学到社会文化的精髓、知识与价值观,此一交互主体性实给予我们重大启示。

以上派典转移情形也反映在重要的幼教文件上,例如,第一章提及全美幼儿教育协会于 2009 年颁布的《适宜性发展幼教实务》(DAP),其实它最早颁布于 1986 年,其后则于 1996 年修订。较早的版本较着重于教学要符合孩子的现阶段发展,较未考量孩子的社会文化与未来发展,在广纳建言与研究文献后于 2009 年提出第三版,其教学决定的核心考量除原有的孩子发展与学习以及个别差异两项外,明白地加入孩子所处的社会文化情境;而另一核心考量则是提供挑战与可实现的经验,即有意图的教学,并明白列出鹰架幼儿学习的必要性,以促进孩子的发展与学习。

综上所述,不论在实证研究与重要文件上,幼儿教育时代趋势似乎走向社会文化论，认为教师必须高度关注孩子的自由游戏，并与孩子共构游戏，重新定义成人在孩子游戏中的重要角色（Wood，2010a，2010b）——在孩子自由游戏时，通过观察、提供材料与鹰架、参与孩子游戏等各种方式与孩子交心同融，让孩子清楚意识其日常概念，使之有机会转化与正式概念接轨，才能达到促进孩子发展与学习的目的。此一趋势与前篇论述游戏与课程关系时所发现的趋势——教师采取与幼儿共构的社会建构论精神，能为自发游戏与正式课程对立状态而解套，似乎不谋而合，两者乃相呼应。

二、社会建构论与鹰架

Vygotsky 社会文化论核心概念是：孩子与其周围社会情境共同铺垫发展的方向，参与社会生活能让孩子掌握新的、在文化上合宜的技能与行为（Berk，2001）。Vygotsky（1978）认为，高层次的心智功能源自社会与社会互动的结果，其发展乃经过两个层次，始于社会互动层次，终于自我个人内在层次；而在过程中，社会中的成人与孩童间必须创造共同的焦点即"相互主体性"或"共享的理解"，方能将知识、技能由社会互动层次移至内在心智层次（Berk，2001）。具体言之，社会文化论系指人类均生存于特定的社会文化中，通过语言对话、社会互动经验以及上述的交互主体进程，形塑人们的心智思维，可以说人类的心智源起于社会。的确，我们的认知源自社会化的建构与共享，从社会文化的活动与经验中萌发的，是情境化的（Berk & Winsler，1995），难怪东西方存在许多迥异的观点。

Vygotsky 又揭示了"最近发展区"的概念，为成人的鹰架引导提供合理的解释。所谓最近发展区系指：一个儿童现在的实际心理年龄层次，与他人协助下所表现的解决问题层次，两者之间的差距区域（Vygotsky，1978，1991）；意即在最近发展区段中的能力，是目前尚未成熟、仍处于发展历程中的能力。他认为运用最近发展区的概念，成人可以引导孩童向前发展，表现成熟与自主；教育的宗旨即在提供坐落于孩子发展区间的经验，这些活动虽具有挑战性，但却可在成人引导下完成（Berk, 2001）。在此论点下，教学不仅在符合儿童现有阶段的发展，而且也在创造儿童的最近发展区，提升其发展层次；换言之，好的教学唯有走在发展之前，唤醒并激发生命中正在成熟中的功能，即教学要针对未来而非过去（Vygotsky, 1991）。

综言之，人类的心智是在社会文化中发展形成的，而社会文化论在教学上的体现就是社会建构论。笔者曾归纳社会建构论具四项基本精神：知识建构、共同建构、引导鹰架、语文心智工具（周淑惠，2006），并试图以图形帮助理解（图5-1）。首先，社会建构论也如建构论般强调孩子建构知识的重要性，不过它更强调孩子的知识建构是在社会文化中透过语文对话与鹰架互动而进行的，基本上是与他人共构的。图5-1清楚显示（幼儿）个体是被社会文化情境所包围，以及社会建构论的四项重要特征。有关建构观点已在本章开头大致叙述，以下针对共同建构、鹰架引导及语文心智工具三项特征加以阐述。

(一) 共同建构

与周围社会文化中的人共同建构，是社会建构论有别于建构论的重要观点，幼儿园教师是幼儿最近的社会文化情境中最重要的影响者，在师生共同建构中，产生共享理解或心灵交会状态，让社会文化中的讯息观点转移至孩子内在心理层次。Bodrova 与 Leong（2007）指出，"运用共享活动"是促进发展与学习的重要策略之一，幼儿与成人、同伴的共享互动中，通过语文的运用（谈话、讨论、分享、涂鸦、绘画、书写等），得以心灵专注、思考清晰，并有调整想法的机

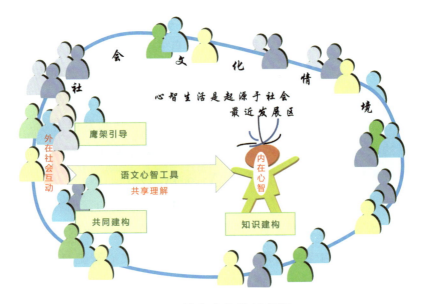

图 5-1 社会建构论示意图

会，是激发学习动机的重要社会情境，也是帮助幼儿提升最近发展区的一个非常重要途径。在此立论之下，教室变为"学习社群"，而社群中每一成员对于所有成员于探究过程中所正在萌发的共享性理解，均有明显的贡献（Palincsar, Brown, & Campione, 1993）。

（二）鹰架引导

社会建构论与建构论的教学，最大的不同点在于前者强调教师的鹰架引导角色，此乃因为孩童有最近发展区存在。Vygotsky（1991）主张教学唯有在发展之前，方能促进孩子的发展，而非坐等孩子能力成熟才予施教；Wood、Bruner 与 Ross（1976）则提出"鹰架支持"（scaffolding）譬喻，呼应 Vygotsky 观点：儿童有如营建中的建筑物，社会环境是支撑建筑物所需的鹰架，它支持儿童使其能持续建构新能力。例如，孩子不会骑乘脚踏车前就教导他如何骑乘，孩子在成人所搭构的各种鹰架协助下，着实超越了他目前的水平表现由不会骑乘至能驾驭自行车；这些协助策略有教导平衡策略、示范、扶持龙头或车尾、夸赞表现、在旁提示要点、中途偷偷放手等，可见成人引导、协助对幼儿学习的重要性。

以上鹰架的概念和 Tharp 与 Gallimore（1995: 8）基于 Vygotsky 理论与最近发展区概念，定义教学为"在与专家共同活动的见习中，被协助的成就表现"（assisted performance），并指出教师在教学过程中要提供回应与协助性的"互动"，诸如示范、反馈、讲示、提问、权变管理、提供认知上的组织架构等，二者间其实极为类似。简言之，鹰架乃为教学的重要成分，是师生间的互动方式（Berk & Winsler, 1995）；在成人与儿童共同建构的互动行动中，教师运用各种策略为儿童搭构学习的支架，以帮助儿童发展或巩固能力、向前跃进，名副其实是一种被协助的成就表现。

（三）语文心智工具

语文不仅是沟通表达的工具，而且有利我们做逻辑思考与学习，使人类有别于其他动物（Vygotsky, 1991）；简言之，语文是一项重要的"心智工具"（Bodrova & Leong, 2007）。语文的运用包括听、说、读、写、涂鸦、绘图等，书写语文是高层次的思考，让思考更清晰、有顺序地呈现；口说语文可以与人沟通思绪，当成人与孩童共同生活与工作运用语言时，语言就成为将孩子内在心智与文化情境观点融合的一项有力的协助工具（Berk, 2001）。若语文是心智工具，言谈对话（discourse）则是教师为儿童搭构鹰架、引导学习的核心内涵；Bodrova 与 Leong（2007）曾指出，言谈即是鹰架，在师生共享活动中双方交流进行"教育性对话"（educational dialogue），即能提升儿童的心智功能。

上篇提及在幼儿教室中，游戏与工作经常被视为是对立状态，导致游戏边缘化或沦为下课娱乐，而不少学者基于社会建构论提出师生共构游戏的观点，来为实务上的两难状态解套，例如，Rogers（2010）指出，应将游戏教学视为一个协商的实务，让成人与儿童间共同建构，或许有利于克服游戏与工作两元对立的状态；Smidt（2011）也认为，孩子应拥有游戏的主权，课程宜浸润在孩子的游戏中，教师是游戏伙伴伴随着孩子共构游戏。Wood 与 Attfield（2006）更认为，社会文化论很适合发展游戏教学法，他们提出具四阶段框架的共构游戏课程：以前一游戏成果为基础的"计划"，"组织"资源、时空与活动，呈现成人启动的活动与追随孩子启动的活动的"执行"，以及"评量、文档记录与评估"课程；而整个游戏课程是在成人意图与孩子想法间保持平衡点，以及也在游戏与工作间保持平衡点（Wood & Attfield, 2006）。

社会文化论不仅很适合发展游戏教学，解决游戏与工作两极对立状态；而且在坊间教学实务上，也并非皆是"适宜性发展的游戏"（developmentally appropriate play），只有在教师负起规划与促进幼儿游戏之责，方能臻至适宜性发展、高品质游戏的境界（Copple & Bredekamp, 2009; Gronlund, 2010）。诚如在《适宜性发展幼教实务》中明白指出，如果幼儿正发展着对其自律与认知、语文、社会/情绪等有所裨益的成熟戏剧游戏，那么教师积极地为孩子搭构鹰架支持是极为必要的（Copple & Bredekamp, 2009）。其实不仅是扮演游戏，其他游戏亦是如此，教师在幼儿的发展与学习上实扮演重大的角色。至于教师如何扮演角色与搭构鹰架，将于下一章深入探讨。

本节小结

后发展主义的兴起挑战了自由游戏，使得派典转移至社会文化论并反映在幼教研究与重要文件上。无可否认的是，人类心智源起与发展于社会文化中，与周围社会互动是成长与学习的不二法门；而针对幼儿的最近发展区，教师的鹰架引导可提升游戏层次，进而可促进幼儿发展。在另一方面而言，实务工作者采用社会文化论与幼儿共构游戏，可解决游戏与工作两极对立态势；种种现象显示，教师在游戏中与幼儿共构建立交互主体关系，有利实现高品质游戏与提升发展水平，社会建构论俨然已成为当代幼儿教育的趋势，以及为幼儿游戏请命的良方。

第二节 教学互动的基石：观察与记录

在亲师生共构中，鹰架引导是必要行为，而观察幼儿游戏是教师搭构鹰架、介入游戏的先决条件；因为没有观察、记录与分析孩子的游戏行为，教师无法了解游戏的脉络与发展，鹰架行为难以凭空而降，游戏品质遂不得提升，教师也无法借以反观自照、改善教学。而记录与分析幼儿的游戏状况，具体提供孩子在幼儿园中的学习与进步状况，是园家互信、沟通的重要媒材，也是亲师生共构的基础。因此本章旨在介绍观察记录的重要性以及各种观察工具与方法，以利丰富游戏内涵、改善教学，并做为与家长沟通的重要桥梁。

一、观察与记录的重要性

笔者深深认同于 Devereux（1997）所提三项观察孩子游戏的理由，第一项理由是观察可以提供有关孩子能力的"形成性证据"——在系统观察中更加了解孩子发展中的能力、持续的兴趣与情性，逐渐建立孩子学习与发展的图像，以做为未来行动的依据。第二项观察孩子游戏理由是，观察得以让我们意识到自己的信念与价值，更加觉察它对所见的诠释与影响，因此建立团队伙伴关系，从多面角度来检视与帮助孩子的学习，尤其是家园关系，则显得相当重要。而第三项观察孩子游戏理由是教师搜集孩子能力的观察记录，得以提供家长、园长以及其他外来机构有关孩子进展的证据。也就是说，正因为有观察记录，让我们更加意识到提供多元、客观学习记录的重要性，也方得以提供充分的学习证据给最关心孩子状况的家长，并进而取信于家长。

Bennett 与 Kell（1989，引自 Wood & Attfield，2006）的实证研究发

现，要达到好的游戏品质，不仅必须有充足资源、高层次的教学技巧与组织能力，而且还要有时间与技巧去观察、评估与解释孩子的游戏行为与活动；可见观察、记录游戏与教学同等重要，对了解孩子、提升游戏品质与改善教学是不可或缺的。再加上以上Devereux之见，观察与记录实可提供学习证据，进而取信家长与相关人等，有利办学。

就此笔者以为Wood与Attfield（2006）所言甚是，游戏在幼教实务界失掉其地位与可信度，除源自社会大众持"工作与游戏两极对立"的观点外，特别是与"难以获得孩子在学习中进步的证据"有所关联。其实游戏提供孩子概念、技能、情性等各方面发展的视窗，游戏即一评量工具（Hoorn et al., 2011），关键在于如何善加利用时间与精熟观察方式与技巧。无可否认地，幼儿园有如一艘船，家长犹如海浪水，是幼儿园任何创新行动的载舟、覆舟力量，尤其是私立幼儿园，取信家长是生存之道，也是游戏教学得以无碍落实的重要关键，因此观察与记录有其重要地位。

游戏即评量工具，在游戏中评量孩子相对于标准化评量，其实是比较具有"可信度"，因为它是基于多次的观察，而且是在孩子熟悉的游伴与材料下进行的，不像标准化评量一样一学年仅有少数一两次，而且是在孩子不熟悉的材料与情境中实施；此外，游戏观察也较具有"效度"，因为它是在孩子真实的游戏情境下评量的，如在孩子堆积木与拼贴中评量孩子的空间概念，而非以纸笔测验较为间接的方式（Hoorn et al., 2011）。

综合言之，观察与记录游戏是了解孩子发展与学习状况的窗门并进而调整鹰架、改善教学的利器；更重要的是，它在真实情境中评量，不仅较具有信、效度，而且也提供孩子学习进展的资料与证据，尤其是对幼儿园举足轻重的家长，是获得家长信任并建立亲师生共构基础的重要平台。因此，无论是教师或是园方均须重视游戏观察记录。

二、观察记录的方式

综观游戏的评量方式有量性取向的观察，如各种游戏观察检核表，也有质性取向的轶事记录、文档记录等，甚至有质量并重结合量表观察与访谈的方式。兹一一叙述如下。

(一) 观察检核表

所谓检核表（checklist）是一份已经具有各类游戏行为的观察表格，采时间取样法，观察者只要在观察时段打勾画记观察对象当下所发生的游戏行为类别，并于事后统计某位幼儿所有游戏行为发生的次数与百分比，以显示该位幼儿的某种行为发生比例；或是统计全班幼儿所有游戏行为发生的次数与百分比，以显示该班幼儿的某项行为发生比例。因此相较于文字描述、具情境脉络性的轶事记录，是颇为方便且省力，可做系统性观察的观察方法，但是却缺乏情境可参照，无法深入理解。以下介绍两类量表。

1. 社会/认知游戏量表

社会/认知游戏量表（social/cognitive play scale）是目前较为常用的游戏观察量表，其实是经过一段时间发展而成的量表，其最后形式是由 Rubin、Watson 与 Jambor 于 1978 年所确立，具有 12 类型的游戏行为以及外加非游戏活动行为。它在历史进程中结合了 Parten 的 "社会参与游戏量表" 及 Smilansky 改良自 Piaget 的 "认知游戏量表"，并将 Parten 的社会游戏类别稍加修正，使得游戏行为的社会性与认知性两个面向均得以被观察评量。以下解释此一量表的演进历史与内涵。首先 Parten 的 "社会参与游戏量表" 有以下六大类游戏行为：

无所事事行为	平行游戏
旁观行为	联合游戏
单独游戏	合作游戏

　　而游戏大师 Smilansky 改良自 Piaget 的"认知游戏量表"，有以下四大类游戏行为：

功能游戏	建构游戏
戏剧游戏	规则游戏

　　在第一章论述游戏行为的发展时，已经依文献分别解释以上四项认知观点游戏行为与六项社会观点游戏行为，故在此不再赘述。其后 Rubin 等人（1978）将 Parten 的联合游戏与合作游戏并成群体游戏，将无所事事与旁观行为独立出来，使得三大类"社会层次游戏行为"单独、平行与群体，以及四大类"认知层次游戏行为"功能、建构、戏剧与规则，交织成三类乘四类共十二类别的游戏行为；并且外加无所事事、旁观与转换行为，以及属于较为学业取向的非游戏活动类别，共同组合成"社会/认知游戏量表"。这数类游戏行为是：

单独—功能	单独—建构	单独—戏剧	单独—规则
平行—功能	平行—建构	平行—戏剧	平行—规则
群体—功能	群体—建构	群体—戏剧	群体—规则
其他：无所事事、旁观、转换、学业取向、非游戏活动			

　　因此我们可以根据观察目的，弹性运用以上这三组量表，例如，

若观察的目的是孩子的社会行为面向，则可采用 Parten 的原始量表；若观察的目的是孩子的认知面向，则可采用 Smilansky 的原始量表；当然若欲毕其功于一役，则可采用 Rubin 等人所统整改良的"社会/认知游戏量表"，而以上三种量表均是采时间取样法观察。

在实际观察前，必须先绘制 3×4 距阵十二类型行为表格，以及填入如上述四类其他非游戏活动行为，将表格编号写上幼儿名字（一位幼儿一份表格），然后按顺序观察；每观察一位幼儿时间是 15 秒，在观察表上行为类别处画记所观察到的行为，再将该张观察表放到整叠后面，再进行第二位幼儿的 15 秒观察、画记、放整叠后，如此反复直到所有幼儿都观察完，就可进行第二轮的循环观察（Johnson et al., 1987, 2005; Rubin et al., 1978）。当每位幼儿被观察二三十次后，简单的统计次数或百分比即可看出每位幼儿游戏行为的形式与倾向或全班每类游戏行为的比重。当然也可以针对拟欲研究的标的幼儿持续观察每类行为后，再整体加以统计，以了解该幼儿的游戏行为状况。

以上观察资料可以帮助教师、家长了解幼儿的发展，所谓"数字会说话"也。举例而言，若发现五岁幼儿从事单独功能游戏的比例很高，并且常无所事事，或旁观他人游戏，即显示此位幼童的社会性层次有待强化，教师适当的鹰架介入，引导其加入团体，是必须的。再如四五岁幼儿是群体戏剧游戏发展的高峰期，若是某位五岁幼童几乎很少出现群体戏剧游戏形态，这也是该介入引导的时刻了。

2. 社会戏剧游戏量表

"社会戏剧游戏量表"是游戏专家 Smilansky 专门针对社会戏剧游戏所研发出来的观察量表，她认为高品质的社会戏剧有六个要素：角色扮演、玩物的假装、动作与情境的假装、持续进行、社会互动、口语沟通（Dodge & Colker, 1992; Smilansky & Shefatya, 1990）。这六项要素确可做为判断游戏是否成熟或臻抵高品质的重要指标，已在第三章论述，此处仅简要列出如下。

（1）以模仿扮演角色

这是戏剧游戏或社会戏剧游戏最基本元素，是指小孩担任一个角色，并通过模仿的行动或话语，来表达该角色。

（2）与物体有关的假装

孩子以动作或口语宣称及（或）以不像物体的东西来替代真实的物体。

（3）与行动与情境有关的假装

孩子以口语描述或宣称及动作或手势来代替行动或情境。

（4）角色扮演的持续性

孩子专注于戏剧扮演中，持续扮演一个情节中的角色或主题至少一段时间。

（5）社会互动

此为社会戏剧游戏的核心，至少有两位小孩涉入所扮演的戏剧剧情中，而且彼此在剧情扮演上有所关联互动，影响剧情的发展，增加了认知与社会面向的复杂性。

（6）口语沟通

系指社会戏剧扮演成员对于剧情的发展有一些口语互动发生，如沟通情节的转换、规划剧情或指导他人。

在实际观察时，需将以上几项社会戏剧游戏的要素做成观察表格，也是采时间取样观察，画记所观察到的行为，并按幼儿行为表现层次 [由最低层次（完全无呈现该项行为）到最高层次（充分表现该项行为)]，加以计分（分别为 0 分到 3 分），最后加总统计每项得分，就可看出幼儿缺乏哪些社会戏剧游戏的要素。若是幼儿到五六岁还缺

乏多项要素，教师则必须提供鹰架以助幼儿发展社会戏剧技巧。兹举
"角色扮演" "与物体有关的假扮" 两项要素的几个表现层次与计分
说明如下（吴幸玲，2003）。

【角色扮演】

0分：完全没有角色扮演。

1分：只扮演主题内的基本角色，只有语言或动作一项呈现方式。

2分：

      （1）只扮演主题内的基本角色，且有语言与动作两项呈现方式。

      （2）扮演主题中较专业、精致、独特角色，只有语言或动作
          一项呈现方式。

3分：扮演主题中较专业、精致、独特角色，且有语言与动作两项
呈现方式。

【与物体有关的假扮】

0分：没有对物体有任何的想象替代。

1分：以外观相近的物体来替代原物。

2分：以其他形状相似物品来替代原物。

2.5分：以其他功能相似物品来替代原物。

3分：用言语或动作来代表原物。

（二）轶事记录

轶事记录（anecdotal notes）是形式比较简要的质性观察记录，描

述游戏事件发生情形,真实记录游戏中所见与所闻,因此相对于观察量表,在现场观察记录时,是比较费力的,但却提供生动的情境脉络,有助于教师深入理解行为的来龙去脉。

轶事记录的目的在于了解幼儿行为与其产生的情境,因此在记录时可以从数个角度去描述,这几个角度都是英文字母 W 开头的问题内涵(黄瑞琴,2001;Devereux, 1997):

> **【轶事记录】**
>
> 是谁(who):所观察的主角、游戏者、行为者。
>
> 与谁(with whom):和谁有语言或肢体的互动。
>
> 何时(when):日期与时间。
>
> 何处(where):发生地点、游戏角落与情境。
>
> 做什么事(what):肢体动作、从事何事与使用什么材料。
>
> 说什么话(what):语言或对话内容。

教师在进行轶事记录观察前,可将可黏贴的便利贴纸或者是可以装订成册的分类小卡片放在随身口袋或是学习区(角落)的明显处;依据以上几项记录重点迅速写下观察所见,如果当时不方便记载,教师可以于事后尽快写下比较详细的"观察花絮"(vignette)(Johnson et al., 2005)。教师在教学活动中必须扮演共构角色与搭构鹰架,也须在参与观察与非参与观察间记录幼儿游戏状况,的确是相当辛苦,尤其在参与观察后必须马上速记观察情节。但是观察记录的效用与魅力,对于一个关心幼儿发展与游戏状况的教师而言,绝对是无法抵挡的。

【5/24，10a.m.，积木区：圣方、梅君、汪达、云知】

圣方用积木围出一个空间，坐在里面，两手做出开车状，并发出嘟嘟声。戴着白纱巾的梅君对着圣方说："假装我是新娘子，我们要去结婚。"梅君接着说："新郎！你是新郎好吗？快点！来扶我上车。"圣方用手扶着新娘，作势掀起长婚纱礼服上车后，在旁观看的汪达顺势补位，坐在前座说："新娘车来了！让开！让开！要去教堂结婚啰！"旁边的云知跟着起哄："新娘来了！新娘来了！'新娘水当当，裤底破一坑（闽南语）！'"。

　　轶事记录的便利贴与小卡片累积后，数量相当可观，它具有形成性，可提供信息做为未来规划教学的参照，然而它也需具总结性，即书写孩子的进展报告，以做为向家长与他人沟通之用；因此为让这些观察记录有效不致流失，发展一个可管理的档案系统是很重要的，无论是档案夹、归档袋等皆可（Devereux，1997）。通常已经记录过的便利贴与小卡片在整理与复制后（如某张记录涉及三位幼儿，就复制三份），教师可以为每位幼儿制作一份大的观察分析表，即将某位幼儿的数张小记录贴在大型纸张上，再加上暂时性的解释与评论及所拟定的鹰架策略，并且持续地观察、记录，循环不息。随后可以放入幼儿的个别档案中，以供随时检视（黄瑞琴，2001）。而在每天结束，教师伙伴间可分享这些观察，澄清疑惑并采取及时措施。

　　在观察孩子的游戏时，除了以上几项观察重点外，笔者以为亦可辅以上 Smilansky "社会戏剧游戏量表"的六项观察计分要素：以模仿扮演角色、与物体有关的假装、与行动与情境有关的假装、角色扮演的持续性、社会互动与口语沟通；也就是不再计算六项观察要素的分数，而是把这六项社会戏剧游戏的要素当作观察指引，针对每一项以文字做质性的描述，更可看出孩子游戏的全貌。

(三) 档案评量

档案评量方式可以说是目前搜集孩子在游戏中的进步情形最常被谈到的策略，也广在各层级教育中被讨论 (Hoorn et al., 1993)，是一种储存与展示孩子游戏过程所有学习的相关记录档案，可以包含以上的轶事记录分析、观察量表统计结果、活动照片、活动VCD、孩子的涂鸦、作品、孩子自己的省思等。简言之，它是以档案资料做为评量基础的一种方式。

大体而言，每个小孩拥有一份档案，也可以有整组幼儿的档案，或是全班进行某个主题的档案。它有两种形式：一是"工作档案"，另一是"展示档案"。工作档案系指还在进行中的档案，里面存放孩子至今仍在进行中的各种资料，如画图作品、照片、观察记录等；而展示档案是指经过选择的、最能够说明孩子成长与学习的资料，有时也会让孩子自己选择展示档案的内涵 (郑英耀、蔡佩玲译，2000)。

档案评量第一阶段很重要的工作是要准备搜集资料的工具，包括照相机、摄影机、录音机、观察笔记、观察小便利贴或观察表等，以及确定放置原始资料或搜集而来各种资料的储放档案或空间。其次第二个阶段是实际进行文档记录搜集，可以通过拍照、录像、观察、记录、搜集作品或与孩子讨论概念网络图等方式搜集各种资料 (李郁芬译，2001)。最后所搜集到的各种资料必须有系统地管理与存放，在一段时间后，还要仔细筛选适合放到展示档案中的资料，以呈现幼儿的进步与成长。至于档案记录夹呈现方式可以是以人组织档案，如个别幼儿档、小组档案等 (图5-2a、图5-2b)，或以不同作品与表现组织档案，如对话档、画作档等，或以各个不同主题或方案组织档案，如"小机器大惊奇"主题档案、"交通工具"主题档案等。

图 5-2a 档案记录夹：评量记录与活动记录

图 5-2b 档案记录夹：小组档案与个别档案

综合上述，档案评量实具有数项特性：显示一段期间游戏/探究轨迹的"历程性"、师生均可参与建构的"开放性"、可以做前后进步与变化的"比较性"、表现脉络与细节的"整体性"、叙说游戏/探究轨迹与进展的"沟通性"。可以说档案评量是组织游戏评量资料、显示孩子在一段时间内的成长与学习的最佳方式（Johnson et al., 2005）。

(四) 文档纪录面版

文档纪录面版（documentation panels）是源自意大利瑞吉欧幼儿园的独特评量机制，非常注重教学与学习历程中孩子的表现，属于过程评量的一种，是"形成性评量"的极致典范（周淑惠，2009）。它系指持续观察与搜集幼儿于游戏/探究历程中的各种表征与学习资料，例如，活动中的对话、行为表现、建构作品、画作照片等；然后经分析、省思、同伴讨论，进而提出诠释，甚至是疑惑与预测；最后则是以面版方式张贴呈现（有些幼儿园则弹性变通为立板、小册或档案）（图 5-3a~图 5-3d），以做为学习与教学改善的整体循环历程。

文档纪录面版的本质就在于评量幼儿的学习状态，通过教师的省

图 5-3a 文档纪录面版

图 5-3b 文档纪录面版

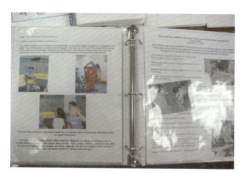

图5-3c 文档纪录面版(变通为档案夹) 图5-3d 文档纪录面版(变通为小册)

思、诠释、讨论与展示,使其价值更加扩增,让整个学习历程与孩童所用策略鲜明可见(Rinaldi, 2001)。可以说文档纪录面版最大特性是具有呈现孩子表现与成果的丰富细节,可让他人理解所记载的行为背后是具有意涵的,例如,于活动、作品图片、幼儿话语旁加注老师的注解,说明整个活动或画作是如何完成的,帮助他人思考与了解幼儿的想法与整个方案的进程与转折(Forman & Fyfe, 1998)。

文档纪录面版独特与有价值之处是必须加上老师的省思、疑惑与预测,在与同事讨论后,做为改善教学的依据,所以它既是评量也是教学改进机制,统整了教学与评量。无疑地,教师投入时间审慎地制作文档纪录，是瑞吉欧幼儿园课程与教学实施的优先要务，也是许多采用此种教学形态幼儿园的重要工作，对一个成功的方案式课程是很重要的（Forman, Langley, Oh, & Wrisley, 1998）。经笔者进一步分析，文档纪录面版实具有诠释、探究、历程、共构与沟通等五项特性（周淑惠，2009），兹分别叙述如下。

1. 诠释性

文档纪录不仅客观地呈现事件，而且也努力制造意义，提出分析者对这份文档所赋予的重要意涵与其所察觉的问题。文档纪录在展示时，老师一定要对资料（图片、作品、转译的对话与行为等）提出注解、诠释，说明此份资料的意涵（幼儿行为或表现的意义，或者是教师行为的意义）；它吸引人之处在于伴随着资料搜集与呈现下，提供他人丰富的问题、疑惑与省思，即文档纪录的观察、记录、解释是螺旋交织的，无法彼此分离（Rinaldi, 2001）。如图 5-4a、图 5-4b 所示，文档纪录内容不仅有对话，而且有老师的注解，甚至提出省思、疑惑与预测，以供接续的教学对话或验证调整用，文档纪录实具有诠释性。

图 5-4a 具诠释性之文档纪录面版　　图 5-4b 具诠释性之文档纪录面版

2. 历程性

文档纪录是持续进行的，不是最后的报告，搜集的档案或展示只是帮助记忆、评估或建档而已，在瑞吉欧是整个"弹性企划教学"（progettazione）的一部分（Giudici, Rinaldi, & Krechevsky, 2001; Rinaldi, 1998, 2001）。换言之，文档纪录是伴随教学历程持续且循环进行的，在一边记录，提出个人诠释、疑惑或预测下，一边微调教学，再观察、记录以验证疑惑或预测，如此生生不息，因此文档纪录具有历程特性。另一方面而言，教师在做文档纪录时，通常会搜集幼儿于一个方案不同阶段的画作或对话等，加以并列陈示，以收比较幼儿于方案历程中进展之效。

3. 探究性

因诠释与省思是文档纪录的基本要素，它无疑是教师对幼儿学习与其自身教学的研究，不仅可回溯过去学习情境，而且也能创造与投射未来展望，是一个促进学习的工具，也是改善教学的工具（Giudici et al., 2001）。进而言之，当教师建档记录幼儿的天真理论或想法，提出诠释、疑惑与预测时，会试图于接续的对谈与教学中改进其对话内涵或验证其想法，而幼儿经过对谈后可能会修正其原有理论，教师则持续记录分析之，如此循环不已，可以说是一项研究报告（Forman & Fyfe, 1998）。也就是说，记录能让教师与幼儿的学习过程对话，保持幼儿不断地学习，同时也从幼儿学习中获得教学相长的经验（Rinaldi, 1998）。简言之，系统性的记录让每位教师成为研究者，即对课程设计与学习产生新想法的教师（Edwards, 1998）。

4. 共构性

文档纪录显现共同建构的特性，是瑞吉欧幼儿园协议式、共构式学习的核心（Forman & Fyfe, 1998）。它的共构性显示于记录分析与诠释后必须与他人讨论，共建幼儿学习与教学的知识（图5-5）。可以说文档纪录历程在创造一种许多声音可以参与及可被听见的文化，通过它，多元观点可以被检视与分析（Nutbrown & Abbott, 2001）。另一角度言之，所有纪录的呈现都只是局部的发现与主观的诠释，教师之间的观察一定会有差异之处，而且不同工具的使用会产生偏差，所以教师必须与他人，尤其是同事们共同讨论与重新解释纪录（Rinaldi, 1998）。在 Rubizzi（2001）"记录文档记录者"一文中，清楚可见三位老师是如何观察、密切讨论与诠释的，即为共构性的明证。

图5-5 具共构性的文档纪录面版

5. 沟通性

随着主题的进展，教室与园所廊道中张贴着丰富的文档纪录面版，它不仅向家长与社会大众沟通孩子的学习状况，使其了解幼儿园与教学；同时也在向孩子沟通目前主题的进行轨迹，提供幼儿与过去学习对话的机会，让学习得以延伸或统整；当然文档纪录也在沟通教师对幼儿学习的重视，激励幼儿持续探索，看中其自身的学习。

正因为文档纪录具有诠释性与沟通性，张贴在课室里外明显之处，让课室里幼儿的游戏/探究鲜活地呈现于家长面前，这是关心幼儿学习情形的家长所最需要的信息。

本节小结

档案评量呈现孩子所有的学习轨迹，是显示一段期间内孩子进步的最佳方式；而文档纪录面版则是持续针对学习与教学做深入分析，是共构式学习的核心，且具诠释性与沟通性，不仅达评量目的，而且也达改进教学双重目的。而以上两者均将孩子的学习清晰地呈现在家长面前，一个偏向广度呈现，一个则较为深度分析，实可交织运用。最后，除以上检核表、轶事记录、档案评量与文档纪录面版四类重要观察方式外，有时可以运用摄影机拍摄，然后剪辑关键镜头编串而成纪录影片，或者是辅以访谈幼儿的方式加注于任何观察纪录之上。综言之，各种观察纪录方式均可交相为用，以达互补共阐学习实况与进展的目的。

研 讨 问 题

一、何谓语文心智工具？它在社会建构论中的角色为何？请举实例说
　　明游戏课程中可以如何运用语文心智工具？

二、请根据本章文档纪录面版的特性，说明其实际运作的步骤。它与
　　一般教学活动花絮报道有何不同？

三、档案评量与文档纪录面版有何异同？

第六章 教师在游戏课程中的角色（Ⅱ）：鹰架与实务

承第二篇游戏与课程关系的论述总结，游戏应为学前课程的核心，在与幼儿协商共构下保持师生权力间的适度平衡，可为游戏与课程对立状态解套；依据前章社会建构论及针对幼儿最近发展区的存在，教师应与孩子共构游戏并搭构鹰架，引导其玩出有深度的游戏，以提升幼儿的发展。因此本章基于社会建构论，着眼于教师在幼儿游戏中的互动实务，第一节提出教师角色与鹰架模式，用以作为教学实践的参考，进而在第二节举实例论述此模式在各类游戏情境中的运用——象征、规则与角落游戏。

第一节 教师在游戏中的角色与鹰架

根据社会建构论，教师在幼儿游戏中要扮演伙伴角色与幼儿共构，从中搭构鹰架予以引导，本节首先论述各家学者所认为幼儿游戏中教师的角色与鹰架，继而归纳文献并依据笔者的实务观察与研究，提出基于社会建构论的游戏角色与鹰架模式。

一、教师角色

前面章节指出，无论是教师启动的游戏课程还是孩子启动的游戏课程，都尽量要在教师主导的经验与孩子引领的经验间保持平衡状态。然而不管是教师主导还是孩子引领的学习经验，都必须有赖教师通过提供符合孩子需求的经验，负起激发与支持孩子学习与发展的责任（Copple & Bredekamp, 2009）；更何况教师还必须视各种情境设法平衡师生间的主导权，可见，教师在幼儿游戏情境中实扮演重大角色。以下举中外数位学者论述的游戏中的教师角色予以说明。

Wood 与 Attfield（2006）认为，社会文化论很适合发展游戏教学法，在整合孩子自发与成人设计游戏的共同建构理念下，他们提出多层次互动的教师角色：设想孩子自发与教师启动活动的弹性规划者；知道如何观察记录的有技巧观察者；尊重孩子意义与游戏架构的好的倾听者；以玩兴抓取孩子肢体语言的好的沟通者；以热情与孩子互动并影响孩子的互动激发者；监管安全与公平公正游戏机会的监管者；知道何时涉入、如何涉入与涉入目的的敏锐与弹性的共同游戏者；作为一个通过探究孩子游戏来改进教学与专业的研究者。总之，成人启动与孩子启动的游戏均能提供想法与兴趣，不过成人的互动与介入必须配合孩子的游戏情境与状况，尊重孩子的剧情发展与游戏精神。

Hoorn 等人（2011）指出，教师在以游戏为核心的课程中居关键角色，必须运用多种策略去精心安排从自由游戏转向引导与指导的游戏，再到较为学科内容取向的教学，并回归至孩子自由游戏的流程。这绝非是一个自由放任的课程，需要教师仔细规划与准备，也需要能享受自然浑成、积极投入与创意的具有反思与分析力的教师。可见以游戏为核心的幼儿教育中，教师的角色何其重要。而教师在扮演各项角色时，必须运用四项原则来支持孩子顺利进行游戏：（1）采用符合孩子发展与观点的经验与材料；（2）教师必须游走教室敏锐地观察与记录；（3）教师随时注意孩子在各种游戏中所建构的意义；（4）教师是善于组织环境与时间、计划经验与材料，让孩子在游戏中建构知识的舞台管理者。

以上四位学者继而指出，教师在游戏课程中必须扮演"准备舞台"与"互动引导"两大角色并运用策略于各类游戏中。准备舞台角色是比较非主导性地准备孩子游戏的舞台，它与课程计划携手并进，例如，安排环境空间、操作材料、每日作息、延伸经验等。互动引导角色则包含从仅在旁协助孩子到直接教导孩子游戏的许多不同指导程度的子策略，诸如在旁助理的艺术学徒、协助孩子解决冲突的和平制造者、协助孩子进入游戏的守门者、在旁使用同样材料但没有与孩子互动的平行游戏者、以有兴趣旁观角度给予游戏内容一些意见的旁观视察者、扮演角色参与孩子游戏的参与者、有意媒合配对孩子游戏的配对媒介者、帮孩子叙写口说剧情并添加情节的故事讲述者，再到较为主导的游戏教导者等。

推崇 Goouch 的游兴教学（a playful pedagogy）的 Smidt（2011）指出，孩子拥有游戏的主权，课程必须浸泡在孩子的游戏中，顺着孩子的兴趣走。在此教学取向之下，实务工作者必须做到以下三点：（1）回应的：注意孩子的兴趣与关注点及与孩子对话的适当切入点；（2）交互主体性的：感知孩子的关注与感觉，尊重孩子使其发展与教师间的双向关系；（3）互动的：在孩子游戏时与其交融，遵从游戏中孩子的领导。这回应者、交互主体者与互动者勾勒出伙伴共构的一个整体角色意象。

Sluss（2005）指出，教师具有多元面向角色，她将教师角色统整成预先规划与组织游戏，到观察游戏接着是指引游戏，再到评量游戏的动态螺旋循环的四个大步骤。首先预先规划与组织游戏包含计划时间、空间、材料与准备经验；其次观察游戏可以了解孩子与游戏全貌，以及提供教师鹰架切入点；而指引游戏包含数种子角色或策略：在旁平行游戏、与幼儿共同游戏、教导幼儿游戏、现实代言人、游戏架构外如打人行为的介入；至于评量游戏乃指老师以文档纪录方式搜集孩子的游戏（学习）状况，因为游戏提供持续的与真实评量的机会。

Johnson 等人（2005）指出，游戏中的教师有多种角色，有如连续体般从最左边的毫无涉入者、观察者、舞台经理、共同游戏者、游戏领导者，到右边的主导者或重行指导者，而比较位于中间的观察者、舞台经理、共同游戏者、游戏领导者，是较为有效、能丰富儿童游戏的角色。Isenberg 与 Jalongo（1997）亦认为，教师在幼儿游戏中应扮演多元角色，诸如充分了解游戏进行的观察者、延伸游戏的共同合作者、预先计划时空的规划者、回应游戏现况与需求的回应者、参与游戏并示范特别行为的楷模示范者、协调幼儿争执与问题的中介者，以及管理环境与材料的安全监控者。

台湾学者陈淑敏（1999）针对成人在幼儿游戏中所扮演角色，提出时间规划者与掌控者、空间规划者与情境布置者、玩物提供者、先备经验提供者、游戏行为观察者、游戏活动参与者及游戏活动引导者等七项角色。黄瑞琴（2001）认为为了鹰架（引导）幼儿的游戏，教师的重要工作包括：观察幼儿游戏；增添、介绍与协助操作材料的材料支持；发问与建议的言语支持；与幼儿平行、共同游戏及教导的参与幼儿游戏。所以教师角色为观察者、提供材料者、语言鹰架者与参与者。当幼儿游戏扮演出现问题时，例如，不能自行扮演，或是难以互动扮演，以及情节重复或中断时，教师须扮演教导介入角色，以引发新的游戏情节；而介入的方式包含角色的扮演、物体的扮演、行动与情境的扮演、直接互动、口语沟通（含扮演沟通与后设沟通）等，让游戏情节持续下去。

综上所述，可见教师在以游戏为核心的幼儿课程中的角色是多元、复杂的，从教师较为主导状态到较宽松的幼儿主导状态，呈连续体程度性差异。而在各类角色扮演中，搭构鹰架是主要的工作，有如 Isenberg 与 Jalongo（1997）所言，当我们检视游戏情境中的教师角色时，鹰架就显得特别重要，兹论述如下。

二、鹰架引导

游戏本身就具鹰架情境，诚如前面章节曾提 Vygotsky 所言，在游戏中可以创造最近发展区，孩子的表现可能超乎平日所为。研究又显示，当成人在游戏中支持孩童，孩童的游戏会变得更丰富、复杂与精致（Smilansky & Shefatya, 1990），也就是更成熟、有品质（Bodrova & Leong, 2007）。全美幼儿教育协会则指出，教师必须挑战幼儿并为其学习搭建鹰架，让孩子能超越现阶段能力，鹰架是有效教学的关键特征（Copple & Bredekamp, 2009）；Tharp 与 Gallimore（1995）也指出，教学应视为被协助的成就表现，因此回应与协助性的互动应成为教师的主要地位。综上可见游戏对孩子发展具重要性，而鹰架引导或是回应与协助性的互动是幼儿游戏教学的核心与重大任务，因此为促进孩子的发展与学习，教师在幼儿游戏中，应配合所扮演角色适当地运用鹰架策略或协助性互动，让游戏更加成熟与有品质。以下举数位学者有关鹰架的内涵说明之。

全美幼儿教育协会指出，教师应弹性运用广泛多元的教学策略，从中挑战幼儿并提供鹰架，这些多元策略包括认同幼儿的表现、鼓励与夸赞、以给予特定反馈代替一般性意见、示范适宜态度与解决问题的方法、展示说明正确的进行方式、增加或裁减挑战程度、提出引发思考的问题、给予暗示或线索等协助、提供讯息知识、给予行动指示等。可见挑战与多元协助策略是鹰架重要成分。而鹰架可以用于多种情境，如计划的活动、游戏、作息时间、户外活动等（Copple & Bredekamp, 2009）。

Smith（1994）亦认为，教师的鹰架可以是提供稍微复杂的任务以挑战孩子，这稍微难一点的工作可以有很多形式，包括完成比较先进的积木结构造型、探索较精进的沙坑游戏、省思所操作物体的其他特性、演出一个比较完整故事情节的戏剧或是安排较多演员等。Gronlund（2010: 163）在《适性发展的游戏：引导幼儿到较高层次》（*Developmentally Appropriate Play: Guiding Young Children to a Higher Level*）一书中指出，并非所有的游戏都是适宜发展的，并以网络图显示若欲达到成熟、高品质的游戏，教师可以做什么？图 6-1 中亦显示教师的鹰架乃包含多元策略。

Tharp 与 Gallimore（1995）认为，为达被协助的成就表现，教师

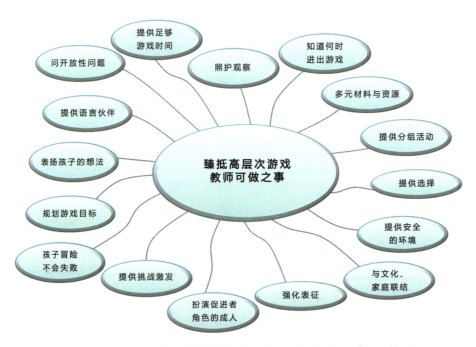

图 6-1 Gronlund 之"臻抵高层次游戏教师可做之事"网络图

的回应性互动包括以下多种策略：（1）示范：提供可供模仿的行为程序，包括老师与同伴示范以启动孩子新的行为，如示范阅读策略；（2）权变管理：以夸赞与鼓励等奖赏以及剥夺机会与警斥等技巧，引导孩子表现老师想要的行为；（3）反馈：以确认、补充讯息或告知错误等方式，回应孩子的表现；（4）教导指示：以指定任务与指示解题策略，帮助孩子解答；（5）提问：以能激发心智运作的评量问题与协助性问题，来向孩子发问；（6）提供认知架构：教师提供一个思考与行动的组织架构，例如，做结论或指出类似、譬喻的情境或实例，以帮助学生组织生涩不熟的经验。

Bodrova 与 Leong（2007）基于实征研究指出，教师提供适宜鹰架对于孩子象征游戏的层次表现有正向的影响，并提出九项促进高品质游戏的介入策略：（1）确保孩子有足够的时间游戏；（2）提供延伸孩子经验与丰富游戏的主题想法；（3）选择合适的道具与玩具；（4）帮助孩子规划游戏；（5）监看孩子游戏的进展；（6）辅导可能需要协助的个别孩童；（7）建议或示范不同主题间可以如何共织；（8）示范解决争端的适宜方式；（9）鼓励孩子在游戏中互相教导。

Smidt（2011）亦是针对孩子的自发象征游戏，认为教师必须依据所观察孩子的兴趣，创设可以跟随孩子进入游戏的情境，陪伴与加入孩子，并协助架构资源性活动，以共构游戏，例如，在共享经验后提供到邮局、医院、市场、公园等孩子兴趣处的参访经验，以及叙说故事、邀请访客等。而所有的介入必须是敏锐的，将焦点放在孩子的兴趣议题上，而非追求教师自身所预设的目标。

Kitson（1994）指出，在孩子的社会戏剧游戏中，教师的鹰架介入可以是引用与平日幼儿所持的冲突概念，示范协商讨论技巧，共同发展剧情，给予挑战与问题让孩子持续游戏等。但是 Kitson 特别强调，教师的引导与协助（形塑戏剧游戏）必须围绕着孩子，如游戏本身与行动是孩子的，他们的想法必须被采用；戏剧中所说出来的话必须是孩子表达的话语，成人的角色主要是延伸与扩充孩子想法的促进者，同时维持孩子的兴趣与兴奋感。

依笔者的实征研究与文献统整，鹰架的种类计有六大项：回溯鹰架系指回忆旧经验、勾勒记忆，以营造游戏/探究氛围，帮助幼儿沉浸其中；语文鹰架可分为读写鹰架与言谈鹰架，可以引发幼儿思考、推理与统整经验；架构鹰架系指提供幼儿思考或活动的框架，让幼儿有游戏/探究的焦点或方向；示范鹰架是指教师提供楷模示范或说明幼儿不熟悉的概念、知能或程序；同伴鹰架系指运用混龄、混能分组活动或同伴分享，让幼儿之间相互激发与提携；材料鹰架是指提供游戏/探究的各项资源，丰富或延伸游戏/探究活动（周淑惠，2006）。至于这些鹰架如何发挥作用支持幼儿的游戏，及其实际运用，有兴趣的读者可参阅笔者《幼儿园主题探究课程与教学》一书。其后笔者于《创造力与教学：幼儿创造性教学理论与实务》一书，又特别提出对创造力激发具有重大作用的情境激发鹰架与氛围鹰架（周淑惠，2011），在游戏/探索课程中亦可运用。情境激发鹰架系指给予游戏主题情境相关经验的刺激，如外出参访探索、邀请来宾入班、布置角落情境等，或以肢体语言故意制造某种情境；氛围鹰架系指教师营造民主暨成长氛围，有利于幼儿尽情游戏/探索并得以精进与成长。

综合上述，可见教师在幼儿游戏中扮演多面、多层的复杂角色，每一面向角色均由更细致的次级角色所构成，包含比较主导性角色与较非主导性角色，根据情境、时机与幼儿状况做弹性调整；至于鹰架内涵与种类亦是多元、复杂的。在前面章节笔者归结游戏与课程真正融合有两种形式：以幼儿自发游戏为本延伸为课程内涵的游戏萌生课程,与以教师目标为本设计游戏活动的课程萌生游戏两种取向,并建议这两种取向均应保持师生均权,谐融共生的运作状态,以共构幼儿教室中的游戏课程;而无论是哪一种形态的共构,教师均须扮演多面向角色并搭配得当的多元鹰架,方能玩出成熟与统整的高品质游戏,进而提升幼儿的发展与学习。

三、教师在游戏中的角色与鹰架模式

基于以上论述,本书提出基于社会建构论的教师在游戏中的角色与鹰架模式,如图 6-2a 所示。

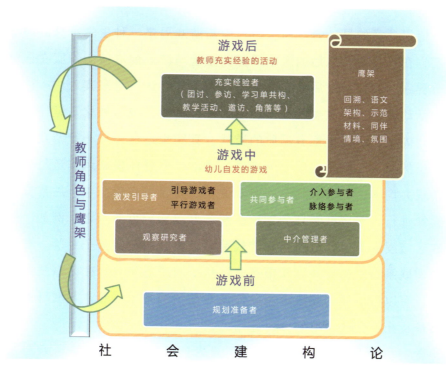

图 6-2a 基于社会建构论之"教师于游戏中的角色与鹰架模式"
(谐融的游戏萌生课程取向)

图 6-2a 显示，教师处于弥漫着社会建构论的氛围中（以天空蓝色模糊边缘的不规则图形代表社会建构论氛围），亦即整个角色的扮演与鹰架的搭构是基于社会建构论。就此，教师在幼儿游戏前要扮演规划准备者的角色，安排游戏演出的前后台工作；在游戏当中，必须扮演观察研究者与中介管理者的角色，两种角色是其他两项重要角色——激发引导者与共同参与者的基础（故在图形上以上下位置呈现），观察研究者与中介管理者若扮演得当，则易于激发引导与共同参与，进而提升游戏品质；而在游戏后则要扮演充实经验者的角色，主要工作包括组织团体讨论、安排参访、邀人入班教示、运用学习单与父母共构、利用区域布置或活动、进行教学活动等，以丰富幼儿的有限经验。

值得注意的是，游戏前、游戏中与游戏后是一种生生不息的循环状态，在第二回合以后的游戏后充实经验与游戏前准备工作实在很难划分界线，因为游戏后的充实经验，如园外参访、邀来宾入访、进行教学活动等，乃为激发幼儿、让幼儿在鲜活的新经验激化下延伸或补充游戏内涵，玩出丰富有品质的游戏，其实也是在为下一轮游戏而预备。虽然充实经验是偏向教师指导的活动，但整体模式运作还是处于一个权力均衡，即谐融状态的游戏课程。并且游戏前、中、后常交织接续地进行，难以截然划分，故在图示上以部分重叠示之，例如，孩子在区域发展着【超级市场】游戏情节，教师为充实孩子经验，在一番协调联系后，带幼儿到超市参访；孩子回来后又继续在区域发展其游戏，可以说区域的超级市场象征游戏是持续地发展着，与教师的规划准备及充实经验活动是交织进行的。

激发引导与共同参与两种角色最大的不同在于教师是否亲身加入幼儿游戏之中。激发引导包含两种次级角色——引导游戏者、平行游戏者，均是在旁激化引发，并不亲身参与游戏中；共同参与则是教师亲身参与幼儿的游戏中，例如，饰演剧中一角，它包含两种次级角色——脉络参与者与介入参与者，前者是顺着幼儿游戏脉络走，后者则指教师发挥积极作用，试图影响幼儿游戏内涵与方向。而在游戏中，教师不仅扮演以上六种角色——游戏前的规划准备者，游戏中的观察研究、中介管理、激发引导及共同参与者，以及游戏后的充实经验者，而且也要视情境弹性运用各项鹰架——回溯、语文、示范、架构、情境、材料、氛围、同伴，这是所有游戏的共通原则。

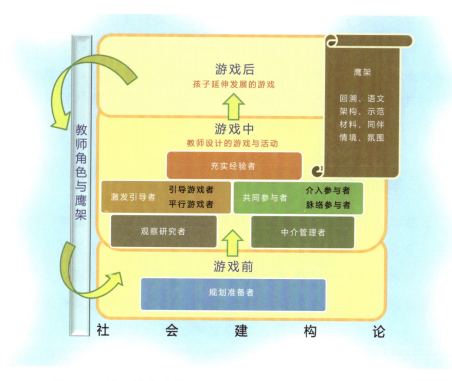

图 6-2b 基于社会建构论之"教师于游戏中的角色与鹰架模式"
(谐融的课程萌生游戏取向)

图 6-2a 亦是谐融的游戏萌生课程取向的教师角色与鹰架模式，是由孩子的自发游戏启动，教师充实延展；相对地，在谐融的课程萌生游戏取向则由教师设计游戏与活动来启动，期待孩子延伸发展，故教师所设计的游戏与活动也是一种充实经验的活动。在图示顺序与表达上稍有不同，以图 6-2b 示之。图 6-2a、图 6-2b 显示两类游戏课程中教师皆扮演充实经验、激发引导、观察研究等数项共通角色。且此类谐融的课程萌生游戏取向与前类谐融的游戏萌生课程取向相同，其游戏前、中、后常交织接续着进行，难以断然分割，故在图示上以部分重叠显示，例如，在进行某项教师所设计的团体游戏时，孩子当场延伸出不同的玩法，即刻要求教师再度进行一次，或者是移至角落时段进行；再如，孩子受游戏主题激发，在角落发展着类似却又不同的游戏或象征游戏并持续数天，与教师所主导的其他游戏活动是交织重叠的。整体而言，很难截然划分游戏前、中、后。

本节小结

本节综合文献揭示两类游戏课程取向的教师角色与鹰架。此种基于社会建构论的教师角色与鹰架模式，基本上就是强调师生共享共构的精神，重视教师视游戏情境弹性扮演适宜角色与运用多元鹰架。总之，以游戏为主的课程需要能享受随兴、创意与具有游兴的教师，这个课程是教师与幼儿共构交响，而非教师控制的（Hoorn et al., 1993: 9）。然而在幼儿园的一天里，孩子有时在学习区中游戏探索，其游戏活动包括玩规则的游戏（如棋类、牌卡游戏、盘面游戏等）、建构性（如乐高、型式积木、单位积木等）与其他操作性（如串珠、缝工、拼图等）的游戏，或是在娃娃家或积木区玩社会性戏剧扮演游戏；而有时幼儿则是于学习区外进行教师所设计的团体进行的规则游戏（如大家来钓鱼数字合成游戏、故事接龙语文游戏等），针对不同的游戏情境，教师可能要随情境稍事调整，以符合特定情境所需，将于下节详细讨论。

第二节　教师在特定游戏情境中的角色与鹰架

前节揭示教师在游戏中的角色与鹰架模式，提出两种游戏课程的教师角色与鹰架，本节针对戏剧扮演游戏、规则游戏与兴趣区等特定游戏情境，分别论述教师的角色与鹰架，因为这些游戏是两类游戏课程的基本组成。规则游戏包括教师根据目标设计的全班或分组进行的团体游戏，以及在区域中进行的操作性规则游戏（如棋类游戏、盘面游戏、牌卡游戏等），这是在幼儿园经常见到的游戏形态。而区域游戏可能包括上述区域的操作性规则游戏、操作性建构游戏（如积木区搭建积木、益智区拼组乐高等）、自由探索游戏（如图书区阅读绘本、科学区观察植物生长、美劳区探索颜料混合等），以及经常在娃娃家或积木区发生的戏剧扮演游戏等，它无论是在游戏萌生课程或课程萌生游戏取向中均会出现。虽然戏剧扮演游戏也发生在区域之中，但是它具高度发展价值，且有时幼儿的戏剧扮演若是在有经验与技巧的教师引导下，可能成为非常丰富的课程，即所谓的游戏萌生课程取向，故特别专门论述。

基本上依据前节教师角色与鹰架模式，教师扮演充实经验者、激发引导者与观察研究者等多项共通角色。而在扮演游戏的情境中，教师要凸显深化品质与引导的角色特色；在区域游戏中，教师要强化穿梭观察与提点的角色特色；在规则游戏中，教师要明示激励自治与中介的角色特色。很重要的是，以上这三种游戏情境的角色扮演均须弹性运用各项鹰架，其最终目的均为引领孩子走向高品质游戏的境界（图 6–3）。

图 6-3 教师于各类游戏中之明显角色

一、扮演游戏中教师的角色——深化品质与引导

在幼儿扮演游戏中，教师要凸显的是深化游戏品质与引导的角色特色，以第二篇第三章所述的高品质游戏为指标——象征性的表征与动作、丰富与多面化的变化角色、复杂相互交织的主题、以语言创造与扮演假装的剧情、延伸时间（超过数天），并依据上节图 6-2a 教师在游戏中的角色与鹰架模式，扮演适当角色与搭建适宜鹰架。若能如此，就有可能发展成丰富的课程，即游戏萌生课程。兹依据各项角色，举游戏实例分述如下。

(一) 规划准备者

笔者深觉前述 Hoorn 等人所比喻的准备舞台角色，非常传神——为幼儿规划准备好演戏前的前后台工作。这些前后台准备工作包括准备室内外环境空间、预备相关材料与资源、着手绘画网络概念活动图、安排每日作息时间、计划适宜的活动或经验、联络可供参访的有趣场所等。由于戏剧扮演游戏是谐融的游戏萌生课程的主要温床，在此以谐融的游戏萌生课程情境为例，说明规划准备者角色。举例而言，如果看到孩子持续几天玩着第一章的【生病、车祸、救护车】的游戏，教师首先必须私下绘制涵盖各领域知识的主题概念网络活动图，并于其后与幼儿共同讨论可能的戏剧范围与走向；其次教师要思考与规划可以提供的补充经验，例如：参访活动、团体游戏、与区域陈列物件（如相关绘本、医药宣传海报、操作教具）或活动等；以及着手准备相关的创作或扮演材料，例如：可创意变成医生白袍、诊疗室的拉帘、可变通作为听诊器的绳子与漏斗、可巧变制为救护车与诊疗柜台和医护箱等的纸箱，以及其他可资利用的回收资源等。这尤其是游戏萌生课程取向教师的重要任务，方能让幼儿的游戏有机会发展成成熟与统整的游戏课程。

（二）观察研究者

幼儿进行扮演游戏时，教师必须在旁观察，才能了解孩子的剧情发展状况与游戏需求，进一步提供适宜的引导或延伸，亦即观察研究是提供游戏鹰架的基础，也是教师改进教学的一面镜子，因此相当重要。观察时教师必须做记录，或者是持续搜集观察资料与幼儿相关作品，以供后续研究与诊断，思考运用何种鹰架来丰富与提升孩子的游戏，或是以较有结构的活动来帮助孩子获得概念。而当教师搭架引导延伸后，也要持续观察幼儿玩出什么？以决定下一步行动。也就是说在这过程中，教师是一个思考者，也是一个研究者，不断地推论、行动、验证以改善教学，也协助幼儿向前跨跃。

以上述【生病、车祸、救护车】扮演游戏情境为例，教师若于观察中发现幼儿受限于经验，对生病照护只限于量体温、吃药剧情，可以思考要如何在游戏中激发引导，或是于游戏后安排活动设法丰富其经验；再如教师于观察中发现幼儿对于金钱与买卖的概念模糊，可以思考要如何在游戏中引导介入，或是于游戏后设计活动试图强化其概念。然后回归区域扮演游戏中，持续观察孩子是否能较有深度地玩出生病照护剧情，或是使用钱币进行买卖游戏，继而视幼儿反应与表现思考与采取接续行动，如此循环再生。可以说观察记录可以帮助教师发现幼儿游戏或学习上的问题，进而丰富游戏的内涵或改进自己教学上的缺失；而且这也就是孩子引领的游戏与老师的引导相互交织的实例，是观察记录让两者可契合地无缝交织，其作用何等重要。

(三) 中介管理者

中介管理顾名思义是教师当成一个在两者间的中介者，以民主化的方式管理游戏的问题情境，例如，某位幼儿老是落单无法参与其他孩子的扮演游戏，教师设法协助该名幼儿在适当的时间与情境下顺利加入游戏团体。在【生病、车祸、救护车】实例中，教师可以对跑着找病人的森田说：【你不是需要病人吗？晓宜好像咳嗽了，可以当你的病人】。又如，在【我们一起玩】游戏情境中，甄俐因兔子造形被一起玩的眉庄不小心碰坏而哭叫，教师在了解原因后，可让甄俐思考如何保护兔子安全，顺势接纳思其盖房子保护它的合作想法，也让眉庄思考酷斯拉该如何保卫兔子不被大野狼侵袭——在房外巡逻或站岗。以上中介管理与前项观察研究是幼儿游戏品质得以提升及教师鹰架搭建的基石。

(四) 激发引导者

激发引导的角色有两类：一类是担任平行游戏者；另一类是作为引导游戏者。平行游戏者是教师也在幼儿旁边进行类似游戏，但并不与幼儿互动，目的在于提供幼儿刺激来源，进而引发游戏变化；而引导游戏者是教师在旁以各种实质鹰架来达到引导幼儿延伸或丰富游戏的作用。基本上，教师运用这两种方式时并不亲身涉入幼儿游戏中，并没有与幼儿一起游戏互动、合作扮演，仅在旁激发、引导。

1. 平行游戏者

游戏情境

> 天臻对以诺说"老板！我要买咳嗽药！"以诺说："钱呢？要100块！"天臻说："我没钱。"隔了一会儿，伸出手说："给你钱！"以诺拿了一盒药给天臻。

教师反应

> 老师拿着100元与500元钞票看了看后，大声地清了清喉咙自言自语说："我要做钱，我要拿钱买枇杷膏。""嗯~要怎么做呢？"故做思索状后找出几张A4白纸进行剪裁；老师一面剪裁一面说："要怎么做才像真的一张张的钱呢？"天臻望了望老师，凑近看了看100元钞票。老师又拿出口袋50元硬币与10元硬币举高观察，并在手上把玩说："要怎么做圆圆硬硬的钱呢？"随后将硬币与裁切好的白纸留在桌上，离开到别的区域观察幼儿。当老师再度回来时，天臻正在老师裁切好的钞票上画上人头图案与写上数字，以诺则试着用黏土压出许多枚圆圆的硬币。

角色与鹰架分析

在以上游戏情节中，教师扮演了激发引导的平行游戏者角色，并未介入幼儿的游戏，但却激发幼儿制作钞票之举，更抛砖引玉引出以诺用黏土制作创意的硬币。教师运用的鹰架主要是语文鹰架——要怎么做才像真的一张张的钱呢？要怎么做圆圆硬硬的钱呢？其实教师的自言自语与肢体动作（故做思索状、观察钞票与把玩硬币）也是一种架构鹰架，架构了钱币制作的方向——一张张纸钞与圆圆硬硬的硬币，而剪裁 A4 白纸则提供纸钞制作的示范鹰架。

2. 引导游戏者

游戏情境

> 三位幼儿各用大纸箱套在身上当车子，三辆车子横冲直撞地在积木区与娃娃家间穿梭，嘴巴同时发出叭叭、哔哔声，不时地撞到了正在用单位积木盖高速公路的石方与小榆，引发他们的抗议。

教师反应

> 老师对三位幼儿说："还记得吗？我们看过车祸影片，车祸很危险，要怎么样才不会发生车祸呢？"李宁马上脱去纸箱说："我来当警察指挥交通！"……当老师再度回来时，两辆车子正井然有序地依照警察指示方向行走。老师转头看了看正在盖高速公路的石方又说："车子可以上高速公路了吗？你们不要忘了加油喔！"郁国对着石方叫："你们有盖加油站吗？我们要加油！"老师找出漏斗、麻绳、塑胶板等数样物品，放在积木区并对幼儿说："看看这些东西可以做什么？想想看喔！"……当最后老师再回到积木角时，两位幼儿正站在几块大单位积木堆栈而成的加油站旁，在替车子加油，加油枪管是尾端系着圆弧型小单位积木的长绳子……然后石方兴冲冲地说："你们要修车吗？我帮你们盖修车厂。"

角色与鹰架分析

在以上游戏情节中，教师既扮演中介管理者又扮演激发引导的引导游戏者。教师所用的鹰架包括既是语文鹰架也是回溯鹰架的"还记得吗？我们看过车祸影片，车祸很危险……"还有运用将游戏合并的同伴鹰架（将积木区搭建建盖积木游戏与开车子游戏结合），其实这也是一种架构鹰架，教师的话语如"车子可以上高速公路了吗？你们不要忘了加油喔！"就是暗示游戏可以合并的方向架构。此外，提供麻绳等相关游戏材料的材料鹰架，以及对幼儿提问材料可以做什么的语文鹰架，让幼儿得以玩出更丰富的游戏内涵。

（五）共同参与者

共同参与者的角色有两类：一类是脉络参与者，另一类是介入参与者。脉络参与者是教师加入幼儿的游戏中与幼儿一起玩，但是顺着幼儿游戏的架构走，享受着与幼儿一起玩，鼓励幼儿的游戏行为；介入参与者是教师也参与幼儿的游戏，但却试图以各种鹰架来达引导与延伸幼儿游戏的作用。基本上，教师运用这两种方式时是亲身参与幼儿的游戏，积极参与游戏活动。

1. 脉络参与者

游戏情境

三位幼儿在娃娃家玩着医生看病的游戏，一位脖子上挂着绳子的幼儿当医生，一位拿着笔当温度计的幼儿当护士，没有人愿意当病人。智华对着正经过的老师说："你可以当我们的病人吗？"

教师反应

当护士的君荷以笔当温度计对着刚加入的老师量着体温,老师用力咳嗽、张开嘴巴声音沙哑地说:"我喉咙痛!"当医生的智华赶快用手握拳当手电筒对着老师的喉咙照了照并看了看说:"喉咙发炎,要打针。"当护士的君荷马上用笔当针筒对着老师的手臂插了下去,老师顺势叫了一声好痛并用手揉一揉手臂,然后对着医生、护士说:"谢谢医生。"老师走了后,松运抱着肚子喊着肚子痛当病人,医生拿绳子当听诊器对着松运的肚子听了听,然后说要开刀……

角色与鹰架分析

脉络参与者是顺着幼儿的游戏脉络,虽然没有明显的主导,但鼓励了幼儿的游戏行为,例如:教师扮演发烧、喉咙痛的病人后,引发不同的病人行为——松运是扮演肚子痛的病人,医生则用不同的诊疗方法——听诊、开刀。这也是营造医院与病人的情境鹰架,而且也提供氛围鹰架,即通过教师的民主参与,让幼儿更加入戏;在本书建议的谐融游戏课程下,有时顺应幼儿兴趣与引领是必要的。如果教师更进一步要求医生开药,试图激发幼儿写病历、开药单、制作药丸或药水的游戏情节,则属介入参与层次。

2. 介入参与者

游戏情境

几位幼儿在娃娃家玩着开商店的游戏,台子上凌乱地陈列了幼儿制作的书签,一位幼儿还在制作书签,另两位幼儿正在吵着谁要当老板。

教师反应

老师充当客人说："老板！你们架子上的东西都没写价钱，而且好乱，我要到别家买啦！"当幼儿标了价格且整齐陈列后，扮演客人的老师又上门说："老板！我要这一个八元的书签。"老师出示上写着十元的长方形白纸钞票说："这是十元，请找钱！"晓君说："我们没有钱！"客人说："那我给你一个五元铜板，三个一元铜板。"扮演客人的老师又说："你们要赶快准备钱，客人快上门了！"

角色与鹰架分析

介入参与者是积极介入幼儿的游戏中，当教师看到幼儿的商店没有标价而且物品摆放凌乱，就要到别家买的具情境鹰架作用的语文鹰架，引发幼儿设法改进店内状况——标价与整齐陈列商品；而当幼儿没有制作钱币时，教师提供自己所制作的纸钞与厚卡纸做的硬币，不仅搭构了钱钞与硬币制作的示范鹰架，而且也是一种架构鹰架，架起了幼儿买卖游戏给钱、找钱的架构，引发制作钱钞与持续的买卖游戏。整体而言，教师扮演客人与幼儿一起共构游戏，也是一种民主与成长氛围鹰架的提供，幼儿不仅可尽情游戏，而且也可因此进一步提升游戏内涵。介入参与对于单调的游戏活动具有丰富的作用，例如，教师可以对店家表示想买某种花样的书签（如押花、拓印等），引发幼儿重新设计与制作；或者是要求阅览书签目录，将剧情延伸至较复杂的商品目录的文图制作；或者是扩展至商店招牌、店名等的命名以及店服制作；甚至是将单卖书签的商店引导至集书籍区、玩具区、艺品区、咖啡点心区等的复合式书城的复杂交织主题，加入多元变化角色。如果介入参与无效，而教师认为某种能力或概念非常重要时，则可以在游戏后运用特意安排的活动，丰富孩子的经验或强化孩子的能力。

(六) 充实经验者

以上一个游戏为例，如果教师发现他的鹰架介入还是无法让幼儿理解买卖与金钱概念时，就必须于游戏后充实幼儿的经验，这些充实经验包括运用集体讨论的时间出示纸钞与钱币探讨之（语文鹰架、示范鹰架、同伴鹰架）；设计买卖游戏如"钓鱼、买鱼""老板我要买"（情境鹰架、架构鹰架、同伴鹰架）等来强化概念；带幼儿到园外7-11店家参观店家与顾客买卖行为（情境鹰架、示范鹰架）；运用学习单请父母带幼儿外出购物等（情境鹰架、氛围鹰架、示范鹰架、语文鹰架）；而若要强化店家物品，则可以在图书角陈列各式各样书签，或带幼儿到园外书店参观书签区（情境鹰架、架构鹰架）。在充实经验后让幼儿再度游戏扮演，然后观察孩子在游戏中的表现并再次搭构适宜鹰架，如此循环往复，以玩出深度。而很重要的是，教师在充实幼儿经验时，也必须扮演激发引导、共同参与、观察研究与中介管理角色，以及运用各项鹰架来引导。

再以第一章的【生病、车祸、救护车】游戏情节为例，若教师发现孩子的生病照护行为因为受限于生活经验，脱离不了量体温与吃药剧情，教师的充实经验活动可包括在团讨中运用回溯鹰架、同伴鹰架与语文鹰架师生相互刺激与增补，观赏相关医疗护理影片、请家长为护士者入班教示或接受幼儿访谈、参观邻里诊所（情境鹰架）等。【生病、车祸、救护车】游戏情节已探讨观察研究者、平行游戏者、丰富经验者角色，其实教师角色尚包括引导游戏者、脉络参与者与介入参与者角色，你能以此游戏情节为例，思考其他角色应如何扮演、鹰架应如何搭构吗？

总之，在幼儿玩象征游戏时，教师可以参照第二篇第三章成熟游戏的五项特征，以其为指标与引导方向；并运用游戏角色与鹰架模式所建议——扮演规划准备者、中介管理者、观察研究者、激发引导者、共同参与者与充实经验者等数项角色，以及搭建语文、示范、架构、情境、氛围等数个鹰架，以达到丰富与提升幼儿游戏品质的目的。一言以蔽之，教师在幼儿扮演游戏中，旨在凸显深化品质与引导的角色。值得注意的是，在这样的幼儿游戏中自然会伴随着探究的需求，教师要设法促动并提供相关经验，例如：以上医院与医疗行为的探究以及复合式书城的探究，然后又在扮演游戏中呈现出来；而在探索过程中，幼儿可以运用涂鸦记录、访谈、查阅书籍、制作图表等语文心智工具来搜集资料、验证或统整想法，表现心智与行为上的灵活自治，进一步提高游戏层次。

在前面章节曾经提及游戏专家 Smilansky（1990; Smilansky & Shefatya, 1990）的社会戏剧游戏六项特征：以模仿扮演角色、与物体有关的假装、与行动和情境有关的假装、角色扮演的持续性、社会互动、口语沟通，后面两项特征是社会戏剧游戏有别于戏剧游戏之处。Smilansky（1990）综合各个游戏介入的实征研究文献指出，戏剧游戏与社会戏剧游戏对认知、社会情绪技巧的发展具有效果；以肢体语言扮演的游戏再加上适宜的游戏介入，是发展认知与社会情绪技巧的一个强有力媒介。因此，教师也可以运用 Smilansky 社会戏剧游戏的六项特征来改善孩子的游戏行为表现，尤其是增进游戏中的社会互动与口语沟通部分，因为这两项特征是较大孩子社会戏剧行为有别于较小幼儿戏剧游戏的表现。换言之，教师在幼儿象征游戏中要多鼓励互动与沟通以及模仿、扮演行为，并多加引导，以深化游戏的品质。

二、规则游戏中教师的角色——激励自治与中介

在幼儿进行规则游戏中教师的主要任务是激励自治与中介,所谓自治包含心智上的灵活自治(主动思考、协调观点)与行为上的灵活自治(自我管理、与人合作订定与维护规则)。教师要以第二篇第三章之高品质游戏为目标,依据上节《教师在游戏中的角色与鹰架模式》,扮演适当角色与搭构适宜鹰架。而规则游戏是孩子在游戏时必须遵守明显游戏规则才可以运作下去,包括全班或分组进行的团体游戏与在游戏区域(或称兴趣区、学习区等)进行的操作游戏;它是课程萌生游戏的主要成分,若教师角色与鹰架得宜,有可能成为高品质的游戏课程。兹说明教师角色与鹰架如下。

(一) 规划准备者

无论是全班或分组进行的团体规则游戏,例如,瞄准或赛跑等体能性游戏、合作完成任务的社会性游戏,或促进知能的认知性游戏等,或者是学习区中进行的操作性规则游戏,如棋类游戏、盘面游戏或牌卡游戏等,均须教师事先规划,准备可能材料、场地,或设想活动进行时的安全问题,尤其是团体进行的活动。以角落进行的操作性游戏而言,学期初就必须大致备好游戏操作材料,所提供的游戏材料与形态尽量多样化,以满足不同孩子之需,例如,包括语文、逻辑思考、数学、音乐、手眼协调、专注力、合作等各类游戏内涵。最重要的是,务必要考量游戏与活动是否具有高品质规则游戏的重要特征:具趣味性与挑战性,足以激起幼儿热烈参与动机与运用思考能力。

由于规则游戏是课程萌生游戏取向的主要成分,在此以谐融的课程萌生游戏情境为例说明规划准备者角色。在各个游戏主题进行之前

教师要预先准备，在一面绘制主题概念网络活动图时（将于第四篇第七章《游戏课程的具体实施》探讨），一面思考可以提供的适宜经验与准备的游戏环境相关工作。例如，《滚动与转动》主题，可能先要重组区域挪出一个较大的室内外探索空间（尤其是户外游戏场空间），以及准备多元材质的铺面（如平滑斜面、粗糙平面、厚实软垫等）与能滚动与转动的各式物体（如圆柱体空罐、多面体、大小球体、轮子、宝特瓶、光盘片等），以进行物体或肢体的滚动与转动游戏；其次布置或设计各个区域的规则游戏（如益智角轮盘游戏、弹珠游戏等）、其他区域游戏（如科学区齿轮游戏、美劳区滚珠画等），以及设计如第一章【球儿滚滚滚】游戏情节相关的团体游戏；接着带入能转动与滚动的机器设施（如电风扇、果汁机、搅拌器等）或商品（如陀螺、飞盘、溜冰鞋、滑板车、三轮车、风车等）；并且安排参观具有滚动与转动设施的工厂装配线，准备与滚动或转动相关的游戏或表演DVD（如打陀螺、花式溜冰、保龄球、街舞等）。

（二）观察研究者

如同孩子的扮演游戏般，教师也需做游戏观察记录，了解孩子的发展状况与游戏问题，以作为进一步制定中介管理、激发引导或共同参与鹰架策略考量基础，也可作为提升游戏素质或是改进教学品质的依据。例如，在分组进行的团体游戏中，教师观察到孩子不断地发生碰撞状况，思考可能是各组游戏动线重叠，于是实时调整动线位置、改良游戏方式，果真减少碰撞情形；而观察到角落中的某项教具乏人问津，教师遂研究教具本身或询问幼儿为何甚少触及，发现是教具难度太大，幼儿根本不知要怎么玩，于是在与幼儿协商讨论后，在教具盒上加上操作图示，或减轻该教具难度。规则游戏旨在培育幼儿心智与行为上的灵活自治，如果孩子的表现充分显现自治，且能玩出创意，教师则可夸赞并顺应孩子的引领，轻省教师中介管理、激发引导角色的扮演；而若教师观察到幼儿在游戏中出现有违宗旨的行为时，如第一章【球儿滚滚滚】游戏中幼儿未等待前组将球扇入球盒就违规出发的情境，或者是未能思考就草草结束操作性规则游戏，就当即思考该如何处理。

（三）中介管理者

所谓中介管理是以民主管理为基础，在人性基础上强调自治与相互尊重精神。无论是在团体进行的规则游戏，或在学习区中操作的规则游戏，孩子都有可能因意见不同、争夺主权或教具而发生争执，或是在意输赢、破坏规则而引来争执。在第一章【四面相关】规则游戏情节中，三个孩子似乎很投入这个游戏，表现出心智上与行为上的自主。事实上在此类游戏中，幼儿经常因为在意输赢而刻意忽视规则或作弊欺骗，引来争执，例如在【球儿滚滚滚】分组游戏中，孩子明显忽视规则先行出发。遇到此类情况时，教师应以发展自治为精神，激励幼儿主动思考、自我管理与维护规则，并引导其彼此协商、共同解决争执问题。

（四）激发引导者

为适度挑战孩子，教师可以视孩子的年龄与程度激发与引导，玩出不一样规则或内涵的游戏，以实现心智与行为灵活自主的高品质规则游戏目标。对于团体进行的规则游戏，教师可以在游戏进行当中激发引导，让幼儿心灵活跃，玩出与教师所设计不同的游戏，例如，在前面章节提及的蚂蚁搬豆或怪车横行游戏中，教师在幼儿不按原本设计进行纷纷探索起身体潜能时，可以因势利导询问幼儿还有哪些不同的合作性移位动作表现（如蠕动、蹲行、爬行、滑步、单脚跳等），激发幼儿进一步思考并改变合作游戏进行的方式。

对于区域操作性规则游戏，其做法可以是教师在旁与幼儿平行游戏、试图影响幼儿，或者是直接建议、提问，以激发孩子的想法。以大富翁游戏为例，可以建议幼儿自行商议、改良游戏内涵或增加挑战性，例如，多加骰子点数、在抽签的卡片内涵上加入难度或不同问题属性等。再如，当教师发现三岁幼儿计算两颗骰子的总数有困难时，可以引导幼儿说出困难之处，并请幼儿想出办法，如骰子的点数可以减少，或者是只用一颗骰子，或者是加大骰子好方便点数等。

（五）共同参与者

教师也可以和幼儿一起游戏，例如：在所设计的瞄准游戏中，教师也参与其中与幼儿共组一队，不仅激励士气，鼓励幼儿完成游戏的挑战，而且也可以在游戏中与幼儿一起变换游戏的内涵与玩法，例如，被瞄准的东西可依幼儿之意，改变成玩偶、宝特瓶、墙上标志、呼拉圈、洗衣篮、气球等，瞄准动作或方式也可以改变为脚踢、手滚、手掷、口吹、弹射等，旨在激发幼儿创意思考，表现心灵自主。再例如，在滚动与转动主题中玩过空罐、底片盒、宝特瓶等的滚动游戏后，师生共同发明设计可以走动的车子，亦可激发幼儿心灵自主。笔者对于师生共同设计玩教具或游戏特别看重，它不仅可以提供有如学徒制的学习情境，而且有时教师的知识、孩子的创意可相互辉映，共构互为主体性的美好境遇，引发更高层次的学习。

（六）充实经验者

在区域与团体进行的游戏结束后，教师要扮演充实幼儿经验者的角色，在主题氛围下安排相关的团讨、校外参访经验、以学习单和父母共构、邀请人物参访教示等，让幼儿在这些经验的激化下，在之后的团体规则游戏或操作性规则游戏中能玩出深度与广度，更加趋向心灵自主的高品质规则游戏。以《滚动与转动》主题为例，可以邀请陀螺打得很好的家长向幼儿示范说明，或观看与滚转有关的竞赛影片，或参观工厂装配线运作等，让幼儿体验，并更加理解滚动与转动的概念。若以谐融的课程萌生游戏取向而言，教师设计的活动与经验即是一种充实经验的活动，为孩子在角落或团体情境中自行延伸、发展游戏充实相关经验。因此教师所设计的游戏与活动尽量宽广，除包含团体、分组与角落活动外，各类经验如参观、访问、观赏、对谈等均可纳入，以激发孩子能灵活自主地延伸变化出各种游戏。而当孩子在延伸变化各种游戏时，教师也要扮演激发引导、共同参与、观察研究与中介管理等角色，并弹性搭构各项鹰架。

教师在规则游戏中扮演以上数项角色时，可以视情境、时机，弹性运用图 6-2b 模式中所指的诸项鹰架，例如：在玩牌卡游戏时，教师提供印模与卡片等材料，让五岁幼儿分组思考如何自制特别的牌卡游戏（即材料鹰架、同伴鹰架、语文鹰架、架构鹰架）；或当玩大风吹时，教师担心幼儿过分兴奋遂提问让幼儿思考："要怎么样做或改变玩法，大家才不会碰撞在一起?"（即情境鹰架、同伴鹰架、语文鹰架）；或参观和滚动与转动相关的游戏大赛或表演，达到提供游戏主题情境鹰架的目的。而且教师要营造民主与成长的氛围鹰架，让幼儿在彼此尊重的基础上共订与维护规则，也愿挑战自己显现心智上的灵活自主。

很重要的是，在规则游戏中尽量不要强调输赢，旨在思考中快乐参与、享受游戏，并能自我管理，因此游戏结束后教师要强调每一组的优点，如全组很努力互助合作、遵守游戏规则等。在这样含有区域与团体进行的游戏课程中自然引发探究行为，例如，《滚动与转动》

主题中对能滚能转物体的探索、自我肢体的探索、各种球类游戏的探索等；而在探索过程中，幼儿可以运用观察记录、制作滚转游戏小书、访谈能滚转的专家、查阅相关图书、分享探索发现、推论与预测等，即运用语文心智工具，以搜集、验证与统整想法，显现心智与行为上的灵活自治，让游戏迈向高品质境界。

三、角落游戏中教师的角色——穿梭观察与提点

角落游戏是指幼儿在兴趣区（或学习区）中游戏/探索，包括进行以娃娃家、积木区为主的象征游戏（戏剧游戏），以益智区为主的规则游戏（如棋类、牌卡、盘面等游戏），以积木区、益智区为主的建构游戏（如接龙、乐高、积木、巧拼等游戏），以及其他角落的自由探索游戏（如科学区观察、实验，美劳区创作、探索）等。所以它包括多个角落与多类游戏，同时存在于游戏萌生课程与课程萌生游戏两类游戏课程中。正因为区域与游戏的多元性，因此教师的主要任务是穿梭于各区域之间观察幼儿，并依据各区域游戏状况做适当提点，以高品质游戏为努力目标；它也是一样，必须依据"教师在游戏中的角色与鹰架模式"扮演适切角色与搭构适宜鹰架。

具体而言，在整个主题进行之前，教师要扮演规划准备者角色，安排好幼儿游戏的舞台与经验，如各区域空间的规划与玩教具或游戏的准备（请见第四篇第八章有关幼儿游戏环境部分）。而当幼儿在各个角落游戏时，教师最重要的工作是穿梭观察与提点，提点即是角色的扮演与鹰架的运用——即游走于教室空间的各个区域间，在仔细观察并记录各区域幼儿的游戏状态后，于必要且适当时机运用各项鹰架扮演中介管理者、激发引导者或共同参与者的角色。若能如此穿梭观察与适时提点，不仅能提升象征游戏的品质，而且也可

促进规则游戏、建构游戏、探索游戏等的品质。而当游戏结束后，教师要扮演充实经验者，让幼儿在新经验的刺激下，持续激化各区域游戏的品质。

举例言之，在交通工具主题中，有的孩子在积木区玩着兼具建构游戏与扮演游戏的【热锅加油站】或【阿泰一人开飞机】的象征游戏，有的孩子在娃娃家玩着与主题不相关的扮演游戏【爸爸要吃蛋炒饭】，有的孩子在益智角玩着拼图、串珠与智慧建构玩具，有的孩子则在美劳区绘画街道上的交通工具，有孩子在玩教师设计的规则游戏——海陆空交通工具牌卡接龙游戏等。针对这么多不同性质的游戏，教师势必得穿梭于区域之间，在仔细观察后才能搭建适当的鹰架。以下举娃娃家的【爸爸要吃蛋炒饭】、积木区的【阿泰一人开飞机】与益智角的【智慧建构游戏】游戏情节等，以呈现教师角色的多元复杂——穿梭于不同的区域游戏间，不时观察、思考与提点。【阿泰一人开飞机】游戏情境显示孩子间无法协调意见，戏剧无法成形；【爸爸要吃蛋炒饭】显示一个霸气的小男生，主导了他人的游戏，并喧宾夺主让游戏无法持续；【智慧建构游戏】的两位幼儿持续拼组同样造型数天，无法玩出不同形式。身为教师，可能要扮演中介管理者协助幼儿协调不同的戏剧意见，让戏剧可以萌芽；也要当机处理霸气孩子的游戏问题，或是私下与孩子沟通、了解背后原因；更要扮演激发引导者，巧妙激发幼儿更上一层楼，玩出创意。

✿【游戏情节：智慧建构游戏】

亦廷与若为在玩具有磁力吸附作用的智慧建构玩具。亦廷把智慧建构棒平放在地面，以中心点向外辐射的方式建构平面图形，若为也是把智慧建构棒放在地面，以随意添加方式建构不规则平面图形。这几天以来，两人都是这样地玩着。

针对以上【智慧建构游戏】情节，教师可以直接介入引导，例如："你们做得很有型，很棒！不过你们可以再试试看不同的形状吗？"若是孩子一脸茫然，可以更具体地说："像是可以站起来的吗？"若教师此时选择以下平行游戏的激发引导法，激发幼儿做出不一样的立体造型，可能更为适宜。她所用的鹰架包括语文鹰架——"我想做一个很特别的、可以站起来的。""这是宇宙飞船！可以站起来……的宇宙飞船！"、示范鹰架（亲身提供楷模做出立体造型）、架构鹰架（架构了幼儿造型的新方向）。

✿【游戏情节：智慧建构游戏】（续）

老师也拿了一些智慧建构棒坐在亦廷与若为旁边并自言自语道："这个很好玩！我想做一个很特别的、可以站起来的。"于是老师交错连接建构出一个三度空间立体的，而且可以挺立的造型出来，随即很高兴地说："这是宇宙飞船！可以站起来，也可以发射的宇宙飞船喔！"两位幼儿往老师的作品看了看……没多久当老师再度回到两位幼儿身旁时，若为的前面已经多了一座纵横交错的立体造型。

以下【阿泰一人开飞机】的游戏情节，你将如何引导或参与，才能丰富幼儿的游戏，使之具有象征性的表征与动作、以语言创造与扮演假装的剧情、复杂相互交织的主题、丰富多面化的变化角色、延伸数天等成熟游戏的五项特征呢？

当然教师先要仔细观察了解孩子游戏的状况，接着提供各种开放教材，然后试图协助孩子互动、计划讨论他们的游戏，并且建议、示范如何纳入多元角色与让主题交织等。

✳ 【游戏情节：阿泰一人开飞机】

五岁的阿泰坐在小椅子上假装在开飞机，他口中不断发出引擎的声音："轰轰轰，开飞机喔！开飞机喔！我在开飞机喔！"身体随着前后摇晃，一直重复这个动作。旁边的治平说："我也要坐飞机！"梅英听到后赶紧也说："我们玩坐飞机去美国，好不好？"治平说："不要！我要去日本！"两人持续争执，阿泰还是不断"轰轰轰，开飞机喔！开飞机喔！我在开飞机喔！"

具体地说，教师针对以上开飞机游戏情境可以先行使中介管理者角色，建议先到日本再转机去美国，让游戏得以进行下去；然后扮演激发引导者角色，提醒幼儿坐飞机前要带什么？先经过什么手续才可以上飞机？坐在飞机上要注意什么？甚至是共同参与者，假装乘客口渴以引介空中小姐的角色。此外，飞机到达日本必须加油、清扫，转机间肚子饿了怎么办（即与机场后勤、餐厅多元主题以及机师、老板、厨师多元角色结合）？最后到了目的地，可以去哪里玩（即联结交通工具、游乐区多元主题以及司机、售票员多样角色）等，都是可以激发引导的方向，让游戏延伸数天，提升内涵层次。而在过程中，弹性运用语文、回溯、架构、氛围、同伴、情境、材料等各项鹰架，让幼儿玩出有品质的游戏，例如教师假装是机场地勤人员要检查机票与称重行李（即提供语文鹰架、架构鹰架、情境鹰架）等。

在游戏后，教师充实经验者的角色相当重要。就以上例子，教师可以播放机场影片，例如，纪录介绍片或是教师自己旅行时在机场摄影的影片，请任职机长、空中小姐的家长或熟人到教室参访解说，与孩子共同团讨旅行时过海关、称重行李、飞机上及旅程中的经验，以学习单让孩子回家与父母共构；如有可能则尽量安排机场航空站与航空博物馆之旅等方式，来增加孩子的经验，激发孩子在下次角落扮演游戏时能玩出不一样的剧情。

✳ 【游戏情节：爸爸要吃蛋炒饭】

〈这是中大班教室，两个小女生正在娃娃家玩〉

亦茹：来！宝贝，妈妈做蛋炒饭给你吃喔！快来吃。（一手持锅，一手做出炒饭动作，然后装盘端到桌上）

美珍：好好吃！妈妈，好好吃。（用手假装扒着盘里的碎纸饭、嘴巴做咀嚼状）

正理：我是爸爸！我要吃饭！（抢走美珍手中的蛋炒饭盘子，碎纸满天飞，作势吃了起来）还有吗？我肚子饿了！爸爸肚子饿了，我的饭呢?！我的饭呢?！

正理：你们在玩什么？我也要玩，我也要煮饭。（推开扮演妈妈的亦茹，径自玩起炒饭的锅盆来）

〈两位小女生手牵手走到墙角对着正在玩的正理看着，两人窃窃私语〉

整个早上教师首先在益智区观察智慧建构游戏,扮演平行引导者角色,也操作起来,试图激发两位幼儿;随后就到积木区在开飞机情节中扮演一角,与孩子共构游戏,当起中介管理者、激发引导者,甚至是共同参与者;然后转到娃娃家观察以上正理与两位小女生的游戏互动行为,思考着区域游戏时间后要如何与正理谈;又回到益智区观察孩子建构造型的发展,顺便夸赞正在玩牌卡接龙游戏幼儿的专注认真,以及给玩拼图的小孩一些暗示;路过美劳创作区时,与绘画街道交通工具的孩子互动,提醒孩子马路上的交通工具有很多种;最后又回到开飞机游戏情节中观察孩子的游戏状况,一面思索着在游戏后要如何充实孩子们的经验。可以说教师是不断地穿梭在各个区域游戏间,来回观察、思考与提点。

本节小结

扮演游戏、规则游戏与角落游戏是课程萌生游戏与游戏萌生课程的重要成分,而无论是在扮演游戏、规则游戏,或是角落游戏中,教师都要以高品质游戏为指标,期望幼儿表现心智上的灵活自主与行为上的自治,并依据教师在游戏中的角色与鹰架模式,扮演适宜角色与搭构适切鹰架,形塑优质游戏课程。基本上,在戏剧游戏中要凸显教师深化游戏品质与引导的角色;在规则游戏中则强调激励自治与实施民主中介的角色;而在兴趣区自由游戏中则着重于穿梭互动与提点作用的角色,以回应各角落的游戏状况与需求。至于游戏课程的具体设计与实施,将于下篇探讨。

研 讨 问 题

一、针对【爸爸要吃蛋炒饭】的游戏情节，请依据本章教师在游戏中的角色与鹰架模式，讨论教师可以扮演的角色与运用的鹰架是什么？

二、针对第一章【热锅加油站】游戏情节，请依据本章教师在游戏中的角色与鹰架模式，讨论教师可以扮演的角色与运用的鹰架是什么？

第四篇 | 具体落实篇

游戏课程的具体实施

游戏课程的统整实施：设计与施行

成人期望与迷思VS游戏课程

游戏课程的共构：亲师生伙伴关系

游戏课程的环境规划与运用

游戏环境的内涵与区域类别

游戏环境的规划与运用

第七章　游戏课程的具体实施

据前面篇章的论述，游戏对幼儿的发展极具价值，它应在师生共构下与课程交融。本书在社会建构论下，建议师生谐融共生的游戏萌生课程取向与课程萌生游戏取向两种融合方式，并希冀能在幼教实务中真正落实。本篇将针对游戏课程的具体实施方法（第七章）与相关游戏环境的规划与运用（第八章）加以探讨，有利于游戏课程真正落实。为呼应统整性课程，第七章首先论及游戏课程与教学的统整设计与实施；第二节探讨对游戏课程落实颇具影响的成人迷思与期望以及论述如何抗辩因应；第三节则进一步提出亲师生共构实质做法，即亲师生如何建立伙伴关系，共构游戏课程。

第一节　游戏课程的统整实施：设计与施行

幼教课程强调统整设计与实施，游戏与课程融合也须如此，本节探讨如何统整设计与实施第三章所揭示有品质的两种游戏课程取向——谐融的课程萌生游戏与谐融的游戏萌生课程。谐融的课程萌生游戏虽由教师启动，以游戏为主要途径落实课程目标，但在共构实施历程中兼顾孩子兴趣与需求，尽量平衡孩子与教师间的主导权；谐融的游戏萌生课程虽由孩子启动，以自发游戏为发展基础，但在共构实施历程中兼顾教师充实经验与引导延伸，尽量平衡教师与孩子间的主导权。所以两种取向都有顺应幼儿兴趣与内建教师鹰架引导的成分，也因此两种取向都有萌生字眼，表示游戏课程的动态发展状态，是在共构历程中逐渐萌发成形的。

一、"谐融的游戏萌生课程"的设计与实施

谐融的游戏萌生课程初始源自孩子在游戏区域的戏剧扮演游戏或建构游戏，例如：第一章研讨问题中连续几天在区域里玩的【生病、车祸、救护车】游戏情节，此时敏察力高的教师就会嗅到幼儿的游戏兴趣，在思考感冒、肠病毒与车祸防治及护理的迫切需要后，就一面扮角色搭鹰架为幼儿游戏穿针引线，一面则绘制概念网络活动图自我掌握与准备游戏可能走向，据此开展《生病了!》主题的游戏课程。

基本上，整个游戏课程的开展历程，是在幼儿自发游戏与教师为幼儿充实经验的活动间交替循环发展的，最后延伸与扩展成丰富的课程。也就是说在幼儿自发游戏时，教师依前章图6-2a所示扮演角色与搭建相关鹰架，以及准备如图3-6的《生病了》主题概念网络活动图相关作业；其后教师根据幼儿自发游戏表现，实施一些充实幼儿经验的活动，例如，进行团讨、参访有趣场所、邀人参访教示、布置区域与教具、以学习单与父母共构、实施团体游戏等教学活动。然后幼儿又回到区域继续游戏，教师从中观察与搭架引导后，再进行第二回合的充实经验活动，如是交织循环不已，有如图7-1所示偏向幼儿主导的游戏与偏向教师主导的经验间交替进行着，最后生成一个丰富的游戏课程。

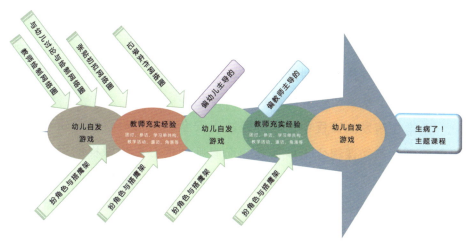

图 7-1 "谐融的游戏萌生课程"之设计与实施

图 7-1 下方扮角色与搭鹰架部分，已在第六章"教师在游戏课程中的角色（II）：鹰架与实务"中充分论述，本处针对图形上方所绘制网络图相关作业即本游戏课程的设计部分，加以阐述。

（一）"谐融的游戏萌生课程"的设计

谐融的游戏萌生课程是以幼儿的自发游戏为发展基础，顺着幼儿兴趣走，但是并不代表教师就无事可做，完全在后跟随幼儿的兴趣。谐融的游戏萌生课程的设计有四个步骤，均与主题概念网络活动图有关，包含绘制、讨论、张贴与记录，说明如下。

1. 教师绘制可资参考的主题概念网络活动图

第一个步骤是教师绘制网络图，即当教师发觉幼儿连续几天在区域里对生病主题很感兴趣时，就可一面扮角色、搭鹰架，一面着手绘制如图 3-6 的主题概念网络活动图。这主题概念网络活动图包括主题的知识或概念结构，也含括各领域或学科活动（社会、科学、美劳、健康等）以及各形态游戏或活动（团体、分组与区域等）；其绘制除教师自行思考外，也可与同伴讨论或参考相关书籍、教材。至于绘制网络图的作用有三，分别说明如下。

（1）给予教师信心掌握游戏的可能走向

通常在萌发的课程中，教师较缺乏安全感与信心，因为随时有不确定因素，不知课程会走向何处，而教师的信心影响课程的运作，因此建议教师在察觉孩子的游戏兴趣后，先行绘制主题概念网络图。绘制网络图的益处是能让自己借机思考与充实主题相关知识或概念脉络，从而了解未来游戏的可能走向，而且也可进一步预思日后可作为充实幼儿经验或达成概念理解的活动。因此对教师而言，将较有信心面对在游戏中萌发、逐渐演化的课程取向。

（2）有利教师规划孩子可能所需的经验

孩子的自发游戏常受限于有限的生活经验，导致一直重复或无法延展，教师绘制概念网络图后，可预先知悉孩子可能的瓶颈或需强化的经验为何，于是可以着手规划可丰富孩子经验或达成概念理解的活动，使之成为主题概念网络活动图，例如，到社区诊所或卫生所参观、让当医生或护士的家长入班教示或接受幼儿访问、到邻近的药局参观等。以上这些地方或人士并非实时可以配合，在绘制概念网络活动图后，便可伺机开始着手联络与预备，及时充实孩子的经验。

（3）方便教师准备孩子尽情游戏的舞台

在掌握孩子游戏的可能走向与可能做为充实游戏的活动后，也方便教师准备游戏舞台与道具，例如：户外空间、区域空间、教材、教具、回收资源、与主题相关的道具等，从而激发幼儿的游戏内涵。有些资源是教室或幼儿园储藏室里既有的资源（如相关绘本、教具等），有些则需借助于家长或社区赞助（如白布、大型纸箱、医药宣传海报等），甚至必须临时申请购买，这些都必须及早规划或协调联系，以及时让游戏开演。不过建议教师在绘制网络图后能立即与幼儿讨论，以了解幼儿兴趣并达成共识。

2. 与幼儿讨论与绘制主题概念网络活动图

第二个步骤是与幼儿讨论与绘制网络图（图 7–2a~图 7–2c 为及幼幼儿园长颈龙班两位教师与幼儿讨论网络图）。谐融的游戏萌生课程是源自孩子的自发游戏，在顺应孩子兴趣基础上与之共构，因此与幼儿讨论与绘制主题概念网络活动图，了解幼儿真正兴趣与先备经验就显得十分重要。由于教师已经自行绘制网络图，大约了解此一主题的重要内涵，在与幼儿讨论与绘制时，就能在有所参照下，较为得心顺手并可做弹性调整。不过师生共同绘制的网络概念活动图要保留足够空间，让游戏课程在发展历程中得以真正萌发延展。至于与孩子讨论与绘制网络图有如下三项作用。

图 7–2a　与幼儿讨论网络图

图 7-2b 与幼儿讨论网络图　　　　图 7-2c 与幼儿讨论网络图

（1）了解兴趣与旧经验以利后续共构

其实以上教师自行绘制网络图的三项作用——掌握可能走向、准备游戏舞台、规划幼儿经验，在与幼儿协商讨论并调整绘制后，更加凸显这些功能，因为教师可以清楚洞悉孩子的兴趣点，知道哪些经验或活动确实可以引发幼儿的关注与投入；也可借机了解孩子的先备经验与亟待充实的经验，较易掌握游戏发展线路与待搭鹰架，有利于后续共构实务。

（2）可为重要概念铺陈丰富幼儿视野

教师在与幼儿讨论网络图时，因有自行绘制的网络图作为参考，已事先知悉某些对幼儿非常重要的知能或概念，当幼儿始终未提及该概念时，教师就可抛出话语，试图引起幼儿共鸣或注意，并加以铺陈作为引导，如肠病毒、感冒、车祸等的疾病防治概念。如是，在师生协商讨论下，共同绘制类如图 3-6《生病了！》的主题概念网络活动图。

(3) 体现民主氛围激发游戏/探索兴趣

与幼儿协商讨论并绘制网络图能充分显现民主共构氛围，幼儿的游戏兴趣与教师的重要关注均能在教室中呈现。孩子在民主尊重氛围下，不但可汲取社会文化的重要信息，而且也自豪能成为学习群体中的重要贡献者，尤其当孩子看到自己的想法能被教师当场记录在网络图上，而且在其后又被张贴在教室讨论区显著处时，更能激发其游戏/探索兴趣。

3. 张贴初拟的主题概念网络活动图

第三个步骤是张贴初拟的网络图，亦即师生初步共构的主题概念网络活动图，幼儿在文字旁画上大家可以理解的图示后，可以张贴在幼儿教室明显处（如讨论区），作为一种情境鹰架，也具民主与成长意涵的氛围鹰架作用，让孩子清楚意识到教室里大家正在游戏与探索着的是什么，共同投入此一氛围中，可发挥聚焦游戏内涵的作用，其实它也是一种架构鹰架，架构了幼儿游戏的大致走向。不过，此概念网络活动图应定位为蓝图，容许日后弹性变动与发展。

4. 记录实作的主题概念网络活动

第四个步骤是忠实地记录游戏/探索实作的轨迹，尤其是在未完全依照初拟的主题概念网络活动图实施的状况下，因此，在师生共构历程中，应随时文图并茂地记录实际进行的游戏内涵，留下游戏轨迹。这游戏轨迹也可以是以线条从网络图概念或活动拉出的游戏照片或作品照片，而这文图并茂的大型网络概念活动图张贴在教室中，可作为情境鹰架、氛围鹰架、回溯鹰架，让幼儿浸泡在该主题的游戏氛围中，有利游戏课程的发展。图7-3为及幼幼儿园长颈龙班老师与幼儿正在网络图上记录游戏/探索结果。

(二) 谐融的游戏萌生课程的实施

　　谐融的游戏萌生课程的实施除依图 6-2a 角色与鹰架模式扮适宜角色与搭适切鹰架已如第六章所述外，尚须兼具计划性与萌发性。就字面意义而言，谐融的游戏萌生课程取向是建立在幼儿自发游戏基础之上，不过承上所述，它也需教师预先计划，例如，设计网络活动图、与幼儿讨论及绘制网络图等，甚或联系参访经验与外宾入班、准备舞台与道具、规划充实经验活动等，才能走向具丰富内涵的高品质游戏课程，故谐融的游戏萌生课程是在幼儿引领与教师引导经验间保持平衡状态下发展的，实兼具计划性与萌发性。

图 7-3　记录实作的主题概念网络活动图

以萌发性而言，谐融的游戏萌生课程取向是在顺应幼儿兴趣为基础的师生共构中动态形成的，教师的想法、幼儿的想法随时都可能是课程萌发的因素或内涵，例如，幼儿对原初拟网络图上的某一概念或活动极有兴趣，不断深入钻研延伸出许多额外的精彩活动；或是对原初拟网络图上所没有的，但却是相关的概念或活动，临时萌发浓厚兴趣，这些都可以发展成课程内涵。再例如，有时幼儿一直无法玩出高品质游戏，或仅注意表层肤浅现象的游戏，教师原所绘制的概念网络活动图的某项概念或活动就可发挥作用，适时地弹性切入，或教师另外提供充实幼儿经验的活动。简言之，它是教师本民主尊重精神与幼儿协商共构的，有时幼儿较为主导，有时教师较为主导，有时则是共同主导，但是整体而言，都是处在师生平权的氛围与状态中。

很重要的是，师生共同绘制的网络概念活动图，必须留有未预期的与可改变的足够空间，才能有以上真正的萌发历程与成果。我们皆知兴趣是学习之源，是探究的动力，当幼儿显现充分兴趣时，教师应把握时机适度调整课程，例如，在游戏场游玩时，发现一只受伤的小鸟（或小狗），幼儿不时围观与讨论，想要救护或给它喂食；此时教师可与幼儿共同讨论动物生病了要看什么医生，在师生协商下将其纳入《生病了！》主题概念网络活动中，临时萌发的经验就可适时切入。就此而言，课程的计划是持续性的，很难划分预先设计的与实际所进行的。这种兼顾计划并预留改变空间的课程规划方式，在意大利瑞吉欧教育系统被称之为 Progettazione（Rinaldi, 2003）。

如上谐融的游戏萌生课程取向的设计与实施步骤，当教师见到幼儿于近日对百货公司显露兴趣，在区域扮演爸妈带小孩去百货公司逛街剧情，有时则扮演结账、刷卡情节，有时演出食品街叫餐点菜戏码。这时教师就可针对幼儿的兴趣，预先绘制百货公司的主题概念网络活动图，然后再与幼儿共同讨论与调整绘制。此份共同绘制的主题概念网络图，可以张贴在教室明显处，作为氛围鹰架、情境鹰架、架构鹰架的一部分，并随时可将实际共构的游戏/探索状况记录于该图，发挥回溯鹰架、氛围鹰架与情境鹰架的效用。而且共同绘制的主题概念网络图要保留适度弹性空间，以供后续临时萌发与师生共构时的动态发展。

二、谐融的课程萌生游戏的设计与实施

谐融的课程萌生游戏源自教师依课程目标所设计的以团体、分组与区域等游戏活动为主的课程，例如，第一章【球儿滚滚滚】团体游戏，就是《滚动与转动》主题中的游戏。在此种游戏课程取向下，通常教师先会依据课程目标绘制有如图 7-4《滚动与转动》主题概念网络活动图，在教师绘制完后就实施预设的活动，一面扮角色搭鹰架，一面顺应孩子兴趣与引领期待玩出变化，如是展开《滚动与转动》主题的游戏课程。

基本上，整个游戏课程的开展历程，是在教师预先设计的活动与孩子延伸发展的游戏间交替循环发展的，最后衍发成实质的课程内涵。首先教师设计各类教学游戏与活动，并依第六章图 6-2b 所示扮演角色与搭建相关鹰架。在游戏前规划准备可供滚动与转动的相关室内外空间、铺面、操作性物体与自行运转的设施或物体等。在游戏中则以培育自治为目标，期望孩子能表现出心智上与行为上的灵活自治——主动思考、能观点取代，以及能自我管理、与人合作订定与维护游戏规则，甚至协商调整游戏玩法。因此教师必须善尽观察研究者之责，若幼儿无法如是表现，则必须弹性运用中介管理者、激发引导者与共同参与者角色，甚至充实幼儿相关经验。

换言之，虽然是教师设计的游戏，也须弹性地适度顺应孩子的兴

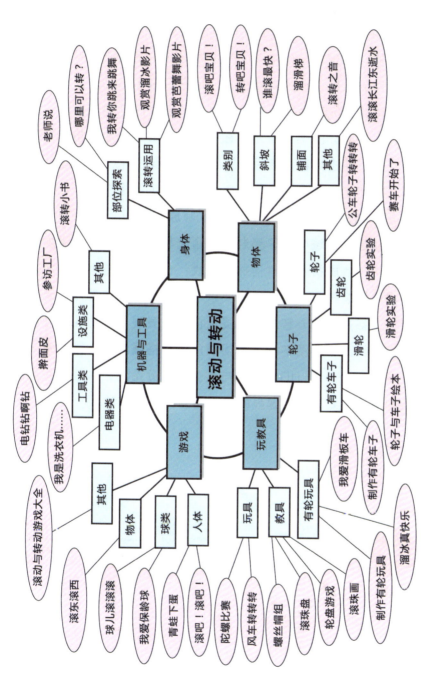

图7-4 《滚动与转动》主题概念网络活动图

趣与引领权，让孩子充分延伸与发展，例如：将团体游戏的热潮延伸到区域持续游戏/探索，或再度进行类似但却是孩子所萌发的不同玩法的团体游戏，或乐观与延伸孩子受主题影响在区域所发展的各类游戏；然后再回到教师设计的游戏中，如是交织循环不已。而教师所设计的游戏活动也具充实经验作用，激发孩子接续的延伸与发展，整个游戏课程的发展有如图7-5所示，在偏向教师主导的活动与偏向幼儿主导的游戏间交替进行着，最后发展出一个丰富的游戏课程。

如图7-5所示，孩子延伸与发展的游戏有可能是在团体进行或区域操作的规则游戏中，改变或延伸了教师原本的设计内涵或游戏方式；也有可能是在区域中孩子受游戏主题或教师设计活动的激发而自行发展的建构、戏剧扮演或其他探索游戏；也有可能是将团体游戏热度带到区域中持续进行，或是幼儿要求再度进行该团体游戏。无论是哪一种状况，都是幼儿心智与行为灵活自主的表现，是幼儿引领主导的成分，均值得鼓励。图7-5下方扮演角色与搭鹰架已在第六章"教师在游戏课程中的角色（II）：鹰架与实务"充分论述，本处针对图形上方的绘制网络图即本游戏课程的设计部分，加以探讨。

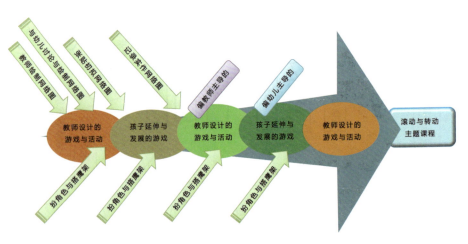

图7-5 "谐融的课程萌生游戏"之设计与实施

（一）谐融的课程萌生游戏的设计

谐融的课程萌生游戏取向因是教师依课程目标启动，因此在设计方面比游戏萌生课程取向较为结构性，通常有书面文件存在，最主要的是绘制主题概念网络活动图。这网络图包括主题的知识或概念结构，也含括各领域或学科活动（社会、科学、美劳、体能等），以及各形态游戏或活动（团体、分组与区域）。如图 7-5《滚动与转动》主题概念网络活动图所示，包括主题知能或概念如身体部位的滚与转、身体滚与转的运用、物体的滚与转、滚与转的玩教具、滚与转的游戏、滚与转的机器与工具等；以及各领域游戏活动，例如：齿轮实验、滑轮实验、谁滚最快（科学领域），我转你跳来跳舞、滚吧！滚吧！、我是洗衣机……（体能领域），滚转之音、公交车轮子转转转（音乐律动领域），滚动与转动游戏大全、轮子与车子绘本、滚转小书（语文领域）等。而游戏活动的形式有团体或分组进行的，例如：球儿滚滚滚、我爱保龄球、电钻钻啊钻、老师说等，也有在区域进行的，例如：轮盘游戏、滚珠盘、谁滚最快、滚珠画、绘本阅读等。

至于图 7-4 左上方的与幼儿讨论与绘制网络图、张贴初拟的网络图、与记录实作的网络图三项，笔者强烈建议亦应纳入谐融的课程萌生游戏取向的设计程序内，以让幼儿感受民主与成长氛围，在师生共构中更有焦点，发挥氛围鹰架、情境鹰架、架构鹰架与回溯鹰架的作用，有如谐融的游戏萌生课程取向的设计中所描绘。尤其是与幼儿讨论与绘制部分，可及早依幼儿兴趣与先备经验调整教师所设计的课程，让课程萌生游戏取向更为谐融化。值得注意的是，这些游戏的设计也要符合高品质游戏的要求——趣味性与挑战性，以激发幼儿游戏兴趣与心智思考。就此，教师在设计之初尽量要了解幼儿的兴趣，最好是以幼儿感兴趣的主题与活动来规划设计；而且也要了解孩子的知能发展，方能设计落在最近发展区间的挑战性活动。

（二）谐融的课程萌生游戏的实施

谐融的课程萌生游戏的实施除依图 6-2b 角色与鹰架模式扮适宜角色与搭合宜鹰架已如第六章所述，尚须兼具计划性与萌发性。就字面意义而言，谐融的课程萌生游戏取向是在教师设计与启动后，顺应幼儿兴趣与引领所动态形成的游戏课程，当然具有随时萌发的特性。承上所述，它除有预先结构的计划外，如设计主题概念网络活动图、联系参访经验与外宾入班、准备游戏舞台道具等，还需容许幼儿的延伸、改变与发展，才能走向具丰富内涵的高品质的游戏课程，故谐融的课程萌生游戏的实施兼具计划性与萌发性。

以萌发性而言，幼儿的兴趣、想法随时都可能是课程萌发的因素或内涵，例如，在【滚东转西】团体游戏中，孩子探索了教师所提供物体的滚动与转动后，兴趣依然热烈，有幼儿找起教室内可以滚动或转动的物体，于是起了涟漪作用，全班幼儿忙着寻找与试转、试滚。在幼儿要求下，教师持续让幼儿探索，有孩子很得意地发现光盘片可以转动也可以滚动，也有孩子兴奋地发现钱币也有同样效果，又有孩子雀跃地发现铅笔也是可滚可转……接着有孩子比赛起转动与滚动的速度，欢乐声此起彼落，就这样原本点心时间遂改成自行取用方式。

再如幼儿玩过【球儿滚滚滚】团体游戏后，兴趣盎然高涨，教师遂将扇子与乒乓球放在区域中，让幼儿自由探索。孩子在区域中扇着扇子一阵子后，有孩子突然发现用嘴巴吹也可让乒乓球移动，大家纷纷玩起用嘴吹乒乓球的游戏；还有幼儿发现用手拍打震动地板，也可让乒乓球移动。如是，每天都有新花招出现。最后教师又进行了一次【球儿滚滚滚】团体游戏，各组可以用自己的方式移动乒乓球入球盒，所用的方式非常创意多元，例如：用宝特瓶对着乒乓球挤压（空气流动）、用绘本扇、用粗橡皮筋弹、用手指弹等，孩子乐此不疲，于是让游戏又回到区域中玩了一阵子。

以上两个活动的进行，都超乎教师原本规划的内涵与时间，就像这样，幼儿对原本网络活动图上的某一概念或活动特别有兴趣，不断深入钻研延伸变化出许多精彩活动。有时则是受教师主导的游戏或主题氛围的影响，在娃娃家或积木区中自发玩起与主题相关的游戏，都有可能发展成课程内涵。而有时是幼儿对原初拟网络图上所没有的，但却与主题相关的概念或活动，临时萌发了浓厚兴趣，也可发展成课程内涵。基本上，以上实例并无离开原定目标与内涵太远，教师都应顺应幼儿兴趣与引领，加以弹性调整，因为有了幼儿的兴趣热度，才能造就真正的学习。

简言之，教师要本民主尊重精神，与幼儿协商共构游戏课程。有时教师处于较为主导地位，有时幼儿居于较为主导态势，有时则是共同主导，但是整体而言，都尽量是处在师生平权的状态。所以很重要的是，教师预先绘制的主题概念网络活动图，必须留有因应幼儿兴趣、可弹性改变的空间，或者是因应临时事件、可弹性调整的余地，才能萌发精彩的游戏课程。

三、主题概念网络活动图的绘制

以上两种游戏课程均须绘制网络图，有如上述。至于绘制统整性游戏课程的主题概念网络活动图，本书采用 Beane（1997）的观点，认为设计的第一步要先分析此一主题的概念或次概念，即主题知识结构，然后在概念或知识下再设计有助于探索与理解该概念或知识的各领域相关活动（图7-6），有如图7-4《滚动与转动》主题概念网络活动图与图3-6《生病了!》主题概念网络活动图所示，包括各层级概念与促进概念理解的各领域活动。针对概念网络活动图的绘制，有人建议除自行构思外，可运用同伴头脑风暴、参考相关书籍或教材等方式搜集想法；或采用"W"开头的问题如何时、何地、为何、如何、与谁等，加以构思与组织。而同一主题的网络图可能有多种表现，只要符合逻辑知识结构即可。

以主题《好吃的食物》为例，其下的概念可能包括：食物的来源、食物的种类、食物的烹调、食物的保存、食物的选购、食物的营养等；而在"食物的种类"概念下，可能还有五谷类、蔬果类、油脂类等次概念；在"食物的保存"概念下，可能还有腌渍法、冷冻法、真空法等次概念。当然也可以是在主题下先分为蔬果、油脂、五谷等五大类食物，然后在第二层级概念才涉及各大类食物的来源、种类、选购、烹调等。以上这些概念与次概念整体构成《好吃的食物》主题的知识结构，是对主题充分探讨的要素（周淑惠，2006）。接着为了

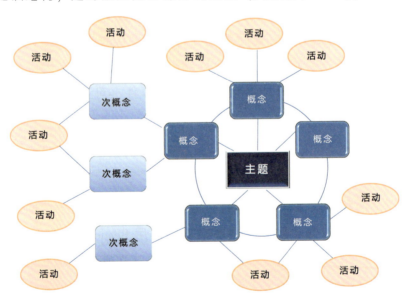

图 7-6 统整性课程主题概念网络活动图

资料来源：改编自 Beane(1997)

促进对"食物的种类""食物的烹调""食物的营养"等概念的探索或理解，在各概念下设计各领域相关活动，例如：阅读食谱、逛超级市场、向妈妈取经、小小市场调查员（调查与记录食物的种类）、创意烹饪活动、我的饮食日志、营养食物品尝会等。以上有些活动可同时促进两个或三个以上概念的理解与探索，有些概念则可透过数个活动加以探讨。

值得注意的是，统整性课程统整了课程设计、知识、经验与社会等层面，但是绝非等同于多学科课程（multidisciplinary curriculum）(Beane, 1997)。统整性课程的设计始于一个中心主题，然后向外确立与主题相关的各"大概念"，以及用来探索主题与概念的活动（图7-6），这样的设计并未特意考量各个学科，因为主要目的是要探索主题自身。简言之，统整性课程是以儿童有兴趣的问题、主题作为课程的开始与结束，对主题的概念与知识充分探讨，并以概念来统整各个领域知识。

至于多学科课程是由主题概念直接切入各学科/领域教学（图7-7），例如，在《好吃的食物》主题下，在美劳领域进行绘画各种好吃的食物，语文领域阅读相关的绘本，社会研究领域参观超级市场，科学领域进行烹饪活动等。也就是多学科课程的课程设计始于确认各个科目以及各学科中应被掌握的重要内容与技能。当一个主题被决定后，以"每个科目可对主题贡献什么？"的问题来设计主题课程。在这种情况下，各独立分科的身份仍被保留于教材内容中，学生仍须轮转于各学科间。虽然各科目与主题相关，但主要的目的仍是掌握其所涉及的内容与技能，因此，主题的探讨就变为次要。换言之，多学科课程是以学科内容、技能做为课程的开始与结束，在执行的过程中很容易直接落入设计与各科有关的浅层活动，发生知识被浅化的现象(Beane, 1997)，因此本书较不赞同此一设计方式。

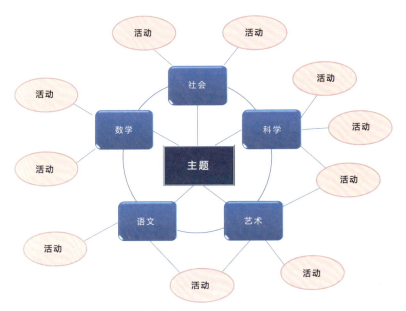

图7-7 多学科课程网络图

资料来源：改编自 Beane（1997）

本节小结

本节探讨游戏课程的统整实施，包括设计与施行部分。谐融的游戏萌生课程取向与谐融的课程萌生游戏取向皆是在幼儿发展的游戏与老师设计的经验间交织循环的。谐融的游戏萌生课程的设计有四个步骤，即绘制、讨论、张贴与记录主题概念网络活动图；谐融的课程萌生游戏亦包含此四步骤，让幼儿感受民主与成长氛围。至于这两种游戏课程的实施除教师适宜地扮角色与搭鹰架外，要顾及计划性与萌发性弹性地实施。而在绘画概念网络图方面则强调先概念再活动的设计方式。

第二节　成人期望与迷思 VS 游戏课程

　　游戏在幼儿发展上极具价值，然而它在幼儿教育实务上并未被普遍落实。本节首先说明游戏在各地幼教概况，继而探讨此一现象后面的影响因素——成人的期望与迷思，以便于下节提出抗辩与具体对策，以利游戏课程落实。

一、游戏课程的落实情形

　　笔者曾综合诸多实征研究，归纳台湾幼儿教育教学现况为：分科与才艺教学当道、对坊间教材过分依赖、教学开放性不足、对美语教学与全美语存有迷思（周淑惠，2006），可见游戏在幼教实务中处于边缘地位，此亦可从过往各层级政府的幼儿园评鉴报告以及幼教学者的辅导与评鉴幼儿园经验中加以验证。简茂发、郭碧唅（1993）曾调查以儿童为主导的自由游戏在台湾幼儿园的运用情形，发现自由游戏占幼儿园一周时间的比例极为有限，平均约只有12%，更可做为明证。此外，笔者也常旅行观察亚洲各国的幼儿园，从中都发现：虽然有一些非常标榜游戏/探究，其实务也着实令人惊艳，但究竟是少数园所；其他诸多园所多还是将游戏置于边缘或次要地位，认知取向的学业学习凌驾一切之上。很明显地，游戏并未普及于亚洲幼教，读写算认知性与结构性教学当道。以下举各国游戏实况补充说明。

　　美国知名幼教学者 Elkind（1990）曾指出，当代父母与教育者多持有"不要输在起跑点""愈早教育愈好"，以及"孩子如同海绵一样地吸收周围事物"的信念，因此婴儿未出生前就开始进行胎教，孩子还很小时就被送到幼儿园或才艺班开始学习数学、钢琴或其他才艺课程。在这种情境下，幼儿园自然沦为学业取向，游戏无疑地被牺牲或边缘化。美国学者 Kagan（1990）亦指出，幼儿教育现场的现实面显示，游戏理论与实务间确实有所落差。而实证研究也指出，幼儿园并未有效执行全美幼教协会所颁布的以游戏为精神的《适性发展的幼教实务》，仅有 33% 的幼儿园是真正以游戏为基础的（Dunn & Kontos, 1997）。

不仅游戏未被落实于美国幼儿园中，英国的 Bennett 与 Kell（1989, 引自 Wood & Attfield, 2006）的实证研究也指出，幼儿园教师虽然提及游戏是他们的教学目标，但是只有 6% 的研究观察中的教学实务属于游戏活动。大体而言，"幼教是以游戏为根基"仅停留在喊口号的层面，在实务上并未被真正落实。也难怪第一章所提及的 Jenkinson（2001）指出，英国亦有失掉童年与游戏的现象。

此外，游戏专家 Smilansky（1990）也调查了美国与以色列幼儿园教师在课程中运用游戏的情形，发现虽然两个国家的教室中皆有类似娃娃家的游戏区域，但多数教师并未把游戏有意地纳入课程中，更谈不上观察或评价孩子的游戏，甚至不认为可促进孩子游戏发展的鹰架引导的必要性。而且教师在师资培育期间也未被教导如何搭建鹰架、促进与评价孩子的游戏。也就是说，虽然社会戏剧游戏有助于幼儿认知、社会/情绪发展与未来的学习，但是无论美国或以色列的幼儿教师都在实务上忽略了它。诚如 Michalovitz（1990）探讨以色列幼儿教育一文中指出，教师集中于教导的、以学习为取向的活动，游戏流于幼儿园次要地位。

二、成人期望与对游戏的迷思

针对游戏无法在幼儿教室中被落实，一般老师常将此归咎于不适宜的游戏材料，或者是来自家长或机构不鼓励游戏的压力所致

（Kagan, 1990）。Elkind（1990）认为，归根究底在于当代父母与教育者多持有"不要输在起跑点""愈早教育愈好"的信念。以下就西方社会与东方社会分别说明成人的期望与迷思及其形成因素。

（一）西方社会

前面提及父母多持有"不要输在起跑点""愈早教育愈好"与"孩子如同海绵一样"的期望，其实这也是迷思，Elkind将此归究于社会大众对于幼儿能力的看法。他认为自古以来对幼儿能力的看法一向有两种观念：一是取决于环境影响的"个别差异观"，亦即好坏不同的环境造就了个别能力的差异；一是取决于阶段发展的"团体表现观"，亦即幼儿期是一个独特阶段，所谓能力是该年龄层儿童群所共同表现出的状态，类似常模之意。当代美国社会大众认为愈早教育愈好，很明显地是受到个别差异观的影响远胜于阶段发展团体表现观。

Elkind（1990）进而指出，有诸多因素共同形成了美国社会大众的个别能力观，包括历史因素以及当代转变中社会的潮流因素，结果造成社会大众持有愈早受教愈好的观念，以及支持幼儿阶段应该强调Piaget所指的顺应或工作，而非同化或游戏的想法（同化、顺应请参见第二章第一节游戏理论或第五章第一节社会建构论部分）。以下探讨美国社会的历史因素与当代社会的潮流因素以及其所形成的信念。

1. 历史因素

共同形塑社会大众个别能力观的历史因素包括个人主义、平等主义、拓荒冒险心态、资本主义等数项。在强调个人权力至上，以及只要努力则大家机会均等、均有出头机会的平等主义理念弥漫中，再加上冒险总是可能改变的拓荒冒险精神，以及把幼儿也当成顾客的资本主义思潮下，共同汇聚形成了整个社会意气相投地倾向支持强调个人的个别能力观。

2. 潮流因素

当代全球社会剧烈变动，美国社会也不例外，例如：妇女运动、公民权利运动、家庭结构改变等潮流趋势，共同造成社会大众对于个别能力观的接受胜于某一阶段发展的团体表现观。首先，随着妇女走入职场就业，中产阶级子女成为经济富裕象征的超级孩童（superkid）——穿着高档服饰、购买昂贵玩教具如电子产品、就读高费用的私立才艺课程，以上种种现象凸显若要象征某一阶层就必须出类拔萃的意象与信念。其次，社会大众对于公民的基本权力愈来愈重视，尤其是少数民族的受教与工作权，最有名的就是提早教育方案（Head Start Program），它强调智力与学业成绩的个别能力表现。最后，再加上离婚、单亲等家庭结构的快速变化，当代父母深信自己的孩子必须要有能力应付生活中所有的不顺与变动。以上这些种种潮流让及早教育的信念深植美国社会人心。

以上是 Elkind 从时间纵向层面入手，分析从古至今影响个别能力观形成的各个因素，颇具宏观见解，有助于理解游戏实务沦为次要地位的过程。相对地，Kagan（1990）则从当今现象的横向层面加以分析，将游戏理论与幼儿教育现场实务间的落差，即游戏无法在幼儿教室落实，归咎于三项阻碍因素——态度、结构与功能，对于理解游戏实务边缘化很有帮助，兹说明如下。

1. 态度上的阻碍

态度是最明显的阻碍——美国的文化精神并不看重游戏，成功之道乃系于持续地努力工作。一般社会文化观点是把工作与游戏分离如周内与周末，而且只有在工作完成之后才能游戏；且父母在自己的生活中或孩子的生活中并不重视游戏，游戏只有在能促进认知功能时，才被认为是有价值的。

2. 结构上的阻碍

结构阻碍是指制度的结构性、课程的结构性，以及时间、空间、材料、师生比例等的限制，例如：幼儿准备度评价、发展评价或是上小学的入学筛选测验制度等确实让教师与家长不敢轻忽，预备幼儿能通过考试成为上上之策，自然地导致游戏落入次要地位。虽然态度是最明显的阻碍，但是要因应与破除结构上的障碍也是不容易的事，这在英国 Bennett 与 Kell（1989, 引自 Wood & Attfield, 2006）的幼儿园游戏教学研究中也得到印证：缺乏时间观察与反思、教室空间限制、班级规模大、缺乏其他成人支持与资源缺乏等，均干扰教师将游戏理念付之实施。

3. 功能上的阻碍

功能的阻碍系指幼教教师缺乏时间在职进修或训练，没有充分的知识和能力来推动游戏教学；此外，幼教教师工作辛苦繁重且流动率大，现场又无足够的人力来填补流失率，教师须一人抵多人之用，因此理论与实务间的落差是可以理解的。

针对以上不看重游戏或游戏与工作对立的态度上阻碍，笔者以为是游戏无法落实的最根本原因，其实它与上述 Elkind 所指个别能力观有所关联，因为要表现优异的个别能力，只有持续努力地工作才有可能。其次，有关结构上的阻碍确实羁绊与牵制教师，若入小学的幼儿都要筛检测验，而测验的内容均以学科知能为主，教师与家长均饱受无穷压力，自然地以让孩子通过考试为主要目标，何来闲情与幼儿共构游戏呢？而各样结构上的限制如空间、班级规模、资源等也确实让教师难以伸展推动。最后功能的阻碍犹如瘸腿的教师，根本无能力实施游戏教学。以上 Kagan 三项阻碍确实有道理。

笔者将 Elkind 的纵向层面分析与 Kagan 的横向层面分析，统整于图 7-8，希望有助于读者理解游戏无法于实务上落实的缘由。一方面，导致幼教实务无法落实是因为社会大众拥有及早教育的迷思，而此迷思是源于个别能力观，而个别能力观是由多项历史与潮流因素所形塑；另一方面，从当今现象剖析游戏无法落实之因，乃因三大现实阻碍所形成：态度、功能与结构，而这三大阻碍也综合促成及早教育迷思。Elkind 与 Kagan 之说均指出及早教育迷思的缘由，二者实可互补。

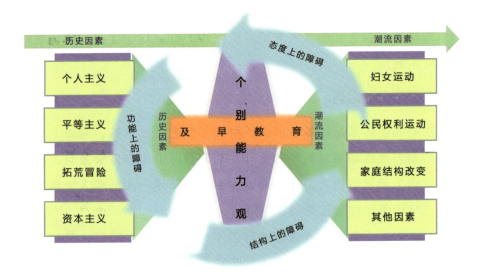

图 7-8 游戏无法落实的缘由

（二）东方社会

在东方社会尤其是两岸四地的家长，对于子女教育也有类似的

"不能输在起跑点"的期望与迷思，笔者以为东方父母的期望与迷思有三，在此并探讨其形成因素。

1. 期望子女成为龙凤

在东方宗族社会，望子女成龙、成凤心态是非常明显且自然之事，一方面这是为人父母的正常表现，不仅绵延子孙延续香火，而且竭尽所能地培育后代并寄以厚望，盼望子女光宗耀祖。而在另一方面，望子女成龙凤有时也在补偿、实现父母的心愿，因为当代许多为人父母者过去曾受到连续战乱与经济困顿的影响，无法接受良好教育，因此深度寄情于下一代，望其成龙凤之心更加强烈。此外，当代少子化趋势愈来愈严重，着实让父母望子女成龙成凤心态更加炙烈，因为可以期盼的子女有限，每一个子女都是宝贝，众千关爱集于一身，必须好好地加以栽培。如台湾出生率近几年大幅骤降，导致许多幼儿园、小学，甚至大学必须面临关门命运；大陆则因一胎化政策形成万人皆宠的独生宝贝儿，期望自然也攀高。

2. 学业成就高于一切

在科举考试制度笼罩下，传统东方社会非常重视万中选一的士大夫阶层，士、农、工、商阶层顺序毫无疑问地显示士大夫的崇高地位，衍生出"万般皆下品，唯有读书高"的坚实信念，因此一般民众十分强调读书与学业成就。研究指出，无论是在美国的华裔，或是中国大陆或台湾的学生，都是比较成绩导向的（Xing, Lee, & Solomon, 1997），以笔者的经验与观察，父母最常挂在口里的是："你考几分？""你第几名？"在德、智、体、群、美各种教育之中，似乎偏重智育与其表现，尤其是读、写、算能力的表现。

3. 成功系于苦干苦读

在望子女成龙凤心态与重学业成就观念共同加持下，孩子必须按照父母期望与所认为的最佳方式去学习，如苦干、苦读。古谚"业精于勤、荒于嬉"，自古大家对于嬉戏均持负面态度，认为是有害于学习，必须勤劳苦读，才能出头，而所谓苦读顾名思义是辛苦读书，竭尽精力与时间于读书。拜科举之赐，十年寒窗的书生终得头名状元，从此荣华富贵享不完，羡煞人也，在此锦绣前程激励下，成为大家毕生努力的目标，十年寒窗必得忍受。其实不仅读书要苦读，工作也要苦干，诚如"吃得苦中苦，方为人上人""天将降大任于斯人也，必先劳其筋骨，苦其心志。"总之，无论是读书或工作，埋头苦干、辛苦工作的信念深系于人心，相反地，嬉戏则有碍学习。

以上东方家长的三项期望与迷思，在面临入小学后学业压力与考试制度的推波助澜下，致使幼儿园沦为小学预备班，提早开始学业教育；更甚的是，在两岸四地某些地区的小学入学还须考试测验，为让学前幼儿顺利过关进入小学，幼儿园学业取向教育成为顺理成章，自然地对幼儿游戏持负面态度，这种及早教育信念深植社会大众人心。举例而言，台湾一些幼儿园在中小班就开始教写汉字与注音符号、教导算数加减算则，尤其是注音符号，深怕孩子入小学前未先学习，一定会跟不上小学注音符号与汉字的学习。根据笔者的经验与观察，许多家长在为孩子选择幼儿园时，最关心的问题是幼儿园是否教写字与算术，如幼儿园是游戏取向或不教导写字，则选择不就读或马上将孩子转走，因为不能输在起跑点上，宁可及早教育。

综合上述，Elkind 是从历史演变中的大社会文化探讨：为何美国社会大众重视个别能力表现，以致持有及早受教、赢于起跑点的看法，导致游戏边缘化现象；而 Kagan 认为，游戏实务无法落实的第一项阻碍就是美国社会不看重游戏的态度，将工作与游戏分立，其实这也与个别能力观有关，两位学者的看法实可相互补充。至于Kagan的第二项——入学准备与评量的结构阻碍，则让美国社会大众在态度上的障碍更加发酵与凸显；其实这与深受历史制度影响的东方社会家长的期望与迷思，在某些程度上是不谋而合的。虽然东西方文化不同，所形成的信念本质也不同，但东西方社会大众均认为努力是必需的，是迈向成功唯一之道；也就是无论是东方期望孩子成龙凤、西方盼望孩子显出个别能力，辛勤均为不二法门。再加上双方结构上的因素加持，如考试评量制度与学业取向的小学教育，为赢在起跑点取得似是而非的心中合法地位，游戏遂沦于点缀性的边缘地位。

本节小结

　　游戏在幼教实务上并未被深度与广泛地落实，本节探讨东西方对游戏的迷思与形成因素，明显可见游戏与工作两极对立的根深蒂固观念，也不难理解东西方及早教育的期望与迷思。一般人认为，"工作代表严肃，游戏代表浅薄与幼稚"（Sutton-Smith, 1986: 9），"工作代表生活中理性的事业，游戏是为了消遣与玩乐"（Wood & Attfield, 2006: 9）；再加上游戏有时会带来混乱、破坏性与不可预测性，如打闹游戏，所以成人想要去控制它（Wood & Attfield, 2006），无怪乎Saracho（2002）特意分辨教育性游戏与非教育性游戏，并建议教师要规划具教育性的游戏。此外，诚如第一章所述，由于游戏本质的不可捉摸与定义的纷歧，让人们雾里看花，无法理解，遑论在实务上落实，也共同形成游戏失掉其在教育上的地位与大众的信任度。

第三节　游戏课程的共构：亲师生伙伴关系

本节旨在针对社会大众的期望与迷思，提出省思与抗辩，期望能扭转一般人似是而非的看法，进而对游戏持正向态度；接着提出亲师生伙伴共构的游戏课程并解释其意涵与重要性，为免流于纸上谈兵，继而提出伙伴共构的具体实质做法，以期真正落实游戏课程。

一、父母迷思的省思与抗辩

针对当今与未来社会的剧烈变化及挑战，笔者特别关心的是，如何培养能好奇、求知与应变的求知人、应变人，进而是符合时代需求的民主人、地球人、科技人，甚而是强调全人发展的完整人（周淑惠，2006）。本人深深以为，及早进行读写算的学业教育并无法提升孩子的全方位能力，使其能幸存于高度变迁与挑战的新时代中；然而父母往往拥有迷思，对孩子另有期望，有如上节所述。

首先论及幼儿能力，根据 Bloom，认知能力是有高低层次之分的，由较低层次的知识与技巧的记忆背诵、理解，到中间层次的运用、分析、综合能力，再到较高层次的评鉴、创造能力。在教育上要培养的应该是强调比较高层的认知能力，也就是最起码能运用、分析，甚至能评鉴与创造，而求知、应变、民主、科技等人，就是属于较高层次的认知能力。试想在现今信息爆炸的时代，个体能记忆、背诵多少呢？再怎么能记与背也比不上计算机，还不如拥有求知探究力与应变处变力等更为重要，俗语道："给幼儿鱼吃，还不如教他钓鱼的方法，也要培养他钓鱼的兴趣"，就是这个道理。

以上钓鱼的方法譬喻求知探究能力，钓鱼的兴趣譬喻对课程与学习的兴趣；游戏是幼儿内在自发、积极表现的，游戏课程自然具有吸引幼儿兴趣与动机的条件。在此郑重呼吁，现阶段幼儿园中过分重视记忆、背诵的读写算教学，其实并无法培养幼儿高层次的认知能力，而且读、写、算基本能力只要是正常发展的幼儿到达一定程度，在正确有意义的学习情境下一定能充分展现。既然及早教学并无特别功效，还不如在孩子宝贵的童年让孩子游戏/探究，不仅可以培养求知应变力，引发求知探究兴趣，更能让孩子均衡健全地发展。

针对"不要输在起跑点上"，笔者认为更重要的是：不要停在中点即跑不动停下来，或倒在中点或终点，因为人生犹如马拉松赛跑一样的漫长辛苦，要能持久跑下去并抵达终点才是赢家。幼儿很小就在起跑点上背负厚重包袱（例如，很小就被迫提笔写字、背诵诗书、学习算数与各样才艺等），一路冲刺下去，如何能在冗长的人生马拉松赛跑中，不仅是具有意愿、动机，而且是有体力地坚持下去到达终点呢？就此而言，亲师生共构的游戏/探究课程似乎是解套，它不仅可以培养有意愿钓鱼且喜欢钓鱼（求知动机与态度）的幼儿，而且更可培养具钓鱼技能（求知应变能力）的幼儿；有了求知动机、态度与技能，就不怕无法获得知识，在人生马拉松赛跑旅程中，才能一劳永逸地坚持到终点，成为赢家。

二、亲师生共构的意义与实质策略

如果幼儿园是一艘船，家长有如载舟覆舟之水般是幼儿园生存的关键角色，尤其在私立幼儿园更是如此。既然家长都关心孩子的学习状况，基于以上论述，笔者提出基于社会建构论的亲师生共构的游戏课程，它有两种取向：谐融的游戏萌生课程、谐融的课程萌生游戏，有如第三章"游戏与课程的关系与品质"所述。以下论述亲师生共构游戏课程的意义与实质策略。

(一) 亲师生共构意义

其实人类本就生存于整个大的社会文化情境之中，我们的认知都是在社会文化中共构学习而来的，如何将父母纳入幼儿园教育中，让亲、师、生共构学习，从中因了解而肯定与支持幼儿的游戏，成为重要议题与当急要务。在第三篇第五章论及社会建构论的四项教学原则：知识建构、共同建构、引导鹰架，以及语文心智工具。因此，所谓亲师生共构游戏/探究课程的意涵为：幼儿与社会文化中的成人（教师与家长等）共同游戏/探究与建构，在过程中，幼儿得以运用语文心智工具，教师与家长则共同在旁，为幼儿搭构游戏/探究的鹰架。

笔者之所以提倡共构，乃因：既然东西方社会均重视子女能成龙凤或凸显孩子个别能力，透过亲师生共构的具有教育性的游戏/探究课程，不仅能培养孩子的求知、应变或高层次认知等能力，而且能让家长在共构行动中随时看得见孩子的学习情形与成果，可争取支持与信任。Wood 与 Attfield（2006）所言甚是，游戏失掉其地位与可信度，除源自工作与游戏的两极对立观点外，特别是与难以获得孩子在学习中进步的证据有关系；虽然学界对游戏言之凿凿，但是实务界就是难以向家长证明孩子在游戏中是有学习的（Wood, 2010b）。亲师生共构得以让家长借共构行动——亲游戏课程之美，也能具体看见孩子的学习成果，有利于重建对游戏的地位与信任。其实游戏是与家长沟通孩子进步的一项很珍贵的工具，例如：游戏的轶事观察记录可向家长显现孩子在园里表现的个人风格，也让教师有机会举孩子进步实例，向家长说明游戏课程中的所学（Hoorn et al., 1993）。重点是在于共构中，教师也要善用游戏观察记录或各种沟通方式，向家长显现孩子的学习成果。

事实上，将家长纳入教育机构的家长参与已行之多年，由过往经验显示，1960 年代仅止于一种象征层次，例如家长被幼儿园方视为缺乏亲职能力须被教育，家长仅为机构中的额外协助之手，逐渐演变到 1990 年后的平等伙伴关系，幼教专业人员开始接受家长是具有不同专业形态的专家，强调共同协作的实务关系（Rodd, 1998）。诚如 Wolfendale（1984, 引自 Robson, 2003a）曾将家长参与的历史用一连续体呈现，从极少接触，经类如家长会的适度接触、义工家长或园讯等的适度参与，到亲子作业或家长联谊室等的相当参与，再到伙伴协作关系。而家长参与之所以必要，根据 Robson（2003a）有几项原因：（1）家长本就有权利参与孩子的学习；（2）根据实征研究，其展现的态度与支持对孩子在校的表现有诸多正向影响，而且可以防治孩子在家园之间的冲突行为；（3）可以提升父母与教师双方的知能与自信；（4）对于建立对老师与学校的支持，是一种有效的方式。

（二）亲师生共构实质策略

既然家园伙伴协作关系是一个趋势，问题是家长与幼教专业人员一样，也有他们从大社会文化中习来的养育知识、内隐理论，甚或是期望与迷思，往往与幼教专业人员观点不同。职是之故，Rodd（1998）之见极有道理，即幼教专业人员必须穷其专业致力于发现两个观点间的共同基础；而笔者觉得幼教专业人员与家长的共同基础即是关心孩子的发展、表现与学习成果，尤其在语文听说读写能力的表现。就此，如何让家长随时看得见孩子的学习状况与表现，以及如何通过语文心智工具的运用，让孩子在游戏/探究中自然显现语文能力，是促进亲师生伙伴关系的重点核心工作。身为幼教工作者绝对不能忽略对孩子最为关心的家长的想法。基于以上思维，在此进一步提出亲师生共构游戏课程的数项具体策略如下。

1. 随时沟通与联系幼儿状况

随时沟通与联系幼儿状况是亲师生共构游戏课程的基础，是建立彼此信任的开端，即让孩子在幼儿园的学习状况是几近透明的，家长随时可闻、可见、可谈与可了解孩子的学习状况。因此，电话联系、亲子联络本、每日接送交流、园讯（班讯）、家长会等一般幼儿园常用的沟通与联系方式，都很有价值。此外，在当代电子时代，园所设有博客、网站等途径，随时将课程活动上传，也是让家长了解孩子学习情形的良好方式，而且还可以在网上直接互动，随时沟通联系，极具效果。

重要的是，除随时沟通联系外，有一些沟通联系方式最好是定期办理，让家长定期满足对孩子的关心并能有所预期。其次，定期沟通联系的内涵（如班讯）是要有品质的，除了照片、活动花絮外，最好有教师的观察分析，将孩子在这一段期间内的重要转折表现与进步情形，以及老师的活动考量与鹰架策略，具体地呈现家长面前，不仅让家长充分了解孩子的学习情形，而且也让家长了解教师的引导与用心，进而支持教师。此外开学之初的家长会，教师与园方要将本学期游戏/探究的可能内容向家长沟通，调查家长可参与贡献部分或接纳家长建议，让共构关系有美好的基础与开始，更能催化亲师生共构之旅。

2. 以亲子作业为共构桥梁

所谓亲子作业系指亲子必须共同完成的任务，其数量不必多，也许两三个星期或更久一次，视游戏主题进行状况而定，但每一个亲子作业都很有意义，重点在于亲子共构的历程。例如：当游戏主题进行时，可让幼儿将与主题相关的绘本带回家与父母共读，并在阅读记录卡上共同记录（孩子涂鸦绘图）阅读心得；或者是游戏主题的某些重要活动亦可透过亲子学习单的回家共同作业方式，共同寻找资料，以作为游戏/探究的起始点；或者是运用学习单让孩子与父母共同进行某一项活动，以充实幼儿的主题经验。

简言之，学习单是亲师生共构的媒介与桥梁，不仅让家长了解孩子在幼儿园的学习状况，并能适度参与幼儿的学习并贡献心力与资源。例如，《滚动与转动》主题让亲子共同寻找家中可滚动或转动的物体，做记录（幼儿涂鸦）并带入教室；再例如，《我的社区》主题请父母带幼儿到社区逛逛，并让幼儿涂鸦记录社区所见并到园分享；《美丽的春天》主题让亲子共同查阅各地所进行的庆祝春天活动（上网、报章杂志、看电视报道等），并让幼儿涂鸦记录所查阅结果及带入所得资料分享；又如染布活动前，让父母与孩子分享染布经验或查阅染布相关资料，并让幼儿涂鸦记录各种染布方法及带入染布相关器材。由于孩子学习单中所获得的资料或所进行的活动必须回园分享与展示，教师可视内容加以延伸，无异也是一种亲师生共构的良好方式。

3. 视家长为游戏课程丰富者

伙伴协作的关系强调对家长专业的认同，他们也是专家，在孩子的学习上共同担负责任，各有不同的贡献（Rodd, 1998），而且教育本就是家长与教师共同的责任。亲师生共构游戏主题，不仅让家长了解孩子学习进展，而且亦可化解老师的窘境，因为教师非全知全能，对每个主题都了如指掌，抱着亲师生共构精神，教师对于任何主题皆可放心地与家长、幼儿共构学习，可以说教师从教的角色变成一起建构学习的角色。

其实借由上述亲子学习单往往可以了解父母在某方面的经验与优势，于是教师可以向家长虚心请教，在进行主题讨论与分享时邀请家长到教室参与讨论、展示某项技艺、分享专业知能，让游戏主题的内涵更加丰硕，例如，《生病了！》主题可以邀请身为医生、护士的家长分享与展示其医护知识、器材与技能；《彩色的布！染布》主题，邀请家长分享与示范染布技巧与工具；《神奇的计算机》主题，邀请家长解说与展示计算机软硬件相关知能。此外，通过各种沟通联系渠道，家长也可充当义工协助教师，如区域游戏时间、校外参访时间等，并入班观察教室状况；当然家长亦可贡献游戏课程所需的材料与资源，例如，《滚动与转动》游戏主题的大批可滚动与转动的物体如线轴、废弃的光盘片、滑轮等。以上种种可以说是园、家共同为孩子的游戏课程而共同协作，期望孩子能从中得益。图7-9为亲仁幼儿园亮晶晶家的家长在《新竹·新族》主题中分享各民族的特有文化。

图7-9 家长为课程丰富者实例

4. 运用语文心智工具于游戏课程中

亲师生共构中幼儿语文心智工具的运用包含：运用口说语文策略，例如，陈述观点、讨论、辩论、分享、访谈、聆听等，以达理解、澄清与统整作用；运用书写语文策略如画日志画、涂鸦记录、观察记录、访谈记录、制作图表、自制小书、查阅图书、上网找资料、完成亲子学习单等，以求知辨真、表征概念的理解，或记录游戏/探究历程与结果。简单地说，就是将听、说、读、写能力作为游戏/探究的工具。传统教学是将语文听说读写能力作为学习的目标，也就是教学目的就是要学到语文的听说读写能力；在本书所倡游戏/探究课程中强调将语文作为一种心智思考与学习的工具，在实地运用听说读写的历程中，自然获得语文的听说读写能力。此举不仅符合社会文化论的精髓，亦可缓和家长对读、写、算成果表现强烈要求的压力，颇为适合拥有迷思的幼教生态。

图 7-10a 语文心智工具实例：绘制贡丸制作步骤图

图 7-10b 语文心智工具实例：孩子制作贡丸时参照步骤图

在此举《滚动与转动》游戏课程为例说明语文心智工具的运用。当孩子玩过各式各样小模型汽车后，想做一辆可以走动的车，于是兴冲冲地查阅有关轮子（单轮、滑轮、齿轮等）与车子的图鉴，并在教师协助下上网搜寻相关图片；访谈安亲班汽车达人哥哥如何制作车子并做记录，然后绘画设计图并向全班分享设计图；在班上同伴对谈后，发觉不周全处又修改设计图，最后专注地阅读设计图制作车子……另一组幼儿在探索滚动与转动的游戏时（如保龄球、乒乓球、陀螺等），讨论与制定游戏规则并贴在积木区，在游戏后经讨论决定分工绘制滚动与转动的游戏大全，这大全里不仅有图画展示，且有简单文字或符号说明规则；经上网搜寻资料并绘制草图，以及依草图制作游戏大全；最后向全班分享后，置于图书角供其他孩子借阅。综言之，语文被当成工具般运用，从运用中共构知能，也学到语文听说读写的技能。图 7-10a、图 7-10b 为亲仁幼儿园小树家的孩子根据学习单上家长提供的资料所绘制的贡丸制作步骤图，以为实际制作贡丸的参考。

5. 举办期末游戏课程成果展

在整个游戏/探究课程结束前，教师可以安排期末成果展，让幼儿统整游戏课程所学，以各种方式向父母或社区展现学习成果。上述《滚动与转动》游戏课程中，孩子的游戏大全、贴在积木角的各游戏规则，以及车子设计图与所制作的车子等，不仅随时通过班讯、博客等呈现，而且在期末的游戏课程成果展时，亦是重要的陈列项目。期末成果展在师生共构中可以强化孩子的主导权，让孩子讨论并决定展出形式与内涵、活动取向与流程、空间与时间安排、档案与纪录陈列等；教师则在旁协助、搭构各种鹰架，助其统整、组织与顺利展现。

举例而言，展出形式可以是静态的：陈列所有游戏课程活动剪影的档案，展示小组建构的大型美劳作品如自制车子、街道或机器等；也可以是动态的：融合主题知识小测试的父母闯关活动，现场买卖的开商店活动如贩售幼儿制作的陀螺作品等，与主题相关可现场实作的手工艺品或食品制作，整合整个游戏课程经验或合力创作故事的戏剧演出等。当然也可以是动、静兼备，集档案展览、大型创作展、现场活动或实作、与戏剧演出之大成；孩子在其中不仅是规划者、展出者、演出者，而且也是主持人、秩序维护者兼迎宾者。而空间可以是在原班教室、园内大型活动室、园内户外空间，甚至是社区空间，视成果展的内涵与形式而定。可以说，整个成果展主要目的不仅在统整幼儿所学，更可让家长实地体会在整个游戏/探究课程的学习内涵与成果。图7-11a为幼儿向家长解释所设计大富翁游戏的玩法并邀家长参与，图7-11b为《戏剧达人》主题的自编戏剧呈现，图7-11c、图7-11d为幼儿制作并贩卖与主题相关的食物。以上均为亲仁幼儿园的期末成果展展出方式。

图7-11a 多元方式之主题成果展：
家长玩孩子设计的游戏

图7-11b 多元方式之主题成果展：
孩子自编游戏演出

图 7-11c 多元方式之主题成果展：
食物制作与贩卖

图 7-11d 多元方式之主题成果展：
食物制作与贩卖

6. 制作各类文档纪录

游戏主题进展时，教师可制作各类文档纪录，包括类如文档纪录面版作用的园讯、班讯或海报，它可以张贴在教室里外明显之处与带回家中，让幼儿的游戏/探究鲜活地呈现于家长面前，这是关心幼儿学习情形的家长所最需要的信息。这定期报道的刊物或海报旨在呈现孩子的表现和成果并具有充分的细节，例如，于作品图片、活动、幼儿对话旁加注老师的注解说明与分析，帮助家长了解幼儿的想法、整个主题的进程与转折，以及教师所搭构的鹰架。

此外，教师亦可制作主题历程与成果档案，即累积一段时间（通常是主题期中或期末）孩子的所有的游戏/探究资料，包括轶事记录、活动

图 7-12a 幼儿自制游戏/探索
主题档案：封面

照片、观察量化资料、孩子画作、录像资料等，显示孩子的学习轨迹与目前状态；它可以公开展示并比较前后差异与进步情形，而且孩子也可参与，自己选择欲呈现的作品或资料。当然也可以为个别孩子制作档案，甚至也可以为整组孩子制作游戏/探索档案。此外，也可以有分门别类的画作档、对话

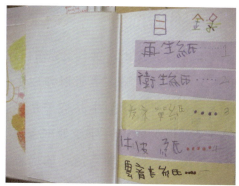

图 7-12b 幼儿自制游戏/探索
主题档案：目录

档等。这样的档案，让幼儿的学习是透明、随手可阅的。甚至可以让幼儿自己制作游戏/探索主题档案，一方面统整游戏主题所学，一方面也让家长完整了解幼儿的学习历程与成果。如图 7-12a～图 7-12d 为亲仁幼儿园幼儿所制作的主题档案。

图 7-12c 幼儿自制游戏/探索
主题档案：内文

图 7-12d 幼儿自制游戏/探索
主题档案：内文

本节小结

　　本节首先提出对父母迷思的省思与抗辩，并探讨亲师生伙伴共构的意义与实质策略。笔者以为以上诸项共构措施必须统整运用、相互补充。在这样的亲师生共构关系中，可以说随时可听、看、谈、接触到孩子的学习状况：不仅家长参与了教室中的游戏/探究、了解课程进行的概况、知道学习活动的历程与幼儿的变化，更获悉整体学习的成果；尤其是在游戏/探究中幼儿的心智灵活自主与听说读写具体表现上，可让父母十足感受游戏/探究的魅力，就此放心孩子的学习，亦可能因而逐渐潜移默化，甚而化解所持迷思。再加上在亲师生共构中，家长也能充分了解教师致力于教学的心力付出，自然就比较容易支持教师，进而与教师合作共同致力于幼儿的游戏学习，落实游戏课程，教师也得以舒缓过往来自家长的课业要求的压力。

研 讨 问 题

一、幼儿园举办主题成果展有何作用？请从各面向论述如何与幼儿共
构主题成果展的展出？

二、如果这学期的主题是《各行各业》，请依照本章亲师生共构的策
略设想要如何与幼儿、家长共构课程？

第八章　游戏课程的环境规划与运用

在幼儿教育上，环境是一个很重要的"教育者"，影响课程与教学的实质运作（Ceppi & Zini, 1998; Edward, Gandini, & Forman, 1993），亦即环境在教学上如同教师般重要。无可否认的，游戏课程除教学互动鹰架软件的运作外，室内外硬件环境的规划与运用也相当重要，它是游戏课程具体落实的基本要件，否则再美好的软件都无法架构与伸展。本章探讨如何规划与运用室内外游戏环境硬件（包括物理空间与游戏材料），使游戏课程得以真正落实，首先第一节论述游戏环境的内涵与介绍游戏环境的类别，第二节则探讨游戏环境的规划与运用。

第一节　游戏环境的内涵与区域类别

本节分为室内游戏环境与户外游戏环境，分别说明其意涵、区域类别以及对幼儿游戏与学习的重要性，以期唤起大家对室内外游戏环境的重视，尤其是户外游戏环境。

一、室内游戏环境

幼儿活动室不仅是幼儿的生活用房，而且也是其游戏探索的活动空间，做为一个复合的活动用房，笔者主张将其划分为许多有趣、可供游戏探索的学习区域（learning area）、兴趣中心（interest center）或兴趣区域（interest area）（在台湾俗称角落，在大陆俗称区角）。以下分别说明兴趣区的内涵、重要性、类型与教具。

(一) 兴趣区的内涵与重要性

兴趣区源自开放教育或非正式教育（informal education）实务，而开放教育始于英国大战期间因教室毁坏于户外上课的体验，其后逐渐演变为将学校或活动室视为开放的学习空间，规划成多个有趣且反映各学习领域的游戏/探索区域，如图书区、积木区、益智区、创作区、科学区、音乐区等。Moore 等人（1996）则将此半封围的兴趣区称之为"资源丰富的活动口袋"（resource-rich activity pockets），显示其充满操作性资源与游戏性。幼儿活动室进行多元有趣的规划，可以提供不同面向的统整学习经验。

基本上在兴趣区开放时段，幼儿是自主的，可依其个人兴趣与能力自由选择与探索，它包括不同的学习类型，如探索建构、精熟练习、好奇观察、解决问题等；幼儿也可以选择多样的社会接触，如单独游戏、合作游戏、平行游戏等；当然也可选择各类的指导方式，如自己主导、平行指导、合作指导、他人指导等；甚至亦可选择学习时间的长短（Day, 1983）。大体而言，在兴趣区时段，教师的主导性相当低，可以说是一个"自助的环境"（self-help environment），给予幼儿能干、自主与自信的感觉与训练（Gordon & Browne, 1993）。综上所述，兴趣区的具体功能为：提供符合发展与差异的活动、促进学习动机与成效、发展自主能力与责任感、增进语言沟通能力、统整幼儿各学习领域与促进全人发展（周淑惠，2008）。

（二）兴趣区的区域类别与教具

一个幼儿活动室内兴趣区的种类与数量，可依实际空间条件（如面积、大小、格局、形状等）、幼儿人数与特质（如年龄层、兴趣、能力）、课程主题需要、所欲鼓励游戏行为与种类、课程目标与经费多寡等，全面统整地弹性规划。以游戏行为而言，通常娃娃区、积木区是最易出现团体游戏的兴趣区，创作区、语言区是最易表现单独游戏的兴趣区（田育芬，1987a，1987b），教师可统整思考各方因素。一般而言，在幼儿园常设的学习区域有戏剧区、图书区、创作区、益智区、积木区、科学区等；而在教具的选择与制作方面尽量要配合各角落的特殊目标与幼儿的游戏需求，选择与制作能反映不同学习形态、社会接触与指导方式的多元教具（周淑惠，2008；周淑惠、陈志如，1998）。

1. 积木区

本区可进行功能游戏、建构游戏、扮演游戏等，对幼儿空间、测量、数学、力学均衡等概念发展相当有帮助，并可促进人际沟通、合作、肌肉发展，亦称之为操作区、大肌肉发展区、建构区等。通常本区备有形状多样且材质不同的大小积木，例如：木质单位积木、纸质盒状积木、乐高套接教具等；并配有各种附件，例如，小汽车模型、小动物模型、小船模型、连接式轨道、交通标志等。而积木区中亦可提供与幼儿建构内涵相关的书籍、图鉴，供幼儿建构各种造型时的参考（图 8-1a~图 8-1d）。

图 8-1a 积木区:各式积木

图 8-1b 积木区:各式积木

图 8-1c 积木区:各式积木、轨道、书籍

图 8-1d 积木区:各式积木、轨道、书籍

2. 扮演区

幼儿在本区可通过角色扮演或戏剧活动,表现情感、抒发情绪与反刍经验;也可发挥想象力与解决问题能力,合作创造各种戏剧性活动,引发各项亲社会行为。通常本区所提供的道具诸如,回收或仿制的服饰、烹饪器具、柜子、镜子、梳子、皮包、电话、小床、洋娃娃、桌子等,因此又称之为娃娃家、装扮区、戏剧区、家政区、扮演角、家庭生活区等。

3. 益智区

本区旨在让幼儿由操作中获得感官的满足、促进手眼协调及小肌肉灵巧发展，并促进智能发展，亦称之为小肌肉操作区、手眼协调区、动脑动手区、认知发展区等。通常本区游戏材料内容包含有规则的牌卡游戏（如分类卡、配对卡、扑克牌、接龙卡、顺序卡等）、盘面游戏（如走迷宫、大富翁等）、棋类游戏（如四子棋、跳棋等）、小型建构游戏（例如：乐高、百变巧接、智慧游戏片等）、认知或逻辑类游戏（如各式拼图、四面八方逻辑接龙、型式积木、数棒等），以及其他促进手眼协调的游戏（如穿线、串珠、钉板、叠叠乐等）。

4. 图书区

本区乃以促进幼儿语文发展为目标，是一个可供听、说、读、写的环境，也称之为语言区、读写区、说故事角、写作区等。幼儿可在此阅读认字（如提供绘本、杂志、报纸、图鉴、广告宣传 DM 等）、涂鸦与写信制卡（如提供各类纸材）、听故事（如提供录音机、耳机等）、说故事与故事接龙（如提供布偶、傀儡台等）、造词游戏、剪报等，或运用此处资源将扮演或建构游戏发挥淋漓尽致（如计划剧情顺序、设计积木造型、写菜单、写病历表、制作钱钞等）。通常此区布置得温馨舒适，例如：有地毯、舒适小沙发、光线柔和灯光的立灯或吊灯等，并将绘本开架陈列，以引发幼儿的阅读行为（图 8-2a、图 8-2b）。另外，在科技发达的今日，可将电脑融入图书区中，作为寻找资料、绘图制卡与认读文字的媒介，尤其是在游戏/探究取向的课程，更为必要。

图 8-2a 图书角:开架陈列与舒适　　　图 8-2b 图书角:开架陈列与舒适
　　　　环境　　　　　　　　　　　　　　　　　环境

5. 艺术区

本区设置目的在于提供幼儿尽情创作的材料与机会，发展创造力与想象力，创作范围包括平面与立体手工，并学习收拾与整理，也称之为美劳角、创作区、工作区等。创造力在近年来颇受重视，而艺术区是最好发挥创意之处，因此本区宜摆设多元美劳用具如画架、蜡笔、水彩笔、剪刀、胶水、胶带等；多样素材如：纸张、黏土、铁丝、通心草、木板等；各式回收材料如：海绵、纸杯、纸箱、布丁盒、吸管等；以及保护与清洁用具如：防水围兜、小扫帚、塑胶桌布等。本区亦可放置画册、雕塑作品、图卡等；供幼儿创作时参考（图8-3a、图8-3b），而且最好有展示、陈列幼儿作品的空间，例如·钓钩、悬挂线绳、陈列台等，让幼儿间可彼此欣赏，达到相互激发作用。

图 8-3a 艺术区：多元材料与
工具

图 8-3b 艺术区：多元材料与
工具

6. 科学区

本区又称之为科学探索区、探索区、科学益智区、科学数学区等，主要目的在引导幼儿对科学现象的好奇，以及运用科学程序能力对自然与现象进行探索。一般幼儿教师对于科学领域较为畏惧，也较少设置科学区，如第一章所述，幼儿在游戏中自然伴随探索，两者关系密切，因此笔者强力建议借助科学区让幼儿在游戏中自然探索科学，也让教师从与幼儿共构中亲近科学领域。因此基本设备有温度计、滴管、放大镜、量尺、量杯、记录本等观察或操作工具，齿轮、发条玩具、鸟巢、磁铁、镜子、坏的时钟、过时的电脑等可供探究或拆解的物品，以及可供观察的盆栽或培养皿（如块茎发芽、走茎发芽、叶片发芽、种子发芽等植物）与动物（如水族箱、昆虫箱、宠物笼等）。有时科学区会与益智角结合，或者是准备有轮活动式的小型沙箱、水箱，可随时加入或移离本区；另外，亦可放置电脑，作为查阅资料、探究知识的工具。

7. 其他区

除以上六区外，可视活动室空间设置俗称安静角的隐密区、心情小屋等，其设置旨在让幼儿发抒情绪、沉淀心情，躲藏自己平静后再复出。它可以设在楼梯底下的凹槽、墙角空间、夹层阁楼下，里面可放置让幼儿休憩及拥抱的软垫、填充娃娃、小毯子等，如图 8-4 所示。或者是提供大纸箱、木板与布料等，让幼儿自己架设包被的小空间或心情小屋。此外，还可以设置木工角与沙水区。木工角必须设置在活动室的外缘或远离安静角落，以防止声浪波及；至于沙/水区则必须注意沙/水外漏，可在其底铺一层保护垫加以防范，建议最好采用活动箱盖式设计，配合课程所需，随时可推进推出，或盖上盖子即可变为桌子使用。

图 8-4　隐密区：小阁楼下

二、户外游戏环境

幼儿的最爱——户外游戏场，也是一个教育的环境、学习的场所，它是室内教育方案的延伸，必须与室内学习环境以同样的态度加以审慎规划（Brown & Burger, 1984; Essa, 1992; Frost & Dempsey, 1990）。也就是户外游戏场与幼儿活动室均为幼儿园生态体系内的微系统，皆须妥善规划，然而在实务上它却常常被忽视，错失大好学习契机。笔者提倡一个"全方位户外游戏场"，以下探讨其意义、重要性与区域划分。

(一) 全方位游戏场的内涵与重要性

一个精心设计的户外游戏场对儿童的大小肌肉、情绪/社会、认知发展等方面与学习方面具有重大贡献，主要是它具有以下三项特性。

1. 变化性

户外游戏场身处大自然环境中，而自然环境是美丽的、随季节变化不可预测的、丰富的、创造许多空间的、滋养疗伤的，正因为如此丰富使其充满许多游戏潜能（Greenman, 2005, 引自 Wilson, 2008: 4），是室内环境所无法取代的（Bilton, 2004; Tovey, 2007）。尤其是户外景观与感受随季节转移与日出日落变化，创造了许多游戏与感官学习的契机，而孩子是通过感官经验而学习的，例如，光影移动消长变化、植栽生长凋落更替、下雨前后穹苍变化、季节景色温度差异等，以及泥触水柔、花香叶气、风拂衣飘、虫鸣鸟叫等多元多变感受无一不是扣人心弦的感官经验。

2. 挑战性

户外游戏空间因为空间较大，里面的器材、物体不像室内较具有确定用途，而且其体积也较大，因此使用性较为开放，孩子有很多机会去象征性使用它、改变其意义（Tovey, 2007），例如，滚动大轮胎到各处架平变成战士的临时充电基地，在组合游戏结构大小平台间的"古堡"穿梭、躲藏与玩扮演游戏等。正因为物体的弹性可做多用，孩子们必须运用肢体语言去沟通物体的使用方式，也造成对孩子的挑战性（Perry, 2001）。可以说这是一个靠移动物体、身体而学习的理想场所，在移动、操作间，不仅挑战孩子，也带来学习与身体健康（Bilton, 2004）。

3. 自由性

户外游戏场的自由度也大，任何在室内进行的活动都可以在户外进行，但很多户外活动却无法在室内进行（Robson, 2003b），它提供多元领域的学习经验，例如科学、语文、美劳、创造力、地理等（Tovey, 2007），例如，在户外大片墙面或地面让孩子用颜料或粉笔涂鸦，事后可以冲洗，或者是立起画架写生；让孩子在树下阴凉处阅读绘本，然后演出绘本戏剧；教师与孩子一起架高水槽与水流管道，体验水的压力，或者是挖泥引水感受泥与水的特性；在花草区穿梭徜徉、捕风捉影、歌咏春天或与蝴蝶共舞，或者是以凋落的花草叶片扮演或创作；在空旷硬表层区架起数个木板斜坡，实验物体的滚动速度，或直接骑乘滑板、三轮车等。以上广泛经验都可带来与室内截然不同的氛围与学习效果，甚至是室内所无法做到的。

笔者赞同一个"全方位户外游戏场"的设计，除以上原由外，也是受 Cohen、Hill、Lane、McGinty 与 Moore（1992）的内含各种游戏场特征与满足不同年龄层的多样整合式社区游戏场概念——广泛性游戏场（comprehensive playground）的启示。这样的提供多样游戏形态、满足各年龄层发展需求的广泛性游戏场概念亦可用于幼儿园，不仅因幼儿园含括大、中、小班三年龄层；最重要的是，它着实符合幼儿全人发展的需求，因为具有多样化游戏器具的游戏场，确能提升游戏品质，也有利孩子身心各方面的均衡发展（杨淑朱、林圣曦，1995）。

呼应全方位游戏场概念，Frost（1987）以及Frost与Dempsey（1990）曾建议一个适性发展的游戏环境，应包括符合各年龄层、能增强所有游戏类别的设备、材料、空间与活动，以及具有复杂的超级游戏结构与简单可移动的组合材料；如三至五岁幼儿游戏场包含运动的游戏设施（例如：爬、荡、转、滑等）、戏剧与建构游戏的可移动附加零件（loose parts）、规则游戏的平坦草坪区、单独与平行游戏的半私密区等。Vergeront（1988）亦指出，一个好的游戏场除了一个游戏结构外，还必须具有追、跑、跳、翻滚的开放区域，与可聚集的舒适小角落、有坡地的自然景观区、可种植的园圃区、沙水区、有轮车辆骑乘区、木工区、动物区等多元区域。换句话说，户外区域不仅是孩子发泄精力与运动身体的地方，它应该也要提供促进社会化、认知与语言发展、感知觉探索、创意表达、欣赏自然的机会（Essa, 1992）。正如Guddemi与Eriksen（1992）指出，户外游戏场应备有许多发展合宜的经验与机会，可以让孩子在情绪/社会、认知与体能方面充分发展与学习，也就是户外游戏场应支持幼儿各阶段游戏与全人发展需求。

综上所言，户外游戏亦应如同活动室内部，规划具有不同社会接触、指导方式与学习方式的多样游戏区域，正如Moore等人（1996）所言，室内与户外活动区域唯一不同处在于有无屋顶而已，重要的是，两者均应提供满足孩子发展需求的多样性活动。因此本书提出全方位户外游戏场，它的内涵是：在强调尽量回归自然下，以当代游戏场为基础，兼容并蓄其他游戏场重要元素，具有多样的游戏设施、活动与区域，满足幼儿各领域发展需求如认知、体能、情绪/社会等，是一个可促进全人发展的复合功能游戏场所。而这一全方位户外游戏场的具体功能为：提供大肢体运动促进体能发展与健康、带来多样感官经验激发探索与学习动机、提供多元游戏可能性激发创意表现、提供符合发展的挑战活动激发潜能，与促进全人均衡发展。

（二）全方位游戏场的区域类别与器材

所谓全方位户外游戏场，具体地说，是以自然绿化为背景、当代游戏场重要成分——大型组合游戏结构为主体，并配合其他多样游戏区域与各种移动性附加零件，其间则以循环动线串连统整之；其整体设计满足幼儿体能、情绪/社会与认知等全人发展需要，也考量多样种类的游戏形式，例如，规则游戏、表征游戏、练习游戏、平行游戏、合作游戏、单独游戏等。我们以为 Essa（1992）所言甚是，提升户外区域的品质也可像室内活动的区域划分一样，创造一些明确的学习区域。在综合诸多文献后，笔者提出全方位游戏场的重要游戏区域与设施内涵如下（周淑惠，2008）。

1. 植栽草坪区

自然植栽是户外有别于室内环境的最特别处，我们应让孩子回归自然，与大自然调和共生，如 Prescott（1987）所言，儿童需要有一种"处在大自然的感觉"（a sense of being in nature）。树木与植栽可让孩子攀爬、躲藏、休憩、观赏；其枝叶、果实可用来扮演；而且其生命力展现如发芽、开花、结果，及伴随而来的蝴蝶、蜜蜂、昆虫等小生物，也丰富孩子的认知经验，并可抒发情绪与涵养情意。因此，户外游戏场必须充满绿意植栽，一方面成为游戏探索的区域，一方面提供遮荫效果，还可以达到环境美化以及陶冶性情的多功能效果。此外，也要特别保有一块幼儿可以亲手种植的小园圃，让孩子建构生命周期、植物、昆虫与生态等概念。此外，直接与泥土亲近的翻、滚、爬、溜、跑、跳等，甚至只是安静地躺卧，对孩子的发展都很可贵。所以遮荫大树下尽量要保有一块绿地草坪，它确实具有"弹性潜能"性，一方面可让孩子肢体运动、玩球与嬉戏，一方面可让孩子安静休憩或观赏他人游戏，甚至也可以将画架立于此处，成为野餐、亲师（子）联谊活动区，以及可移动附加零件的建构操作处。若再配合一些地势起伏，例如：小山丘、小洼地，则更增加游戏的变化性、刺激性与挑战性。我们非常认同 Rivkin（1995）所言，学校或托育中心若缺乏自然区域，无异是欺骗了孩子，对不起孩子！

2. 组合游戏结构区

组合游戏结构是户外游戏场的核心与焦点，是指木造或塑胶制造的大型立体连接式游戏体设施，提供孩子水平面与垂直面的连续且多样以大肢体为主的游戏活动。虽然它的尺寸规模、形式与材质种类繁多，却有些共同的特征：（1）结构自身提供多种且不同挑战程度的大肢体活动，例如，荡绳、攀爬绳网、吊环横杠、秋千、消防滑杠、滑梯等（最常见的是不同高度、弯度的滑梯），将传统游戏场各自独立的体能游具加以组合并置；（2）结构上不同层级设有各种尺寸的平台、小空间，可供社会性游戏或戏剧扮演用；（3）结构本身有些部位与认知游戏结合，例如，设哈哈镜、蜿蜒传声筒、反光镜、井字游戏、立面拼图、音钟等；或者是部分结构设计加入创意造型变化及科学原理，例如，日本学者仙田满（侯锦雄、林钰专译，1996）的游戏设计——风城堡垒、大型坡面、天网、环形跑道、嵌板隧道、巨管游具等，就是非常具有创意与新奇想法的结构。Kritchevsky、Prescott

与 Walling（1977）将游戏单位分为简单、复杂与超级单位，这一组合游戏结构即具有复杂，甚而超级特性的游戏单位。组合游戏结构请见图 8-5a~图 8-5d。

图 8-5a　组合游戏结构：多类游戏与
　　　　多层平台

图 8-5b　组合游戏结构：多类游戏与
　　　　多层平台

图 8-5c　组合游戏结构：不同挑战的
　　　　游戏

图 8-5d　组合游戏结构：不同挑战的
　　　　游戏

3. 硬表层多功能区

除充满自然与泥土芳香外，游戏场可以在铺面上加以变化，例如：创设一个硬表层多功能区，让孩子在此溜滑板车、骑三轮车、推手推车等；此外，还可以进行规则游戏如跳房子、一二三木头人，或是以粉笔、湿拖把绘画地面，或是操作移动性附加零件，非常具有弹性潜能。而此区最好邻近储藏空间或活动室并能加上顶棚，成为半户外空间，让孩子在下雨天也能出来舒展筋骨，例如，律动、骑乘活动、进行团体游戏、作为室内活动的延伸等，是一个名副其实的多功能区。硬表层多功能区请参见图 8-6a、图 8-6b。

图 8-6a 串连的硬表层多功能　　　　图 8-6b 串连的硬表层多功能

可移动的附加零件对促进广泛多样的游戏是很重要的（Frost, 1992a），户外游戏场最好能设有一块固定的建构区，让孩子可以运用附加零件建构或操作；如受限于空间，可弹性将硬表层区或草坪区加大，或者是设有木工桌或创作桌，并邻近储藏空间，便于操作与够取。Shaw（引自 Rivkin, 1995）则将可移动式的附加零件分为数类：大的可移动物件（如大积木、泡棉块、轮胎等）、建构材料（如箱子、毯子、板子等）、容器（如桶、盆子、水罐等）、自然物件

（如树枝、石头、松果、沙、水等）、有轮玩具（如三轮车、小篷车、小推车等）、玩具（如球、跳绳、娃娃等）、工具（如槌子、锯子、螺丝等）、游戏场设施（如滑轮、绳索等）。

4. 弹性沙水区

如果幼儿园空间够大，最好设有亲水区、小泳池甚至是生态池等，小泳池或亲水区在冬天干水时，可成为一个集会、说故事的场所，也可成为表演舞台。一般幼儿园空间有限，笔者鼓励购置类如移动式水箱，或者是创意运用大容器、儿童塑胶泳池，以及运用水管与极小块空间（或容器）成小戏水池，均是可行的策略。至于沙/土区最好邻近水区，并且（或）设有汲水器、洗脚冲沙设施，并提供小水桶、漏斗、容器、铲子、木板、花洒、勺子等可移动附加零件，增加沙/土游戏的多元性与价值性；若限于空间，可采用加盖的移动式设计如小沙箱，方便四处移动与更换沙土。

5. 其他空间

户外游戏场可视空间大小设置其他空间，包括游戏小屋、动物观察区、观赏区、储藏空间、留白处等。首先在户外游戏场自然地形的一角，邻近大型组合游戏结构旁或其底，建议设置一到两个包被的游戏小屋或隐密小角落，如钉制的木头小屋，让情绪高涨想退避自己的小孩，或是有安静、躲藏需求的小孩有地方可去；而且也让天马行空的戏剧扮演游戏变为可能，因为这个小屋可以是基地、电影院，也可以是商店、医院。其实只要在大型组合游戏结构上与下提供附加零件如塑胶布、大垃圾袋、木板、大积木、塑胶娃娃、篮筐等，幼儿也会自己创造一个包被的小空间，玩起扮演游戏。如果幼儿园有足够空间，建议在植栽区旁，尤其是有地势起伏的小土丘设一有棚篱的动物观察区，饲养温驯的兔子、猫或狗等；例如，兔子会自行挖掘四通八达的地道。亲近与观察小动物不仅可以安抚幼儿的心，而且可以培养爱护动物的情操，进而了解动物习性与生态，在认知与情意上均有助益。

有一些空间是具充分加分效果的，例如，观赏也是一种学习，可设置观赏区与小舞台；加大的层次台阶，自然就成为观赏区，而舞台区可以是高出地面的结构或内凹的结构，或专设的小舞台，或是弹性权变的移动设计。而留白区可让游戏活动更加弹性，当然也可以与草坪区、硬表层区结合。另外，还可设置储存游具如三轮车、滑板车等与其他可移动附加零件的储藏小空间；储藏室建议设有斜坡道，让轮车可以自然滑下，以增加游戏的变化性，而其两旁可分别设置附加零件建构区与硬表层多功能区，以方便收拾、储藏与取用。

本节小结

本节探讨室内外游戏硬件环境，在室内方面论述可供游戏/探索的兴趣区的内涵、重要性、种类与教具，在室外方面则论述强调自然并以大型组合结构为主的全方位游戏场的内涵、重要性、区域种类与器材。简言之，无论是室内或户外均须提供多元区域与多样材料或设施，让幼儿尽情游戏/探索。

第二节 游戏环境的规划与运用

本节探讨室内外游戏环境的规划与运用。规划与运用有时是难以分开的，尤其是室内兴趣角落，不仅在学期初教师必须规划角落，在任何时候都需配合游戏主题加以调整变换。户外区域虽是建筑之初已经设定，但是户外区不仅有大型结构，还有可移动的附加零件，它随时须配合游戏主题加以增添，例如：大块木板、原木桶、砖块、小帐篷、滑板车等；此外，户外尚有草坪、多功能硬表层或留白区域，亦可随时配合游戏主题加以调整，如圈围一处为幼儿种植蔬果处、挖土引水成小鱼池或增设喷泉、加垫台阶为临时戏剧舞台等，其实规划与课程上的运用难以区分。

一、游戏环境的规划

笔者曾综合一般建筑环境规划通则、幼儿发展与学习特性，以及幼儿学习环境新浪潮等相关文献，归纳幼儿学习环境规划的六项通则：游戏探索、多元变化、互动交流、潜能弹性、温馨美感、健康安全，并推崇一个如家般安全、温馨、整洁，而且能游戏探索、互动交流的"多样机能"与"开放学习环境"（周淑惠，2008）。这六项幼儿学习环境规划通则，与一些有名的规划模式（pattern）专著非常吻合，例如：美国威斯康辛大学建筑与都市规划研究中心 Moore、Lane、Hill、Cohen 与 McGinty（1996）之《托育中心的建议》（*Recommendation for Child Care Centers*）一书的设计模式。表 8-1 是笔者以六项规划通则为基础，分别针对活动室兴趣区与户外全方位游戏场提出细部规划原则，并论述于下。

表 8–1　室内外环境细部规划原则

活动室兴趣区	全方位户外游戏场
做多元区域整体性划分	做多元区域整体划分
依"同邻、异分"分配	
显示明确界限与内涵	做整体性多元区域划分
创弹性可变设计	创挑战、创意与想象情境 保留白或弹性空间
设流畅动线	设组织各区的循环且分支动线
具综览视线	设组织各区的循环且分支动线
重安全考量	重安全与定期维护
	重自然景观与微气候

资料来源：作者自行整理

　　从表8–1可以看出在六项规划原则之下，无论是在室内兴趣区或户外全方位游戏场的细部规划原则，基本上大同小异，只有两项细则因室内、外环境属性的特殊而有所不同。一是在室内兴趣区的规划上重视依"同邻、异分"的原则划分兴趣区域，户外游戏场的规划则较不强调；因为室内空间较为有限，尤其声浪的干扰是一大困扰，所以必须将同性质的区域相邻，以免相互干扰，而户外空间较为宽广，较不受此影响。第二项不同处是：户外游戏场因受自然环境阳光、空气、水的主宰影响，当然特别重视自然景观与微气候，希望能让幼儿舒适自在地在户外游戏，这是户内环境比较不需担忧的。至于户外的"设组织各区的循环且分支动线"自然包含流畅动线与综览视线在内，而室内兴趣区则是分立两项细则；户外的"做整体性多元区域划分"则包含各区域的明确界线与内涵，与兴趣区规划相同，如表所示。

（一）室内兴趣区的规划

幼儿活动室不仅是幼儿的生活用房，而且也是其游戏探索的活动空间；为实现所揭示的幼儿学习环境规划通则，有关幼儿活动室兴趣区的实际规划与设计，经笔者分析，要注意以下细部原则（周淑惠，2008）。

1. 做多元区域整体性规划

复合活动房空间的规划，首先是统整考量室内、外整体空间关系与所欲设立兴趣区的性质，规划成多样的半封闭学习区域，就此，教师应先对自己的教学目标、所欲促进的幼儿发展领域及其对应的兴趣区域，有清楚的意识与了解。所谓整体规划是指整个活动室里外空间必须做全面性考量，包括活动室外围环境、出入口空间、内部水源与采光处、各学习区内部半开放空间以及连通内外与各区的动线通道等。换言之，整个活动室内外空间是相互影响与依存的，不能只考量个别学习区内部而已。

因此，教师必须先对整个活动室内外环境做大致的状况调查与功能区分。首先是掌握四周或廊道的使用状况与人行穿越干扰状态，最重要的是出入口空间，它是所有动线汇集之处，必须留有宽广的转圈区间，其旁必须以矮柜区隔动线与兴趣区域，或是其旁仅能设立较不受人行践踏的学习区如益智角。其次是整体考量室内空间关系，包括定位全活动室中最静与最吵地点、近水离水处、与出入口动线关系、壁面与橱柜开口状态等，然后才将各个不同功能的学习区在活动室平面空间上具体配置，例如，活动室某面是阳光易及之处，可考量将其规划为科学角；两班临界共用厕所区旁因有水源，可考量设置需要用水的创作角或沙、水箱区。

2. 依 "同邻、异分" 分配

整个活动室空间按内外关系与机能状况大致加以区分后，接着则进行多样空间平面配置的具体工作，首须考量 "同质互惠" 与 "异质分离" 原则，尽量让同性质的兴趣区域相互为邻，彼此互惠与支援，如娃娃家与积木角；而不同性质的兴趣区域则必须适度分离，以免相互干扰。异质分离平面配置包括 "动静分离" 与 "干湿分离" 两项原则——动态角落如积木、娃娃区应与安静的角落如图书、益智区相区隔；以及需使用水的角落如美劳角，须与干燥的角落如图书角适度分隔。张世宗（1996）的 "十字定位分析法"，以 "十" 字四端之动、静、干、湿四向度，作为幼儿活动室区划之配置，实可资参考。

3. 显示明确界线与内涵

各兴趣区空间首先须有清晰的界线、明确的空间与活动属性，让幼儿清楚知道在该空间应表现的合宜行为模式。而每一个兴趣区域为确保空间范围并能让幼儿表现适当的显著行为模式，最好是半封闭设计，既能区别空间，又不致造成幼儿不易轮转且教师无法掌握状况；为确立明确空间界线与范围，可使用方便移动的矮柜隔出半封围空间，并（或）辅以地毯铺陈加以界隔、以有色胶带标示区隔、以地板落差自然区分、以临时活动小平台凸显分立、以帘幕垂吊界分等。其次，每一个兴趣区要有清晰的活动内涵与氛围，例如，创作区是鼓励创意之处，可通过提供可变和开放的多样丰富素材、陈列创意的作品与布置创意的空间等来引发幼儿合宜的行为；而图书角是安静阅读的温馨小空间，可通过立灯、地毯、软骨头、小沙发等营造恬静的阅读氛围空间。

4. 创弹性可变设计

有限面积的幼儿活动室应是容许弹性运用的，落实"多元变化"与"弹性潜能"规划取向，以满足游戏/探究课程与幼儿各种需求，例如：大积木区收拾清理后，就可变成大团讨区；将毗邻的娃娃角矮柜推向墙面倚立，联合大积木区，就成为肢体律动场所；安静的图书角一隅，也可成为教师处理幼儿问题行为之处。正因为要弹性多用途，作为临时界隔空间的素材，例如，小矮柜、地毯、垂吊的布幔、巧拼地板、移动式双层平台等就显得十分重要；甚至也可运用地板高低层次变化或活动式地板家具，创造各种弹性变化空间，例如，小阁楼、下挖的地板空间、临地可弹性起降或卸除的桌面等（刘玉燕，1993）。这也是 Moore 等人（1996）所提出的"富有弹性家具"与"能回应需求、动态调整的环境"设计模式，也呼应胡宝林等人（1996）所建议的"可时常变动、互换的空间组织"设计模式。

5. 具流畅动线

在各区隔的半封闭兴趣区间必须注意其间串通的动线，务必流畅、便捷，避免绕道而行、相互干扰或碰撞家具等状况。这一动线要有一定宽度并直接连到宽广的出入口空间，迅速吞吐人潮，也让行走于各兴趣区间、正在做选择或观望活动的幼儿间不致相互碰撞。简单地说，活动室内要能自由活动、畅行无阻，以符合健康安全规划通则。

6. 具综览视线

具多样半封闭空间的复合活动房，其区隔空间的素材不宜过高，一方面便于教师综览幼儿整体游戏/探索状况，以便适时介入、参与或提供鹰架协助；一方面方便幼儿放眼选择所欲进入的兴趣区域，尤其是抒发情绪、独处的隐密角，它虽然位于教室的一隅，但其整体动态应在教师视线可及之处。有时为利于视线穿透与综览，可利用纸链、半透明胶布、胶圈、彩线或细绳区隔兴趣区，提供可透视但具适度隐密的分隔空间（Dunn, Dunn, & Perrin, 1994, 引自汤志民，2001）。

7. 重安全考量

上述综览无遗的设计，旨在考量幼儿整体安全。幼儿空间的设计特别要注意安全，像是易碰撞的尖角隔柜就尽量要避免，插头处要加盖或隐藏在柜后等。此外，动线宽敞平坦也是重要的安全要素，因其可防止幼儿间的碰撞。特别叮嘱的是，不要以两个小矮柜上下堆叠作为区隔兴趣区域方式，以免柜落砸人发生意外状况。

（二）户外全方位游戏场的规划

游戏场大师 Frost（1992b; Frost & Klein, 1979）曾提出游戏场规划应考量五项因素：（1）具有复杂、多功能的结构物；（2）能反映多样游戏的区域与设施；（3）提供戏剧游戏的整合性结构与设施；（4）界定视线相连的各区界线；（5）具有联系各区与引导作用的流畅动线。Cohen 等人（1992）在《儿童游戏区域》（Recommendation for Children Play Areas）的报告中，则提出有关游戏环境的数十项模式建议，包括：基地组织原则、活动空间模式、游戏空间一般设计、基地细部设计等几大面向。在此例举较有关系者来进行阐述。首先在"基地组织原则"部分的建议有：分离且相连的区域划分、回路动线、一些程度的遮蔽、继续性与分支活动等；其次在"活动空间模式"面向的建议为：硬表层游戏区、孩子的花园、开放草坪游戏区、设计的游戏结构、创意游戏区等；在"游戏空间一般设计"方面的建议是：挑战性环境、可携式附加零件、安静的巢穴、清晰的成就点；至于在"基地细部设计"部分建议有：小山丘也是游戏设施、户外储藏室等。

综合户外游戏场相关文献，发现多样变化性、创造性（想象、新奇）、安全性、近便性、发展性、挑战性、游戏性、艺术美感性、多功能性等几项特性是较常被提及的设计原则，此与本书所揭示的幼儿学习环境六项规划通则实极相近。以下依据这些规划通则与所归纳之相关文献，进而提出一个全方位户外游戏场的具体设计原则（周淑惠，2008）。

1. 做整体性多元区域划分

户外游戏场的空间规划如同室内空间般，首要统整考量室内外空间关系、自然与人为环境条件，以及所欲设立游戏区之质与量，做整体全面性规划，例如，硬表层区与附加零件建构区为方便收拾与够取，最好毗邻储藏空间；草坪嬉戏区最好设于大树下；而沙水区最好邻近水源等。至于所设游戏区域，基本上要尽量含括各种游戏形态，而且也要涉及不同的社会参与类型，整体规划成有如 Cohen 等人（1992）所指——彼此分离但视线相连的多元半开放区域。

此外在空间具体配置上，要将最嘈杂的区域配置于离活动室较远的位置，以免干扰室内活动的进行。而户外游戏场的安全是最重要的考量点，园内的重要动线绝对不能横穿整个游戏场，造成游戏中断与碰撞危险，而且办公室的视线要能掌握户外游戏场。同时各游戏区域配置后，可通过矮篱、植栽、轮胎等界定彼此间明确的活动范围，并善用自然与物理环境特性营造每个游戏区域的内涵与氛围。这一整体性多元区域划分原则，落实幼儿学习环境规划的"游戏探索""多元变化""互动交流"与"健康安全"等通则。

2. 重自然景观与微气候

由于当代社会生活让孩子愈来愈远离自然世界，因此幼儿园必须帮助儿童与自然世界重新联结，而户外空间则是让这一联结开始的重要地方（Rivkin, 1995）。简言之，孩子需大自然的熏陶，因此，游戏场必须尽量保有植物与绿地，善加选择游戏场的位置与方位（例如：远离高楼建物长年阴影的笼罩），引入充足阳光、空气，并规划适当的遮荫效果，让孩子舒适地浸润在大自然中游戏探索。胡宝林等人（1996）推崇与自然共生的环境理念，例如：四季变化的植栽、生态池、有机果菜区、鸟园、绿化屋顶等；Cohen 等人（1992）特别重视绿草小坡与植物景观设计，不仅可定义活动区域，成为重要的游戏设施，而且可提供遮荫效果。笔者以为，在都市中的幼儿园绿地得来不易，但也要尽量绿化，引入自然因素。

3. 创挑战、创意与想象情境

游戏场内的游戏设施或活动要具有挑战性，让孩子可以依自己的能力选择不同程度的挑战活动，举例而言，滑梯可以有陡高弯曲的 S 滑道、低矮宽直的短滑道、较高且直的中滑道等不同设计；攀爬设施可以是攀爬网绳、垂直绳梯、拉绳与斜板等不同形式。此外，游戏设施与游戏情境也必须在造型与功能上均为创意新奇的，不仅会引发幼儿的游戏兴趣，而且也能从游戏中玩出创意，甚至结合声音、光线、风、力学等科学体验。游戏情境与游戏设施也不能太具体，要有适度的模糊性，引发幼儿的想象力（Cohen et al., 1992）；一个外形看起来有点像什么又不太像什么的四不像物体，会带给幼儿无限的遐思，玩出许多想象性游戏、社会戏剧游戏。

4. 设组织各区的循环且分支动线

在游戏场地划分为各区域后，必须加以串连组织；好的游戏场地组织准则在于有一清晰宽广的动线与足够"空"的空间，而且幼儿的游戏活动最好是持续流动的，因此一个循环式的动线较能满足这一需求（Kritchevsky, Prescott, & Walling, 1977）。此循环动线不仅要宽广而且要有分支设计，让结束一个游戏活动的孩子可以迅速、舒服地转移到下一个区域，或选择退避休息，或离开游戏区域，整个流程不致彼此碰撞或就此突兀地结束活动；此外，也可以增加孩子们社会互动的机会，最重要的是，也让教师可综览整个游戏场的活动状况。

5. 保有留白或弹性空间

户外游戏场要尽量保有一块留白（空）的弹性空间，随时满足孩子们游戏与课程的需要。Kritchevsky、Prescott 与 Walling（1977）曾提及好的游戏场组织原则之一在于有足够"空"的空间；他们又将游戏空间内涵分为"潜在单位"与"游戏单位"，当游戏材料增加时，潜在单位就变得很有用处。在都市中的幼儿园受限于空间，可尽量朝向多功能弹性设计，甚至将留白空间与其他空间适度结合，例如：通过加大草坪区或硬表层区使其具有留白功能，让这两个区域不仅供做嬉戏、球类游戏、骑乘外，亦可让幼儿操作与建构移动性附加零件，而且也提供其他活动用途，如亲子活动、画架写生等。

6. 重安全与定期维护

游戏场最大的隐忧就是安全防护，在游戏中孩子要能安全无虞地在空间中移动自如。安全的范围很广，例如：（1）坚固的构造：大型立体游戏器具要材质坚固、紧牢密连并稳架于地面中；（2）安全的铺面：跳落区与摆荡区的地面要铺上软质层面，例如：滑梯底、秋千底等；（3）安全的距离：活动与活动间保有安全距离，例如：秋千与单杠间，或者是动线间也要有安全距离；（4）光滑的外部材质：如木质表层要光滑、木头游戏器具没有松落的钉子等；（5）软质的摆动材料：会摆荡移动的设施其材料最好是软质的，如秋千坐垫等；（6）干净与安全的沙坑：沙坑要定期曝晒与更换，并要检查里面是否有排泄物或尖凸之物等。因此，定期的维护保养工作就显得特别重要。

总之，无论是活动室空间或是户外游戏场规划设计后，为确认幼儿学习环境的多元变化与游戏探索性，教师必先分析其是否支持全方位（即各类）的幼儿游戏行为（Phyfe-Perkins & Shoemaker, 1986），例如：是否有第一章所述之功能、象征、建构、规则游戏或单独、联合、群体等游戏，或者是不同的学习类型——探索建构、精熟练习、好奇观察、解决问题等。总之，幼儿室内外环境无疑地是一个复合式的游戏空间。

二、游戏环境的运用

此处分为室内兴趣区与户外全方位游戏场，分别探讨其重要运用原则。

(一) 室内兴趣区的运用

当教师接到已经成型的活动室空间，或在学期初拟定准备规划活动室游戏空间时，一定要先历经研究与弹性调整步骤，并配合各个游戏主题实质地运用，说明如下。

1. 研究与弹性调整既定空间资源

通常活动室空间是已经建筑成型的，在硬件上很难做大幅度或根本改变，不过教师可以先观察研究，了解活动室空间的长处与短处，思考在可能范围内如何调整修正，以做最佳运用。有时幼儿活动室是现成设计不佳的，例如：教室三面墙脚下方皆有嵌入内墙的柜子，或许在有些情境下是有用的，但对有多元兴趣区需求的幼儿活动室而言却是个困扰，很难有效地区隔成半封闭大小区域，这就需要依赖教师的创造力了；一个具有反思力的教师应会把焦点关注于可以如何扩大建物空间的学习潜能上，并尽量改善一个较差的学习环境，使之提升品质（Dudek，2000）。此时教师可以选择将柜门拆除，成为开放式的教材陈列处或是配合半透明帘幕成为小小的隐密空间；或是废弃某个墙面内柜（将比较不常用的材料储放于此），并美化柜外门面或贴上海报，将其纳入兴趣区空间中，成为兴趣区中的一部分。

至于教具除安全与易清理考量外，要尽量选用具有开放性与弹性的教具，让幼儿能发挥创造力与想象力，例如：单位积木、巧拼建构片、型式积木、纸张、水、沙、回收材料等；太逼真的特定物体如小奶瓶、小婴儿床、小炉具等，对中大班幼儿则不太合宜，因为在扮演时无法让幼儿进行物体象征性表征。尤其是让教师投入许多时间的自制教具，最好是具弹性多功能的设计，例如：活动式的镶嵌卡片设计，幼儿可随游戏需求更换不同挑战的游戏类别卡片或镶板，或者是立体教具的各面向或里外空间有不同性质的游戏设计，例如：可以立即变身成不同角色的故事玩偶设计。如果一项教具只有一项功能，教师怎能有足够的时间与精力应付幼儿的各种游戏需求呢？

2. 配合游戏主题营造合宜情境

在每一个游戏主题开始前，教师必先预备环境空间与主题情境，正如第六章所论教师在幼儿游戏中的角色之一是一个规划准备者，必须调整与备好整体游戏环境与各游戏/探索角落，配合主题性质预备相关材料，以营造一个合宜的主题情境与氛围，有利于幼儿入戏或投入情境中，例如，《很久很久以前》主题，可能要把教室布置成远古时代的情境，以团讨区域为例，墙上张贴古装人物剧照、庭台楼阁古建筑照片等，娃娃家可加入中国唐装娃娃、陶碗陶盘、竹篮、夜壶等，积木区加入古代的大小木桶、古代儿童玩具（竹蜻蜓、陀螺、木马）等，图书区陈列古代的线装书册、毛笔墨盘等，教室醒目处陈列簑衣、簑帽、唐装旗袍等，整体营造出一个古老时代氛围，引发幼儿探究过去的生活智慧。

再如，《小机器大妙用》主题，可能要重组活动室角落空间，挪出一个有较大工作台的机械探索角，即一个能放置报废机器、工具并能拆解研究的探索与工作空间；以及将科学角变成小科学家区或发明创作角等，展示一些小创意发明或玩教具，整体营造一个邀约幼儿探究与创造发明的情境。此外，在布置主题氛围时，尽量要凸显新加的主要元素，也就是背景事物不要太复杂或凌乱，好让孩子能抓到主体进入游戏状态，而且要随时保持整洁，然后让孩子尽情操作弄乱后，再维持整齐以凸显主体，这才是成功的指标（陶英琪译，2002）。

3. 配合游戏主题添加材料与活动

不管是在课程萌生游戏或游戏萌生课程取向中，游戏内涵与教具也要顺应主题更换与补充，例如，《滚动与转动》主题必须准备能滚与转的各类物体、机器设备、玩教具等以及滚与转的相关游戏，以及提供可资参阅的图鉴、小百科等。再例如，顺应《可爱的宠物》主题，在语文区可以阅读相关宠物绘本，增进宠物相关知识；创作区可以绘画各种宠物，做各种宠物造型、面具，或帮宠物做衣饰；在科学区可以真正饲养宠物，让幼儿随时观察；而在音乐区可以运用肢体律动，舞出宠物的可爱，例如，猫静走、虫蠕动、龟慢爬、兔速跳等。再例如《可爱的动物》主题，益智角内可以增添教师自制的动物配对卡（动物文字与图配对、食物与动物配对、居住空间与动物配对等），图书角落可以增添各种与动物有关的绘本或动物填充玩具，积木区可以增添大小动物玩偶模型，科学角可以加入水族箱、小昆虫箱、昆虫标本等。可以说在各兴趣区的材料与活动均可与主题适度结合，幼儿可从不同领域与面向去探究或理解宠物或动物这一主题概念，增进知能，能够统整幼儿的学习，促进全人均衡发展。

4. 配合游戏主题让幼儿转换角落空间

不管是在课程萌生游戏或游戏萌生课程取向中，最重要的是，教师容许幼儿顺应主题游戏所需而改变角落空间，例如，出现机场、机舱、办公室、加油站、餐厅等区域，或者是联合数个角落区域成为一个便利商店、主题乐园、万国博览会场等，例如，在《可爱的宠物》主题中，娃娃家可以布置成"宠物医院"，幼儿可以扮演医生、宠物、护士等，通过理解职业工作与宠物疾病相关知识；积木区可以盖供宠物居住的"宠物旅馆"，让幼儿学习如何照顾宠物与理解宠物照护相关行业。因此，活动室内弹性的空间区隔就显得相当重要，幼儿方能配合游戏需求自行组合与布置，玩出丰富的游戏内涵（图8-7a、图8-7b）。

图 8-7a 幼儿自行转换角落空间

图 8-7b 幼儿自行转换角落空间

（二）户外全方位游戏场的运用

全方位户外游戏场不仅是休息运动之处，并可以如室内环境一样，与课程巧妙地结合，说明如下。

1. 研究与弹性调整既定空间资源

户外游戏场与活动室一样，早已规划成型，在硬件上很难做大幅度或根本改变，不过教师可以先观察研究，了解户外游戏场空间的优势与短处，思考在可能范围内如何调整修正，以做最佳运用，例如：如何在有限空间下，新开一块种植区或小水洼让幼儿游戏/探索？如何在烈日曝晒天气下，也能让幼儿接触大自然？前一个问题可以运用大型容器当成植物盆盒，整齐排列于游戏场边区，以及运用大型容器当成小水塘，坐落在亲土区或紧临沙箱，让泥、沙与水有机会混合，玩出创意；后一个问题可运用大树下、屋檐下或廊道区增设吊床、画架、移动式平台等，或巧于运用大型组合游戏结构的下方地面区，设置沙区或碎石区并提供各式附加零件。此外，附加零件也可弥补户外游戏场空间设备的不足，建议尽量提供多元、可自由移动的，让幼儿发挥创意建构与游戏，例如，纸箱可让幼儿配合组合式游戏结构体建构城堡、秘密基地；木箱可以是桌子、椅子或小动物的家；木板可以是实验物体滚动的斜面，也可以是表演的平台，还有可当平衡木使用，当然也可围盖成隐密小屋；大型的动物模型可让孩子在水池为动物洗澡、以木板做栏杆盖牧场或动物园、骑三轮车载或卡车运动物、放在草丛中玩丛林动物王国扮演游戏等。

2. 与游戏主题活动结合，尤其是科学领域

其实游戏场是进行科学探索的最佳地方，例如，杠杆原理可以在跷跷板上体验，平衡原理可以在攀爬游戏中体验。有些游戏主题活动

在户外进行反而比室内合宜，像是《光与影》主题得借助户外光影的移动变化与亲身探索，才能有利概念理解；《美丽的春天》须让幼儿直接亲近大自然，嗅嗅花香叶气，看看百花怒放与百草争荣的生机盎然景象，甚至与虫蝶嬉戏共舞等，才能强烈感受春天就在身边。以上这些经验是活动室内所无法做到的。

再以《水的世界》主题进一步说明户外游戏环境如何与课程结合运用：可以让孩子在亲水区（或大水盆中）尽情玩水，体验水的特性、浮沉原理与反射原理等；在草坪嬉戏区喷水枪、以水管冲泥，体验水的压力原理；在硬表层多功能区以拖把沾水写字、涂鸦，体验蒸发原理；也可以让幼儿在阳光下调制色水果汁，让缤纷闪亮的色彩将幼儿带入想象戏剧中，并也能体验科学。其实不仅科学领域，所有课程领域如说故事、美劳创作、科学体验、数学经验、感知觉活动等均可在此进行，例如，《美丽的春天》主题可在草地上写生，或在画架上绘画春天美景，或躺在草坪在大树下阅读相关绘本、听教师说故事，或以凋落的花草进行美劳创作，或一起点数计算不同颜色的花朵并做记录等，或一起歌咏春天之美、创作朗朗上口的诗词等。

3. 作为室内游戏活动的延伸，室内外彼此互补

户外活动可作为室内活动的延伸，与室内活动互补，共同交织出游戏主题。有时因教室空间属性与限制，无法让幼儿做较大动作或移动性探索，户外游戏场就是最佳的选择，例如，《滚动与转动》主题需要较大空间探索与实验，可在户外游戏场运用滑梯当斜坡或架设不同斜度的木板，实验物体的滚动；亦可运用硬表层多功能区探索物体如大陀螺、原木桶、轮胎、滑板车、三轮车等的转动与（或）滚动（在室内恐伤及木头地板且空间受限）；还可尽情跑跳穿梭整个场地，玩弄手作风车，或以手腕转动彩带四处飞奔等，以体验滚动与转动。

有时户外游戏场更能彰显主题，例如，在《快乐游乐园》主题中，幼儿想建盖一座全方位的主题乐园，就可借助游戏场许多现成设计与各式各样附加零件（如木板、纸箱、大木桶、轮胎、麻绳、积木等），建构出有创意的主题乐园。户外游戏场更能丰富孩子的象征游戏，在具有高低层平台与小空间的大型组合游戏结构体本身与四周，是最佳的社会戏剧游戏的场所；若游戏场搭配有游戏木屋，或者是提供附加零件，则更能诱发具有想象力、创造力的社会戏剧游戏。因此无论是为补足室内活动限制或力求更加彰显主题内涵，不妨让户外游戏场作为学习的延伸，将幼儿带至户外，运用另一个学习场域。

本节小结

本节探讨室内外游戏环境的规划与运用，在笔者所归纳的幼儿学习环境六项规划通则下，分别提出了细致的规划原则，诸如多元区域整体划分、弹性可变设计、流畅动线与安全等为室内外共同原则，只是户外要特别重视自然景观与微气候，室内要依"同邻、异分"规划区域。在运用方面，无论是室内外游戏环境均需与课程结合。最后要提醒的是，幼儿的学习是超越环境限制的。游戏课程的进行不仅可在活动室的兴趣区内进行，而且应经常运用户外空间，作为互补不足与相互彰显之用，尤其对于自然科学相关游戏经验，在户外进行是最为自然不过了。此外，园外社区空间、博物馆、公园、超级市场等均是可以利用的场所，很可惜的是，这些场所经常被遗忘，甚至是园里的户外游戏场也只流于下课时间使用，与游戏课程根本无关，浪费户外游戏场的天然优势与学习潜力。因此，衷心希望能借此唤醒大家对游戏环境的重视。

研 讨 问 题

一、如果主题是《好吃的食物》，请具体说明你将如何运用室内外空间？

二、如果你的幼儿园没有户外游戏场所，或是只有一具组合型结构与极小空地，身为幼儿教师的你将如何弹性变通或以其他替代方案配合游戏课程的实施？

参考书目

中文部分:

台中爱弥儿教育机构、林意红(2001)。**甘蔗有多高:幼儿测量概念的学习**。台北市:信谊。

台中爱弥儿教育机构、林意红(2002)。**鸽子:幼儿科学知识的建构**。台北市:光佑。

田育芬(1987a)。幼稚园活动室空间安排与幼儿社会互动关系之研究。载于台湾学校建筑研
究学会(主编),**幼稚园园舍建筑与学前教育**(页264–293)。台北市:台湾书店。

田育芬(1987b)。美国幼儿教育活动室空间之相关研究。载于台湾比较教育学会(主编),**学
前教育比较研究**(页401–430)。台北市:台湾书店。

朱家雄(2006)。**幼儿园课程**。台北市:五南。

吴幸玲(2003)。**儿童游戏与发展**。台北市:扬智。

李郁芬(译)(2001)。J. H. Helm, S. Beneke & K. Steinheimer 著。**开启学习的视窗:建档与评
估孩子的学习经验**(Windows on learning: Documenting young children's work)。台北市:
光佑。

周淑惠(1998)。**幼儿自然科学经验:教材教法**。台北市:心理。

周淑惠(2006)。**幼儿园课程与教学:探究取向之主题课程**。台北市:心理。

周淑惠(2008)。**幼儿学习环境规划:以幼儿园为例**。台北市:新学林。

周淑惠(2009)。幼儿学习与评量:析论「文档纪录」。**香港幼儿学报**,8(1),14–21。

周淑惠(2011)。**创造力与教学:幼儿创造性教学理论与实务**。台北市:心理。

周淑惠、陈志如(1998)。幼儿园室内学习环境简介:学习区。**台教世纪**,179,16–20。

周淑惠、郑良仪、范雅婷、黄湘怡等(2007)。**以幼儿兴趣为探究取向之主题课程:新竹市亲仁
实验托儿所的经验**。发表于台湾课程与教学学会第十六届课程与教学论坛:全球化冲
击下的课程与教学学术研讨会。新竹市:新竹教育大学。

林士真(1999)。河滨街模式(实践部分)。载于简楚瑛(策划主编),**幼教课程模式**(页449–
493)。台北市:心理。

金瑞芝、林妙徽、林圣曦(译)(2000)。C. S. Rogers & J. K. Sawyers 著。**幼儿游戏**(Play in the
lives of children)。台北市:华腾。

侯锦雄、林钰专 (译)(1996)。Senda 著。**儿童游戏环境设计** (Designing of children's play environments)。台北市：田园城市。

胡宝林、陈其澎、林佩蓉、施建邦、魏主荣、詹瑞峰、陈历渝、侯娉婷(1996)。**托育机构空间设计之研究**。内政局社会科项目研究计划。

高敬文、幸曼玲(译)(1999)。C. Kamii & R. DeVries 著。**幼儿团体游戏**(Group games in early education: Implications of Piaget's theory)。台北市：光佑。

张世宗(1996)。幼儿学习空间的规划与应用。载于台北师范学院幼儿教育学系(主编)，**幼儿教育专辑**：空间(页 10–38)。台北市：教育主管部门教育科。

陈淑敏(1999)。**幼儿游戏**。台北市：心理。

陶英琪(译)(2002)。E. Jones & G. Reynolds 著。**小游戏·大学问：教师在幼儿游戏中的角色** (The play's the thing: Teachers's roles in children's play)。台北市：心理。

汤志民(2001)。幼儿活动室的设计与配置。**台北市立师范学院初等教育学刊**，10，199–228。

黄瑞琴(2001)。**幼儿游戏课程**。台北市：心理。

杨淑朱、林圣曦(1995)。小学二年级学童在现代及传统游戏场的游戏器具选择及游戏行为之比较分析。**嘉义师院初等教育研究所学报**，1，1–22。

刘　焱(2009)。**儿童游戏通论**(第二版)。北京市：北京师范大学。

刘玉燕(1993)。**幼儿园游戏环境设计**。发表于儿童游戏空间规划与安全研讨会。

潘世尊、陈淑琴、郑舒丹、陈振明、柳嘉玲、张斯宁、爱弥儿幼儿园教学团队(2007)。**建构主义取向的幼儿课程与教学**：以台中市爱弥儿幼儿园探究课程为例。台北市：心理。

蔡庆贤(译)(1997)。S. C. Chard 著。**进入方案教学的世界(II)**(The project approach)。台北市：光佑。

郑英耀、蔡佩玲 (译)(2000)。C. Danielson & L. Abrutyn 著。**档案教学** (An introduction to using portfolios in the classroom)。台北市：心理。

薛晓华(译)(2000)。L. B. Cadwell 著。**带回瑞吉欧的教育经验： 位艺术老师的幼教创新之路**(Bringing Raggio Emilia home: An innovation approach to early childhood education)。台北市：光佑。

简茂发、郭碧唅(1993)。儿童为主导的自由游戏在台湾幼稚园之运用。教育主管部门八十二年度幼儿教育项目研究计划。

简楚瑛(1994)。**方案课程之理论与实务：兼谈意大利瑞吉欧学前教育系统**。台北市：文景。

简楚瑛(1999)。河滨街模式(理论部分)。载于简楚瑛(策划主编)，**幼教课程模式**(页 435–448)。台北市：心理。

英文部分:

Beane, J. (1997). *Curriculum integration: Designing the core of democratic education.* New York, NY: Teachers College Press.

Berk, L. A. (2001). *Awakening children's minds: How parents and teachers can make a difference.* New York, NY: Oxford University Press.

Berk, L. E., & Winsler, A. (1995). *Scaffolding children's learning: Vygotsky and early childhood education.* Washington, DC: National Association for the Education of Young Children.

Bilton, H. (2004). Playing outside: *Activities, ideas and inspiration for the early years.* London, UK: David Fulton.

Bodrova, E., & Leong, D. J. (2007). *Tool of the mind: The Vygotskian approach to early childhood education* (2nd ed.). Upper Saddle River, NJ: Prentice-Hall.

Brooker, L., & Edwards, S. (2010). Introduction: From challenging to engaging play. In L. Brooker & S. Edwards (Eds.), *Engaging play* (pp. 1–10). UK: Open University Press.

Brown, J. G., & Burger, C. (1984). Playground designs and preschool children's behaviors. *Environment and Behavior, 16*(5), 599–626.

Cecil, L. M., Gray, M. M., Thornburg, K. R., & Ispa, J. (1985). Curiosity–exploration–play–creativity: The early childhood mosaic. *Early Child Development and Care*, 19, 199–217.

Ceppi, G., & Zini, M. (1998). *Children, spaces, relations: Metaproject for an environment for young children.* Reggio Emilia, Italy: Municipality of Reggio Emila Infanzia Ricerca.

Chard, S. C. (1992). *The project approach: A practical guide for teachers.* Alberta, Canada: University of Alberta Printing Services.

Cohen, U., Hill, A. B., Lane, C. G., McGinty, T., & Moore, G. T. (1992). *Recommendation for children play areas.* WI: Center for Architecture and Urban Planning Research, University of Wisconsin-Milwaukee.

Copple, C., & Bredekamp, S. (Eds.) (2009). *Developmentally appropriate practice in early childhood programs: Serving children from birth through age 8* (3rd ed.). Washington, DC: National Association for the Education of Young Children.

Csikszentmihalyi, M. (1996). *Creativity: Flow and the psychology of discovery and invention.* NY: Harper Collins.

Cuffaro, H. K., Nager, N., & Shapiro, E. K. (2000). The developmetal–interaction approach at Bank Street College of Education. In J. L. Roopnarine & J. E. Johnson (Eds.), *Approaches to early childhood education* (pp. 263–276). Upper Saddle River, NJ: Prentice–Hall.

Day, D. E. (1983). *Early childhood curriculum: A human ecological approach.* Glenview, IL: Scott, Foresman and Company.

Devereux, J. (1997). What we see depends on what we look for: Observation as a part of teaching and learning in the early years. In S. Robson & S. Smedley (Eds.), *Education in early childhood: First things first.* London, UK: David Fulton.

DeVries, R. (2006). Games with rules. In D. P. Fromberg & D. Bergen (Eds.), *Play from birth to twelve* (2nd ed.) (pp. 119–125). New York, NY: Taylor & Francis Group.

DeVries, R., & Kohlberg, L. (1987). *Constructivist early education: Overview and comparison with other programs.* Washington, DC: National Association for the Education of Young Children.

Dodge, D. T., & Colker, L. J. (1992). *The creative curriculum for early childhood* (3rd ed.). Washington, DC: Teaching Strategies.

Dudek, M. (2000). *Architecture of schools: The new learning environments.* Woburn, MA: Architectural Press.

Dunn L., & Kontos, S. (1997). Research in review: What have we learned about developmentally appropriate practice? *Young Children, 52*(5), 4–130.

Edwards, C. P. (1998). Partner, nurturer, and guide: The roles of the Reggio teacher in action. In C. Edwards, L. Gandini, & G. Forman (Eds.), *The hundred language of children: The Reggio Emilia approach: Advanced reflections* (2nd ed.) (pp. 179–198). Norwood, NJ: Ablex.

Edwards, C. P. (2000). Children's play in cross–cultural perspective: A new look at the six cultures study. *Cross–Cultural Research, 34,* 318–338.

Edwards, C. P., Gandini, L., & Forman, G. E. (Eds.) (1993). *The hundred language of children: the Reggio Emilia approach to early childhood education.* Norwood, NJ: Ablex.

Edwards, S., Cutter–Mackenzie, A., & Hunt, E. (2010). Framing play for learning: Professional reflections on the role of open–ended play in early childhood education. In L. Brooker & S. Edwards (Eds.), *Engaging play* (pp. 137–151). UK: Open University Press.

Elkind, D. (1981). *The hurried child: Growing up too fast too soon.* Reading, MA: Addison–

Wesley.

Elkind, D. (1987). *Miseducation: Preschools at risk*. New York, NY: Alfred Knopf.

Elkind, D. (1990). Academic pressures—too much, too soon: The demise of lay. In. E. Klugman & S. Smilansky (Eds.), *Children's play and learning: Perspectives and policy implication* (pp. 3–17). New York, NY: Teachers College Press.

Else, P. (2009). *The value of play*. New York, NY: Continuum International Publishing Group.

Essa, E. (1992). *Introduction to early childhood education*. Albany, NY: Delmar.

Fein, G. G., & Schwartz, S. S. (1986). The social coordination of pretense in preschool children. In G. G. Fein & M. Rivkin (Eds.), *The young child at play: Review of research* (Vol. 4) (pp. 95–112). Washington, DC: National Association for the Education of Young Children.

Fleer, M. (2005). Developmental fossils—unearthing the artefacts of early childhood education: The reification of "child development". *Australian Journal of Early Childhood, 30(2)*.

Fleer, M. (2010a). A cultural–historical perspective on play: Play as a leading activity across cultural communities. In I. Pramling–Samuelsson & M. Fleer (Eds.), *Play and learning in early childhood settings: International perspectives* (pp. 1–18). Australia: Springer.

Fleer, M. (2010b). Conceptual and contextual intersubjectivity for affording concept formation in children's play. In L. Brooker & S. Edwards (Eds.), *Engaging play* (pp. 68–79). UK: Open University Press.

Forman, G. E. (1996). The project approach in Reggio Emilia. In C. T. Fosnot (Ed.), *Constructivism: Theory, perspectives, and practice*. New York, NY: Teachers College Press.

Forman, G. E. (2005). The project approach in Reggio Emilia. In C. T. Fosnot (Ed.), *Constructivism: Theory, perspectives, and practice* (2nd ed.) (pp. 212–221). New York, NY: Teachers College Press.

Forman, G. E., & Fyfe, B. (1998). Negotiated learning through design, documentation and discourse. In C. Edwards, L. Gandini & G. Forman (Eds.), *The hundred language of children: The Reggio Emilia approach: Advanced reflections* (2nd ed.) (pp. 239–260). Norwood, NJ: Ablex.

Forman, G. E., & Hill, F. (1984). *Constructive play: Applying Piaget in the preschool*. Reading, MA: Addison–Wesley.

Forman, G. E., & Kaden, M. (1987). Research on science education for young children. In C.

Seefeldt (Ed.), *The early childhood curriculum: A review of current research* (pp. 141–164). New York, NY: Teachers College Press.

Forman, G. E., & Kuschner, D. S. (1983). *The child's construction of knowledge: Piaget for teaching children. Washington*, DC: National Association for the Education of Young Children.

Forman, G. E., Langley, J., Oh, M., & Wrisley, L. (1998). The city in the snow: Applying the multisymbolic approach in Massachusetts. In. C. Edwards, L. Gandini & G. Forman (Eds.), *The hundred language of children: The Reggio Emilia approach: Advanced reflections* (2nd ed.) (pp. 359–374). Norwood, NJ: Ablex.

Fromberg, D. P. (1987). Play. In C. Seefeldt (Ed.), *The early childhood curriculum: A review of current research* (pp. 35–74). New York, NY: Teachers College Press.

Fromberg, D. P. (1999). A review of research on play. In C. Seefeldt (Ed.), *The early childhood curriculum: Current findings in theory and practice* (3rd ed.) (pp. 27– 53). New York, NY: Teachers College Press.

Frost, J. L. (1987). *Child development and playground.* ERIC Document Reproduction Service No. 281 632.

Frost, J. L. (1992a). *Play and playscapes.* Albany, NY: Delmar.

Frost, J. L. (1992b). Reflection on research and practice in outdoor play environments. *Dimensions of Early Childhood*, Summer, 6–10.

Frost, J. L., & Dempsey, J. D. (1990). *Playgrounds for infants, toddlers, and preschools.* ERIC Document Reproduction Service No. 332 806.

Frost, J. L., & Klein, B. L. (1979). *Children's play and playgrounds.* Boston, MA: Allyn & Bacon.

Gandini, L. (1993). Educational and caring spaces. In C. P. Edwards, L. Gandini & G. Forman (Eds.), *The hundred language of children: The Reggio Emilia approach to early childhood education.* Norwood, NJ: Ablex.

Gandini, L. (1998). Educational and caring spaces. In C. P. Edwards, L. Gandini & G. E. Forman (Eds.), *The hundred language of children: The Reggio Emilia approach: Advanced reflections* (2nd ed.) (pp. 161–178). Norwood, NJ: Ablex.

Ginsburg, H. P., & Opper, S. (1988). *Piaget's theory of intellectual development.* Englewood

Cliffs, NJ: Prentice–Hall.

Giudici, C., Rinaldi, C., & Krechevsky, M. (Eds.) (2001). *Making learning visible: Children as individual and group learner.* 2001 Reggio Children, the President and Fellows of Harvard College, and the Municipality of Reggio Emilia.

Goffin, S. G. (1994). *Curriculum models and early childhood education: Appraising the relationship.* New York, NY: Macmillan.

Gordon, A., & Browne, K. W. (1993). *Beginnings and beyond.* Albany, NY: Delmar.

Gosso, Y. (2010). Play in different cultures. In P. K. Smith (Ed.), *Children and play* (pp. 80–98). West Sussex, UK: Wiley–Blackwell.

Gronlund, G. (2010). *Developmentally appropriate play.* St. Paul, MN: Redleaf Press.

Guddemi, M., & Eriksen, A. (1992). Designing outdoor learning environments for and with children. *Dimensions of Early Childhood, Summer,* 15–40.

Haste, H. (1987). Growing into rules. In J. S. Bruner & H. Haste (Eds.), Making sense: *The child's construction of the world* (pp. 163–195). New York, NY: Methuen.

Helm, J. H., & Katz, L. (2001). *Young investigators: The project approach in the early years.* New York, NY: Teachers College Press.

Honig, A. S. (2007). Ten power boosts for children's early learning. *Journal of the National Association for the Education of Young Children,* 62(5), 72–78.

Hoorn, J. V., Nourot, B. S., Scales, B., & Alward, K. (1993). *Play at the center of the curriculum.* New York, NY: Macmillan.

Hoorn, J. V., Nourot, B. S., Scales, B., & Alward, K. (2011). *Play at the center of the curriculum* (5th ed.). Upper Saddle River, NJ: Pearson.

Hughes, F. P. (1999). *Children, play, and development.* Boston, MA: Allyn & Bacon.

Isenberg, J. P., & Jalongo, M. R. (1997). *Creative expression and play in early childhood.* Upper Saddle River, NJ: Prentice–Hall.

Jenkinson, S. (2001). *The genius of play: Celebrating the spirit of childhood.* Gloucester, UK: Hawthorn Press.

Johnson, J. E., Christie, J. F., & Wardle, F. (2005). *Play, development, and early education.* Boston, MA: Pearson.

Johnson, J. E., Christie, J. F., & Yawkey, Y. D. (1987). *Play and early childhood development.*

London, UK: Scott, Foresman and Company.

Kagan, S. L. (1990). Children's play: The journey from theory to practice. In E. Klugman & S. Smilansky (Eds.), *Children's play and learning: Perspectives and policy implication* (pp. 173–187). New York, NY: Teachers College Press.

Kamii, C. (1982). *Number in preschool and kindergarten: Educational implications of Piaget's theory.* Washington, DC: National Association for the Education of Young Children.

Kamii, C. (1985). *Young children reinvent arithmetic: Implications of Piaget's theory.* New York, NY: Teachers College Press.

Kamii, C. (1989). *Young children continue to reinvent arithmetic (2nd grade): Implications of Piaget's theory.* New York, NY: Teachers College Press.

Kamii, C., & DeVries, R. (1980). *Group games in early education: Implications of Piaget's theory.* Washington, DC: NAEYC.

Kamii, C., & DeVries, R. (1993). *Physical knowledge in preschool education: Implications in Piaget's theory.* New York, NY: Teachers College Press.

Kamii, C., & Kato, Y. (2006). Play and mathematics at age one to ten. In D. P. Fromberg & D. Bergen (Eds.), *Play from birth to twelve* (2nd ed.) (pp. 187–198). New York, NY: Taylor & Francis Group.

Katz, L. G., & Chard, S. C. (1989). *Engaging children's mind: The project approach.* Norwood, NJ: Ablex.

Katz, L. G., & Chard, S. C. (2000). The project approach: An overview. In J. L. Roopnarine & J. E. Johnson (Eds.), *Approaches to early childhood education* (pp. 175–189). Upper Saddle River, NJ: Prentice–Hall.

Kitson, N. (1994). "lease Miss Alexander: Will you be the robber?" Fantasy play: A case for adult intervention. In J. R. Moyles (Ed.), *The excellence of play* (pp. 88–98). Philadelphia, PA: Open University Press.

Knight, C. (2001). Quality and the role of the pedagogista. In L. Abbott & C. Nutbrown (Eds.), *Experiencing Reggio Emilia.* Buckingham, UK: Open University Press.

Krechevsky, M. (2001). Form, function, and understanding in learning groups: Propositions from the Reggio classrooms. In C. Giudici, C. Rinaldi & M. Krechevsky (Eds.), *Making learning visible: Children as individual and group learners.* 2001 Reggio Children, the President and

Fellows of Harvard College, and the Municipality of Reggio Emilia.

Krechevsky, M., & Mardell, B. (2001). Four features of learning in groups. In C. Giudici, C. Rinaldi & M. Krechevsky (Eds.), *Making learning visible: Children as individual and group learners*. 2001 Reggio Children, the President and Fellows of Harvard College, and the Municipality of Reggio Emilia.

Kritchevsky, S., Prescott, E., & Walling, L. (1977). *Planning environment for young children: Physical space*. Washington, DC: National Association of Education of Young Children.

Malaguzzi, L. (1993). History, ideas and basic philosophy. In C. Edwards, L. Gandini & G. Forman (Eds.), *The hundred language of children: The Reggio Emilia approach to early childhood education*. Norwood, NJ: Ablex.

Michalovitz, R. (1990). Academic pressure and dramatic play in the Israeli early childhood educational system. In E. Klugman & S. Smilansky (Eds.), *Children's play and learning: Perspectives and policy implication* (pp. 86–94). New York, NY: Teachers College Press.

Moore, G. T., Lane, C. G., Hill, A. B., Cohen, U., & McGinty, T. (1996). *Recommendation for child care centers*. WI: Center for Architecture and Urban Planning Research, University of Wisconsin–Milwaukee.

Moss, P. (2001). The otherness of Reggio. In L. Abbott & C. Nutbrown (Eds.), *Experiencing Reggio Emilia*. Buckingham, UK: Open University Press.

Moyles, J. R. (1989). *Just playing The role and status of play in early childhood education*. Philadelphia, PA: Open University Press.

Moyles, J. R. (1994). Introduction. In J. R. Moyles (Ed.), *The excellence of play* (pp. 1–12). Philadelphia, PA: Open University Press.

New, R. (2011a). *"Progettazione": Reggio Emilia's curriculum for children and adults*. 发表于方案教学之理论验证与文化组织脉络:《国际与本土经验的对话》国际学术研讨会。新竹市:新竹教育大学。

New, R. (2011b). *Early childhood education as socio-cultural mirror: The case of Reggio Emilia*. 发表于方案教学之理论验证与文化组织脉络:《国际与本土经验的对话》国际学术研讨会。新竹市:新竹教育大学。

Nolan, A., & Kilderry, A. (2010). Postdevelopmentalism and professional learning: Implications for understanding the relationship between play and pedgogy. In L. Brooker & S. Edwards

(Eds.), *Engaging play* (pp. 108–121). Buckingham, UK: Open University Press.

Nourot, P. M.   (2006). Sociodramatic play pretending together. In D. P. Fromberg & D. Bergen (Eds.), *Play from birth to twelve* (2nd ed.) (pp. 87–101). New York, NY: Taylor & Francis.

Nutbrown, C., & Abbott, L.   (2001). Experiencing Reggio Emilia. In L. Abbott & C. Nutbrown (Eds.), *Experiencing Reggio Emilia* (pp. 1–7). Buckingham, UK: Open University Press.

Palincsar, A. S., Brown, A. L., & Campione, J. C.   (1993). First–grade dialogues for knowledge acquisition and use. In E. A. Forman, N. Minick, & C. A. Stone   (Eds.), *Contexts for learning.* New York, NY: Oxford University Press.

Pellegrini, A. D.   (1980). The relationship between kindergarteners' play and achievement in prereading, language, and writing. *Psychology in the Schools, 17,* 530–535.

Perry, J. P.   (2001). *Outdoor play: Teaching strategies with young children.* New York, NY: Teachers College Press.

Phyfe–Perkins, E., & Shoemaker, J.   (1986). Indoor play environment: Research and design implications. In G. Fein   (Ed.), *The young child at play: Review of research*   (Vol. 4) (pp. 177–193). Washington, DC: National Association of Education of Young Children.

Piaget, J. (1962). *Play, dreams and imitation in childhood.* New York, NY: W. W. Norton.

Piaget, J.   (1970). *Genetic epistemology*   (E. Duckworth, Trans.). New York, NY: Columbia University Press.

Piaget, J. (1973). *To understand is to invent: The future of education* (G. and A. Roberts, Trans.). New York, NY: Grossman.

Piaget, J. (1976). Piaget's theory. In B. Inhelder & H. Chipman (Eds.), *Piaget and his school: A reader in developmental psychology.* New York, NY: Springer–Verlag.

Prescott, E.   (1987). Environment as organizes in child care settings. In C. S. Weinstein & T. G. David (Eds.), *Spaces for children: The built environment and child development.* New York, NY: Plenam.

Rinaldi, C.   (1993). The emergent curriculum and social constructivism. In C. Edwards, L. Gandini, & G. Forman   (Eds.), *The hundred language of children: The Reggio Emilia approach to early childhood education.* Norwood, NJ: Ablex.

Rinaldi, C.   (1998). Projected curriculum constructed through documentation–progettazione: An interview with Lella Gandini. In C. Edwards, L. Gandini & G. Forman   (Eds.), *The hundred language of children: The Reggio Emilia approach: Advanced reflections* (2nd ed.) (pp. 113–126). Norwood, NJ: Ablex.

Rinaldi, C. (2001). Documentation and assessment: What is the relation–ship? In C. Giudici, C. Rinaldi, & M. Krechevsky (Eds.), *Making learning visible: Children as individual and group learners* (pp. 78–89). 2001 Reggio Children, the President and Fellows of Harvard College, and the Municipality of Reggio Emilia.

Rinaldi, C. (2003). The joys of preschool learning. In M. Tokoro & L. Steels (Eds.), *The future of learning: Issues and prospects* (pp. 57–69). Burke, VA: IDS Press.

Rivkin, M. (1995). *The great outdoors: Restoring children's right to play outside.* Washington, DC: National Association for the Education of Young Children.

Robson, S. (2003a). Home and school: A potentially powerful partnership. In S. Robson & S. Smedley (Eds.), *Education in early childhood: First things first* (pp. 56–74). London, UK: David Fulton.

Robson, S. (2003b). The physical environment. In S. Robson & S. Smedley (Eds.), *Education in early childhood: First things first* (pp. 153–171). London, UK: David Fulton.

Rodd, J. (1998). *Leadership in early childhood.* New York, NY: Teachers College Press.

Rogers, S. (2010). Powerful pedagogies and playful resistance: Role play in the early childhood classroom. In L. Brooker & S. Edwards (Eds.), *Engaging play* (pp. 153–165). Buckingham, UK: Open University Press.

Rogers, S., & Evans, J. (2008). *Inside role–play in early childhood education: Research young children's perspectives.* New York, NY: Routledge.

Rubin, K. H., Fein, G. G., & Vandenberg, B. (1983). Play. In P. H. Mussen (Ed.), *Handbook of child psychology* (pp. 690–705). New York, NY: John Wiley & Sons.

Rubin, K. H., Watson, K., & Jambor, T. (1978). Free –play behaviors in preschool and kindergarten children. *Child Development, 49,* 534–536.

Rubizzi, L. (2001). Documenting the documenter. In C. Giudici, C. Rinaldi, & M. Krechevsky (Eds.), *Making learning visible: Children as individual and group learners* (pp. 94–115). 2001 Reggio Children, the President and Fellows of Harvard College, and the Municipality of Reggio Emilia.

Saracho, O. N. (2002). Developmental play theories and children's social pretend play. In O. N.

Saracho & B. Spodek (Eds.), *Contemporary perspectives on early childhood curriculum* (pp. 41–62). Greenwich, CT: Information Age Publishing.

Saracho, O. N. (2012). *An integrated play-based curriculum for young children*. New York, NY: Routledge.

Singer, D. G., & Singer, J. L. (2005). *Imagination and play in the electronic age*. Cambridge, MA: Harvard University Press.

Singer, D. G., & Singer, J. L. (2006). Fantasy and imagination. In D. P. Fromberg & D. Bergen (Eds.), *Play from birth to twelve* (2nd ed.) (pp. 371–378). New York, NY: Taylor & Francis.

Sluss, D. J. (2005). *Supporting play: Birth through age eight*. Clifton Park, NY: Thomson Delmar Learning.

Smidt, S. (2011). *Playing to learn: The role of play in the early years*. New York, NY: Routledge.

Smilansky, S. (1990). Sociodramatic play: Its relevance to behavior and achievement in school. In E. Klugman & S. Smilansky (Eds.), *Children's play and learning: Perspectives and policy implication* (pp. 18–42). New York, NY: Teachers College Press.

Smilansky, S., & Shefatya, L. (1990). *Facilitating play: A medium for promoting cognitive, socio-emotional, and academic development in young children*. Gaithersburg, MD: Psychological and Educational Publications.

Smith, P. K. (1994). Play and uses of play. In J. R. Moyles (Ed.), *The excellence of play* (pp. 15–26). Philadelphia, PA: Open University Press.

Smith, P. K. (2010). *Children and play*. West Sussex, UK: Wiley-Blackwell.

Sutton-Smith, B. (1986). The spirit of play. In G. Fein (Ed.), *The young child at play: Review of Research* (Vol.4) (pp. 3–15). Washington, DC: National Association of Education of Young Children.

Sutton-Smith, B. (1997). *The ambiguity of play*. Cambridge, MA: Harvard University Press.

Tharp, R. G., & Gallimore, R. (1995). Rousing minds to life: *Teaching, learning, and schooling in social context*. New York, NY: Cambridge University Press.

Tovey, H. (2007). *Playing outdoors: Spaces and places, risk and challenge*. Berkshire, UK: Open University Press.

Vecchi, V. (1993). The role of the Atelierista. In C. Edwards, L. Gandini & G. Forman (Eds.), *The hundred language of children: The Reggio Emilia approach to early childhood education*. Norwood, NJ: Ablex.

Vergeront, J. (1988). *Places and spaces for preschool and primary (outdoors)*. Washington, DC: National Association for the Education of Young Children.

Vygotsky, L. S. (1976). Play and its role in the mental development of the child. In J. S. Bruner, A. Jolly, & K. Sylva (Eds.), *Play: Its role in development and evolution* (pp. 537–554). New York, NY: Basic Books.

Vygotsky, L. S. (1978). *Mind in society: The development of higher psychological process*. Cambridge, MA: Harvard University Press.

Vygotsky, L. S. (1991). *Thought and language* (5th ed.). MA: Massachusetts Institute of Technology.

Wilson, R. (2008). *Nature and young children: Encouraging creative play and learning in natural environments*. New York, NY: Routledge.

Wood, D., Bruner, J., & Ross, G. (1976). The role of tutoring in problem solving. *Journal of Child Psychology and Psychiatry, 17*, 89–100.

Wood, E. (2010a). Reconceptualizing the play–pedagogy relationship: From control to complexity. In L. Brooker & S. Edwards (Eds.), *Engaging play* (pp. 11–24). Buckingham, UK: Open University Press.

Wood, E. (2010b). Developing pedagogical approaches to play and learning. In P. Broadhead, J. Howard & E. Wood (Eds.), *Play and learning in the early years* (pp. 9–26). London, UK: Sage.

Wood, E., & Attfield, J. (2006). *Play, learning and the early childhood curriculum* (2nd ed.). London, UK: Paul Chapman Publishing.

Xing, P., Lee, A. M., & Solomon, M. A. (1997). Achievement goal and their correlates among American and Chinese students in physical education. *Journal of Cross–Culture Psychology, 28*(6), 640–660.